YMDOPI FEL
MAM SENGL

GRAFFEG

YR AWDURON

Daeth y newyddiadurwraig Amy Rose yn fam sengl yn sydyn dros gyfnod y Nadolig yn 2018, gan droi ei bywyd wyneb i waered. Mae hi'n cofnodi ei thaith fel mam sengl – a'i hiechyd meddwl – ar Instagram er mwyn grymuso menywod eraill mewn sefyllfa debyg. Mae Amy yn byw yn Peterborough gyda'i mab Milo a Bluebell y gwningen.

Seicolegydd clinigol yw Dr Emma Cotterill sydd â phrofiad o gefnogi pobl ag ystod o anawsterau iechyd meddwl. Ynghyd â therapi seicolegol unigol, mae Emma yn hyfforddwraig, yn awdur ac yn arolygydd, ac mae'n angerddol am addysg iechyd meddwl a chefnogi lles. Mae Emma yn cydfagu ei dau fab yn Surrey.

YMDOPI FEL MAM SENGL

SUT I OFALU AM
DY IECHYD MEDDWL A
RHOI HWB I DY LES EMOSIYNOL
FEL MAM SENGL

AMY ROSE A
DR EMMA COTTERILL

GRAFFEG

Ymdopi Fel Mam Sengl
Ysgrifennwyd gan Amy Rose and Emma Cotterill hawlfraint © 2021.
Addasiad Cymraeg gan Testun Cyfyngedig.
Dyluniwyd a chynhyrchwyd gan Graffeg Cyf. hawlfraint © 2024.

ISBN 9781805950417

Graffeg Cyf., 24 Canolfan Fusnes Parc y Strade,
Ffordd Mwrwg, Llangennech, Llanelli,
Sir Gaerfyrddin, SA14 8YP, Cymru, y Deyrnas Unedig.
Ffôn: 01554 824000. www.graffeg.com.

Cyhoeddwyd yn gyntaf ym Mhrydain Fawr gan Trigger Publishing yn 2023
Gwasgnod Shaw Callaghan Ltd

Cyhoeddwyd yn gyntaf yn 2022 gan Wellbeck Balance

Mae hawl Amy Rose and Emma Cotterill i gael eu hadnabod fel Awduron y Gwaith wedi'i ddatgan ganddynt yn unol â Deddf Hawlfraint, Dyluniadau a Phatentau 1988.

Cedwir pob hawl. Ni chaniateir atgynhyrchu unrhyw ran o'r cyhoeddiad hwn, ei storio mewn system adalw na'i throsglwyddo mewn unrhyw ffurf neu mewn unrhyw fodd heb ganiatâd ysgrifenedig y cyhoeddwr, ac ni chaniateir ei ddosbarthu fel arall mewn unrhyw fath o rwymiad neu glawr ac eithrio'r hyn y mae'n cael ei gyhoeddi ynddo a heb osod amod tebyg ar y prynwr dilynol.

Cyhoeddir y llyfr hwn at ddibenion gwybodaeth neu addysgol yn unig ac ni fwriedir iddo ddisodli cyngor neu driniaeth feddygol. Dylai unrhyw
berson sydd â chyflwr sy'n galw am driniaeth feddygol ymgynghori ag ymarferydd meddygol cymwys neu therapydd addas.

Mae cofnod catalog CIP ar gyfer y teitl hwn ar gael o'r Llyfrgell Brydeinig.

Mae'r cyhoeddwr yn cydnabod cefnogaeth ariannol
Cyngor Llyfrau Cymru. www.gwales.com.

Ariennir gan
Lywodraeth Cymru
Funded by
Welsh Government

I Amanda a Jemma, dwy fam sengl anhygoel y mae'n fraint i fi eu galw'n ffrindiau. Ac i Milo, am dreulio oriau ar Roblox wrth i fi deipio. Dwi'n eich caru chi.
Amy

I'r holl famau sengl allan yna, sy'n gwneud eu gorau glas ar daith mor heriol. Ac i'r hogiau, sy'n gwneud pob dim yn werth chweil. Caru chi.
Emma

CYNNWYS

Cyflwyniad – Ble Rwyt Ti, yr Eiliad Hon   xi

RHAN UN Teimlo'r Holl Deimladau   1

1. Galar a Cholled   3
2. Cynddaredd, Dicter a Rhwystredigaeth   37
3. Cywilydd   72
4. Euogrwydd   90
5. Gorbryder, Panig a Gorlethu   116
6. Iselder   148

RHAN DAU Symud Ymlaen   179

7. O Wendid i Gadernid   180
8. Dod o Hyd i Lawenydd   201
9. Cariad, Chwant a'r Cyfan yn y Canol   217
10. Sut i Lywio Perthynas Newydd   244
11. Dod o Hyd i Ti dy Hun   265

Gair i Gloi   283

Diolchiadau   284
Adnoddau Defnyddiol   285

CYFLWYNIAD

Croeso i fywyd fel mam sengl. Efallai dy fod yn fam sengl ers dy feichiogrwydd, neu mae'n bosib dy fod wedi cael ysgariad a dy blant bron iawn yn oedolion. Efallai dy fod ti'n fam sengl oherwydd bod dy bartner wedi marw; neu am mai ti oedd y person wnaeth adael. Efallai dy fod ti'n dechrau ar y daith hon wedi gadael perthynas anodd, neu'n dechrau arni'n llawen gan wybod mai dyma'r peth gorau i dy deulu. Beth bynnag yw dy sefyllfa, rydyn ni eisiau dy helpu i lywio drwy'r tir dieithr hwn.

BLE RWYT TI, YR EILIAD HON

Rwyt ti'n mynd amdani ar dy ben dy hun. I gychwyn, llongyfarchiadau ar oroesi hyd yma; rwyt ti'n arwres, yn bendant!

Mae perthnasoedd yn gymhleth – ac mae dod â nhw i ben yn fwy cymhleth fyth. Os taw ti gerddodd allan, os penderfynoch chi ar y cyd i wahanu, neu os taw ti yw'r un a gafodd ei gadael ar ôl, mae diwedd perthynas yn brofiad sy'n dreth ar yr emosiynau – yn enwedig os oes yna blant.

Mae'n bosib dy fod yn poeni sut ar y ddaear rwyt ti'n mynd i oroesi fel mam sengl. Sut byddi'n ymdopi â'r galar, yr euogrwydd, y cywilydd a'r newid enfawr yn dy sefyllfa bersonol? Sut byddi'n cyrraedd y pwynt lle rwyt ti'n fodlon ac yn teimlo dy fod yn llwyddo fel mam sengl? Wel, mae'n mynd i fod yn daith a hanner; fe fydd yna bantiau a bryniau. Ond fe ddoi di drwyddi. Ac rydyn ni yma i dy helpu di.

DIBEN Y LLYFR HWN

Bydd y llyfr hwn yn gefn i ti, drwy beth bynnag y bydd bywyd yn ei daflu atat. Ein nod yw cynnig achubiaeth i ti pan nad wyt ti'n siŵr ble i droi, yn ffrind sy'n gwybod sut rwyt ti'n teimlo, ac efallai'n gyfaill doeth sy'n cynnig cyngor buddiol iawn i ti.

Mae'r llyfr yn archwilio'r amryfal emosiynau sy'n gysylltiedig â bod yn fam sengl, gan gynnwys galar, dicter, cywilydd, euogrwydd, gorbryder ac iselder yn Rhan Un; yn ogystal â'r agweddau cadarnhaol sy'n gallu tarddu o dy statws newydd, megis dod o hyd i rym, llawenydd, cariad, annibyniaeth, partneriaethau newydd a darganfod y ti newydd sbon yn Rhan Dau.

Mae pob pennod yn edrych ar effaith ymarferol a seicolegol yr emosiynau a'r profiadau hyn arnat ti a dy blentyn/plant; mae'n cynnig profiadau uniongyrchol gan nifer o famau sengl; ac yn rhannu cyngor ac arweiniad ar sut i reoli'r emosiynau a'r sefyllfaoedd hyn i dy helpu ar dy daith i oroesi, a ffynnu, fel mam sengl.

YR AWDURON

Mae'r llyfr hwn yn gywaith gennym ni'n dwy, Amy a Dr Emma. Dyma ychydig o'n hanes ni cyn i ti gychwyn darllen:

HANES AMY

Amy Rose ydw i, newyddiadurwraig ac awdur. Ychydig cyn y Nadolig yn 2018, fe adawodd tad fy mab. Doedd gen i ddim syniad beth i'w wneud. Doeddwn i ddim yn gwybod sut i ddelio â'r holl emosiynau a ddaeth yn sgil hynny, a doeddwn i ddim yn sylweddoli faint o effaith fyddai'r chwalfa yn ei chael ar fy iechyd meddwl, y tu hwnt i'r ffyrdd "disgwyliedig" fel torcalon a gofid. Fe wnaeth i fi deimlo cynddaredd; teimlo cywilydd;

CYFLWYNIAD

profi gorbryder; teimlo'n euog. Ac fe wnes i'n sicr alaru am y berthynas am lawer hirach nag y byddwn i wedi hoffi.

Yn y pen draw, fe ddechreuais i deimlo'n fwy positif, a gweld 'mod i – drwy ymgorffori camau syml yn fy mywyd bob dydd – yn tyfu fel person ac yn dod yn fwy sicr a llawer mwy hyderus. Erbyn hyn, dwi'n dal i fod yn fam sengl – er gwaethaf perthynas arall, ond fe gei di glywed popeth am hynny yn nes ymlaen – ac mae fy mab, Milo, yn ffynnu.

Drwy rannu fy mhrofiad byw, ynghyd ag arweiniad proffesiynol Dr Emma, dwi'n gobeithio y bydd y llyfr hwn yn helpu i dy gynnal bob cam o dy daith.

HANES DR EMMA

Emma ydw i a dwi'n seicolegydd clinigol. Yn fy ngwaith, dwi wedi cefnogi llawer o bobl sy'n mynd drwy dor-perthynas, ysgariad a magu plant fel mamau sengl. Dwi wedi cefnogi pobl drwy alar, colled, gorbryder, iselder, cywilydd, euogrwydd, pryder a theimladau o fod yn ddi-rym, a thrwy'r broses ddêtio a'r profiad o ddod o hyd i'w hunain a'u cryfder a'u grym fel rhiant sengl.

Ar lefel bersonol, dwi'n fam i ddau fachgen anhygoel ac yn eu cydfagu gyda'u tad. Mae gen i brofiad o'r holl brosesau rydyn ni'n sôn amdanyn nhw yn y llyfr, ac yn gobeithio dod â'r profiadau personol a phroffesiynol i'r arweiniad a'r gefnogaeth y gallaf eu cynnig, a hynny ochr yn ochr â geiriau anhygoel, gonest a gwir Amy.

Gobeithio y bydd y llyfr hwn yn cynnig cyfle i ti fyfyrio amdanat ti dy hun a dy daith. Rwyt ti wedi bod drwy gymaint eisoes, felly mae pwyso a mesur ac ystyried lle rwyt ti arni, a lle rwyt ti eisiau bod, yn gam cadarnhaol iawn ar dy daith i brofiad hapusach o fod yn fam sengl.

RHAN UN

TEIMLO'R HOLL DEIMLADAU

1

GALAR A CHOLLED

Mae wedi digwydd. A dyma ti: yn rhiant sengl, yn ceisio deall sut ar y ddaear i deimlo, i feddwl, i ymdopi; yn meddwl sut rwyt ti hyd yn oed am ddechrau mynd drwy'r bennod newydd hon yn dy fywyd. Wrth i ti geisio gwneud synnwyr o ddiwedd dy berthynas a bywyd fel "teulu", a cheisio darganfod sut i symud i fywyd newydd fel rhiant sengl, mae galar, colled ac unigrwydd yn aml yn bresennol, yn llethol a dinistriol, ac yn taflu eu cysgod dros bopeth.

Fel gydag unrhyw alar, mae galaru am golli perthynas, partner, teulu a dyfodol, yn broses (gweler tudalen 6). Mae galaru yn cynnwys: gweithio drwy'r holl emosiynau sy'n codi yn sgil galar a cholled; gwneud synnwyr o'r hyn sydd wedi digwydd; gollwng gafael ar yr hyn y roeddet ti'n tybio dy fod yn ei wybod am dy ddyfodol; a derbyn nad dyma oedd y dyfodol i ti.

> *Fe gymerodd amser hir i fi sylweddoli nad oedd y bywyd teuluol oedd gen i mewn golwg yn mynd i ddigwydd. Weithiau, dwi'n dal i deimlo 'mod i'n galaru'r syniad o'r teulu "nodweddiadol". Pan oeddwn i'n ferch fach, fyddwn i byth wedi dychmygu y byddwn i, yn 26 oed, yn fam sengl i blentyn pum mlwydd oed. Wrth i ffrindiau ddechrau setlo lawr gyda rhywun a meddwl am ddechrau teulu, roeddwn i mewn sefyllfa wahanol iawn: yn magu plentyn ar fy mhen fy hun.* **Amy**

Mae profi galar a cholled pan fydd perthynas yn dod i ben yn hollol normal ac yn gwbl ddealladwy. Mae galar yn cael ei sbarduno gan golled, a phan fydd perthynas â phartner yn chwalu, a bod yna blentyn/teulu, mae yna lawer o golledion posib. Mae'r rhain nid yn unig yn cynnwys colli'r berthynas, ond hefyd colli'r sefydliad teuluol, colli dyfodol disgwyliedig, colli cefnogaeth, colli cyllid, colli bywyd cymdeithasol cyfarwydd a llawer mwy.

Gall galar a cholled ddigwydd waeth a oeddet ti eisiau i'r berthynas ddod i ben ai peidio. Gallan nhw godi os yw perthynas yn dod i ben yn sydyn neu'n dirwyn yn araf tuag at ei therfyn dros amser. Bydd galar a cholled, wrth gwrs, ar eu mwyaf dinistriol pan fydd partner yn marw. Gallan nhw hefyd ddigwydd wrth i gwpl wahanu, a thithau'n gorfod dygymod â chael dy gyn-bartner yn dy fywyd yn gyson fel rhiant ar y cyd (boed ar delerau cyfeillgar ai peidio), neu os oes rhaid i ti nawr ddeall sut i fod yn fam sengl heb unrhyw gyswllt â dy gyn-bartner (boed o dy ddewis di, ei ddewis e neu oherwydd penderfyniadau cyfreithiol).

Yn y bennod hon, rydyn ni'n mynd i fwrw golwg ar sut beth yw galar a cholled wedi i berthynas ddod i ben, ac yn rhannu profiadau pobl sydd wedi bod drwy'r profiad eu hunain. Fe fyddwn ni'n rhannu profiadau o alar, yn amrywio o ysgariad ar ôl 25 mlynedd o briodas gyda thri phlentyn yn eu harddegau, i berthynas ramantus fyrhoedlog a ddaeth i ben cyn i'r plentyn gael ei eni hyd yn oed. Fe fyddwn ni'n edrych ar sut mae pobl wahanol wedi profi neu ddelio â'u galar, a pha gamau cadarnhaol sydd ar gael i ni reoli ein galar ein hunain.

GOLWG EANG AR ALAR

Yn y bennod hon, byddwn yn bwrw golwg eang iawn ar alar (er enghraifft, sy'n gysylltiedig â'r colledion niferus a galar cysylltiedig sy'n cael ei brofi pan mae plant yn rhan o berthynas sy'n chwalu). Rydyn ni'n ymwybodol bod yna rai

> amgylchiadau trychinebus lle mae perthynas yn dod i ben a thithau'n dod yn fam sengl oherwydd marwolaeth partner. Os taw dyma dy brofiad di, mae'n hollbwysig caniatáu amser i ti dy hun alaru, i ofalu amdanat ti dy hun, ac i geisio help a chefnogaeth yn ôl yr angen. Rydyn ni'n gobeithio y bydd y bennod hon, a'r llyfr yn ei gyfanrwydd, yn ffynhonnell o gysur, cyngor a chefnogaeth i ti ar dy daith fel mam sengl, ond mae angen i ti fod yn ymwybodol hefyd nad yw'r llyfr hwn yn benodol ar gyfer marwolaeth partner, ac y gall fod arnat eisiau ceisio cymorth penodol ar gyfer hynny.

BETH YW GALAR?

Beth rydyn ni'n ei olygu wrth sôn am alar? Ymateb naturiol a dealladwy i golled yw galar; gall fod yn emosiwn dwys a phwerus sy'n esgor ar dristwch, dicter, sioc, ofn, unigrwydd, panig a phryder. Mewn rhai amgylchiadau mae'n bosib y bydd yna euogrwydd a chywilydd wedi'u cydblethu â galar, a all fod yn brofiad gofidus iawn i wneud synnwyr ohono a gweithio drwodd. Gall fod yn gorfforol iawn hefyd, gan arwain at ludded a blinder, poenau, colli archwaeth a diffyg cwsg.

Profodd Amy alar pan ddywedodd ei phartner wrthi nad oedd yn ei charu hi mwyach cyn gadael y tŷ. Pan oedd hi'n galaru, fe brofodd emosiynau fel tristwch eithafol, gorbryder a llawer iawn o ofn. Pan ddeallodd fod galar ac ofn yn aml yn gysylltiedig, roedd hynny'n gwneud synnwyr perffaith iddi.

> *Roedd meddwl sut y byddwn i'n ymdopi yn feddyliol fel mam sengl yn codi arswyd arna i, cyn hyd yn oed dechrau meddwl am yr holl bethau ymarferol. Ofn yr anghyfarwydd oedd o, ofni sut y byddwn i'n addasu i fywyd nad oeddwn i wedi cynllunio ar ei gyfer.* **Amy**

Mae'n bosib dy fod hefyd yn profi llawer iawn o'r emosiynau hyn, a mwy. Wrth gwrs, gall yr emosiynau hyn fodoli y tu allan i'r broses alaru hefyd; fe fyddwn ni'n twrio'n ddyfnach i'r emosiynau gwahanol hyn rhwng dau glawr y llyfr hwn.

CAMAU CYFFREDIN GALAR PAN FYDD PERTHYNAS YN DOD I BEN

Mae galar yn emosiwn ac yn broses. Yn ôl gwaith ymchwil, un ffordd o ddeall galar yw drwy bum cam cyffredin y broses alaru. Mae model galar Kubler-Ross (*On Death and Dying*, Macmillan, Efrog Newydd, 1969) yn disgrifio'r camau hyn fel gwadu (sioc), dicter, iselder, bargeinio a derbyn. Isod, rydyn ni'n esbonio sut mae'r camau hyn yn berthnasol i chwalfa perthynas. Er bod modd nodi pum cam penodol, dydy'r broses ddim yn un llinol; hynny yw, mae'n annhebygol y byddi'n symud yn daclus drwy bob un o'r camau yn eu tro. Yn hytrach, mae'n bosib profi'r camau mewn unrhyw drefn; efallai y byddi'n profi mwy nag un cam ar yr un pryd; fe elli di symud yn ôl ac ymlaen rhwng camau; ac mae'n hollol bosib i ti brofi ambell gam yn fwy dwys nag un arall.

Gwadu/Sioc

I ddechrau, mae'n bosib y byddi'n teimlo sioc, ac yn gwadu bod y berthynas wedi dod i ben neu ar fin dod i ben, neu am y realiti o ddod yn fam sengl. Fe allai fod yn anodd i ti ddeall y realiti newydd hwn yn dy feddwl, ac y byddi'n methu dioddef neu gredu y gallai hyn fod yn digwydd. Gall deimlo'n amhosib dychmygu'r dyfodol newydd hwn, ac mae'n bosib y byddi'n dal gafael ar y syniad na all y chwalfa yma fod yn digwydd, na fydd yn digwydd. Hwyrach y byddi'n teimlo wedi fferru, wedi rhewi, yn methu deall y peth. Wrth i'r sioc dy daro di fe allai hynny ysgogi panig a gorbryder hefyd.

> Pan adawodd fy nghyn-ŵr, fe dreuliais i ryw bedwar diwrnod yn y gwely. Diolch byth, fe ddaeth fy ffrind gorau draw i ofalu amdana i a fy mab; fel arall, dwi'm yn gwybod sut byddwn i wedi ymdopi. Bob dydd wrth ddeffro, roedd fy nghalon i'n suddo wrth i fi gofio mai dyma oedd fy mywyd i erbyn hyn. Roeddwn i'n teimlo 'mod i'n galaru ein perthynas, y teulu roedden ni wedi bod yn ei feithrin, a'r bywyd a oedd mor gyfarwydd i fi. **Amy**

Dicter

Mae'n bwysig deall bod dicter yn rhan normal o'r ffordd rydyn ni'n prosesu galar, gan fod dicter yn emosiwn cyffredin iawn yn y cyfnod pan fydd perthynas yn dod i ben.

Mae'n bosib y byddi'n ddig am y sefyllfa neu'r digwyddiadau a arweiniodd at y chwalfa. Neu'n ddig am fod y berthynas yn dod i ben a dy ddyfodol yn newid. Efallai y byddi'n teimlo dicter am yr hyn y bydd yn rhaid i dy blentyn ei wynebu, neu ddicter tuag at dy gyn-bartner am adael neu am ei ymddygiad. Mae rhai'n ddig gyda nhw'u hunain am yr hyn sydd wedi digwydd (gall hynny fod yn gysylltiedig ag euogrwydd neu gywilydd hefyd, yn dibynnu ar yr amgylchiadau). Gall teimlo'n ddiymadferth ac allan o reolaeth hefyd wneud i ti deimlo'n ddig.

Gall dy ddicter droelli mewn pob math o ffyrdd ac i bob cyfeiriad; gall fod yn ddicter eang a dwys, neu'n rhwystredigaeth neu'n hwyliau blin sy'n ffrwtian.

Gall dicter, nad yw'n cael y sylw priodol, greu problem i ti a/neu i eraill. Gall effeithio ar naws y gwahanu neu ar y plant dan sylw. Mae modd iddo orlifo ac amharu ar drefniadau cyswllt neu gynlluniau magu plant ar y cyd neu ar unrhyw brosesau cyfreithiol sy'n digwydd.

Gall dicter hefyd fodoli y tu allan i'r broses alaru (fe fyddwn ni'n trafod dicter fel emosiwn annibynnol ym Mhennod 2).

Bargeinio

Gall bargeinio yng nghyd-destun colli perthynas/teulu/dyfodol disgwyliedig ymddangos yn y ffurfiau canlynol: gobeithio, tybio, perswadio, crefu, trafod ac yna bargeinio. Gall y bargeinio ddigwydd gyda chyn-bartner, gyda dy ffydd a thrwy weddïo, neu gyda ti dy hun. Mae'r broses hon yn digwydd fel rhan o'r ymdrech i ddod o hyd i ddiweddglo gwahanol i'r sefyllfa. Efallai y byddi'n awgrymu cwnsela perthynas, yn cynnig newid neu'n ceisio cael dy gyn-bartner i newid, neu'n ceisio argyhoeddi dy gyn-bartner neu ti dy hun ei bod hi'n bosib i bethau fod yn wahanol. Hwyrach y byddi'n gaeth i feddylfryd "beth os ..." neu "pe bawn i ond wedi ...", ac yn hel meddyliau am sut y gallai dewisiadau a phenderfyniadau gwahanol fod wedi newid y sefyllfa.

> *Pan adawodd fy nghyn-ŵr, roeddwn i'n dal gafael yn y gobaith y byddai'n newid ei feddwl. Roeddwn i eisiau i bethau fynd yn ôl fel oedden nhw, roedd gen i gymaint o ofn y newid byd enfawr oedd ar droed; dyma fi'n dweud wrtho y byddwn i'n newid, ac yn awgrymu cwnsela.* **Amy**

Iselder

Gall iselder fod yn feichus ac yn llethol pan fydd realiti'r sefyllfa yn dechrau gwawrio arnat, a thithau'n sylweddoli faint mae chwalfa'r berthynas yn mynd i effeithio, neu yn effeithio, ar dy fywyd. Gall gynnwys pob math o emosiynau, gan gynnwys tristwch, gorbryder, ofn, unigrwydd, euogrwydd, dideimlad, gwacter ac anobaith. Gall arwain at flinder, llesgedd, anallu i gysgu, anallu i godi, trafferthion gwneud unrhyw beth, diffyg archwaeth, gwrthod neu osgoi gweithgareddau cymdeithasol neu hobïau. Gall hefyd wneud i ti hel meddyliau negyddol am fod ar dy ben dy hun, am y dyfodol, am dy allu i ymdopi, am sut rwyt ti'n gweld dy hun. Am ragor o wybodaeth am iselder, gweler

Pennod 6; am ragor o wybodaeth am orbryder, gweler Pennod 5; am ragor o wybodaeth am euogrwydd, gweler Pennod 4.

Derbyn

Derbyn yw'r rhan o'r broses lle rwyt ti'n dechrau dod drwy'r emosiynau mwyaf anodd a dwys, ac yn dechrau cyrraedd pwynt lle rwyt ti'n deall ac yn cydnabod y sefyllfa, ac felly'n gallu dechrau symud ymlaen gyda bywyd mewn ffordd ystyrlon. Dydy hyn ddim yn golygu na fyddi'n dal i brofi llawer o'r emosiynau sy'n ymwneud â galar, ond fe fyddan nhw'n llai dwys, neu mae'n bosib y byddi wedi dod o hyd i ffyrdd o'u rheoli wrth iddyn nhw ffrwtian i'r wyneb. Mae derbyn yn golygu y gelli ddechrau edrych ymlaen a sylweddoli – yn dyner ac yn raddol – y byddi'n iawn.

> *Fe gymerodd amser hir i fi dderbyn bod y berthynas wedi mynd. Hyd yn oed pan oeddwn i'n meddwl fod pethau'n gwella, fe fyddai rhywbeth yn digwydd ac yn sydyn, roeddwn i'n galaru'r berthynas unwaith eto. Dim ond wrth i fi ddechrau gwneud mwy o bethau er fy mwyn i fy hun, fel mynd i'r gampfa, y gwnes i ddechrau teimlo 'mod i'n mynd i fod yn iawn.* **Amy**

"TYFU O GWMPAS GALAR"

Ynghyd â'r model camau galar, mae yna ffyrdd eraill o ddeall galar a cholled a allai wneud synnwyr i ti. Mae Dr Lois Tonkin (cwnselydd galar) wedi disgrifio model o dyfu o gwmpas galar. Yr hyn sydd wrth wraidd y model hwn yw'r syniad ein bod ni'n dysgu tyfu o gwmpas ein galar. Dros amser, er y gall y galar fod yno bob amser, rydyn ni'n tyfu a thyfu o'i gwmpas, wrth i ni ein hunain dyfu ac wrth i ni dyfu i mewn i'n bywyd newydd, nes ein bod ni'n llawer mwy na'n galar, a all deimlo'r un faint â ni, os nad yn fwy na ni, ar y dechrau.

PEDAIR TASG

Y drydedd ffordd o egluro galar yw drwy ddeall tasgau galar fel maen nhw'n cael eu disgrifio gan y seicolegydd Dr William Worden. Mae'r rhain yn esbonio sut rydyn ni'n mynd drwy bedair tasg yn ein galar (unwaith eto, fel gyda'r camau galar, fe allan nhw ddigwydd mewn unrhyw drefn, ar unrhyw gyflymder, ac yn ôl ac ymlaen yn ôl yr angen). Mae'r tasgau hyn yn cynnwys:

- Derbyn realiti y golled
- Profi a gweithio drwy'r boen a'r emosiynau anodd sy'n cael eu sbarduno gan y golled
- Addasu i'r bywyd newydd
- Rhoi'r golled yn y gorffennol, a dod o hyd i ffordd ymlaen sy'n cofleidio'r realiti/bywyd newydd

Gellir profi llanw a thrai galar dros amser, ac i rai, gydag amser, gall gilio'n llwyr; bydd eraill yn dysgu i'w gydnabod a byw gyda'r galar mewn ffordd y mae modd ei reoli. Does dim ffordd gywir nac anghywir o brofi galar, ac fe fydd pawb yn ei brofi mewn ffordd unigryw ac yn eu hamser eu hunain, yn dibynnu ar brofiad y person o'r golled ac ystyr hynny i'r unigolyn dan sylw.

GALARU AM BETH, TYBED?

Gall galar a cholled wrth ddod yn fam sengl gynnwys unrhyw un o'r colledion canlynol (mwy nag un ohonyn nhw ar unwaith weithiau). Serch hynny, gall yr ymdeimlad o golled fod mor unigol fel y gelli brofi colledion eraill sydd heb eu crybwyll yma; neu efallai mai prin y byddi wedi dy effeithio gan rai o'r colledion sydd yma.

COLLI PERTHYNAS
- Colled pan fydd partner yn marw
- Colled pan fydd perthynas yn dod i ben a thithau'n feichiog
- Colled pan fydd perthynas yn dod i ben unwaith y bydd y plant wedi eu geni
- Colled pan fydd perthynas yn dod i ben oherwydd anffyddlondeb
- Colled ar ddiwedd priodas/partneriaeth sifil/dyweddïad/perthynas hirdymor
- Colli ystyr ac uniaethu fel cwpl

COLLI AELWYD DAU OEDOLYN/ "TEULU TRADDODIADOL"
- Colli trefn "teulu nodweddiadol", uniaethu fel teulu "traddodiadol" a dod yn deulu un rhiant
- Colli cefnogaeth ddyddiol – yn ymarferol a/neu yn emosiynol
- Colli cwmnïaeth – rhywun i siarad â nhw/tecstio/ffonio bob dydd
- Colli gofalu am blant neu gyswllt dyddiol gyda'r plant
- Colli cymeradwyaeth ffrindiau neu berthnasau (os ydyn nhw'n anhapus dy fod yn rhiant sengl neu'n anfodlon gyda'r ffordd y daethost yn rhiant sengl)

COLLEDION YMARFEROL
- Colli cefnogaeth wrth rannu tasgau a chyfrifoldebau dyddiol
- Colli cymorth gofal plant gan riant arall ar yr aelwyd
- Colli gweithgaredd annibynnol (er enghraifft, methu cyfranogi mewn hobïau gan nad oes gofal plant ar gael mwyach)
- Colli sicrwydd ariannol
- Colli'r cartref a oedd gennyt ti/yr oeddet ti wedi bwriadu ei gael

COLLI DYFODOL DISGWYLIEDIG
- Colli peidio â chael mwy o blant
- Colli'r dyfodol teuluol disgwyliedig, a/neu weld y dyfodol roeddet ti wedi'i ddychmygu yn cael ei wireddu gan gyn-bartner a phartner/plant newydd

COLLI CYFLEOEDD CYMDEITHASOL
- Colli gwyliau teuluol
- Colli Nadolig/penblwyddi teuluol
- Colli bywyd cymdeithasol fel teulu neu gwpl

COLLEDION SY'N GYSYLLTIEDIG Â'R PLANT
- Galaru neu gefnogi dy blentyn/plant gyda cholli rhiant o'r aelwyd/dod yn aelwydydd un rhiant
- Galaru neu gefnogi dy blentyn/plant wrth golli "bywyd teuluol" traddodiadol
- Cynefino â dy blentyn yn treulio amser gyda chyn-bartner a phartner newydd, hebot ti ac o bosib gyda phlentyn/plant o'r berthynas newydd

Mae'r rhain i gyd yn rhesymau cwbl ddilys dros alaru sut mae pethau. Rwyt ti wedi bod drwy'r felin, ac mae'n hollol naturiol i ti alaru am dy ddyfodol disgwyliedig. Mae angen i ti felly fod yn garedig gyda ti dy hun, oherwydd mae'n debygol y byddi'n galaru sawl colled ar unwaith, ac mae hynny'n anodd.

> ## GALL GALAR EFFEITHIO AR UNRHYW UN
>
> Hyd yn oed os nad wyt ti'n galaru'r holl golledion hyn, neu'r colledion mawr yn benodol, mae'n bwysig i ti ddeall y gelli brofi galar a cholled yr un fath. Mae hynny'n bosib hyd

> yn oed os nad wyt ti'n galaru am golli'r berthynas ei hun; er enghraifft, os taw ti adawodd, neu os oeddet ti'n cytuno taw terfynu'r berthynas oedd y peth iawn i'w wneud. Ond mae'n bosib y byddi'n dal i brofi colledion eraill. Rwyt ti'n ddynol, ac fe allet ti brofi unrhyw un o'r elfennau hyn o alar a cholled, waeth beth oedd amgylchiadau'r gwahanu.

STRAEON AM ALAR A CHOLLED MAMAU SENGL

Fe fydd gwahanol brofiadau ar hyd y daith hon yn effeithio ar natur dy alar a dy golled. Rydyn ni wedi disgrifio rhai o'r rhain isod, gyda mamau sengl anhygoel yn rhannu eu straeon. Fyddwn ni ddim wedi gallu trafod pob profiad, ond gobeithio ein bod ni'n cynnig rhyw grebwyll i ti wneud synnwyr o dy brofiad dy hun ac i dy helpu i ddeall nad wyt ti ar dy ben dy hun.

BEICHIOG AC AR DY BEN DY HUN

Er bod magu plant ar dy ben dy hun yn anodd ar y gorau, mae dod yn fam sengl cyn i dy plentyn gael ei eni yn fater hollol wahanol. Mae'n rhaid i ti ymdopi â'r holl deimladau hynny o fod yn rhiant sengl, a thyfu'r babi ar dy ben dy hun ar yr un pryd. Dyna apwyntiadau ysbyty heb gwmni, y nosweithiau anghyfforddus yn y gwely heb unrhyw un yn gefn i ti, a dwyt ti ddim yn cael mwynhau unrhyw un o'r agweddau hwyliog o fod yn rhan o gwpl a chael babi – fel dewis enwau gyda'ch gilydd, cyffroi wrth feddwl am gynllunio stafell y babi, neu brynu teganau meddal neu bram gyda'ch gilydd. Hyd yn oed os wyt ti wedi cael dy fendithio â system gefnogaeth wych, ti yw prif ofalwr y babi yr un fath. Gall wynebu hynny ar dy ben dy hun fod yn anhygoel o frawychus ac unig. O'r herwydd, mae'n bosib y byddi'n dechrau galaru cyn i'r babi gael ei eni, neu'n profi galar wrth i ti ddygymod â bywyd fel mam sengl unwaith y bydd dy fabi yn cyrraedd. Ac os mai beichiogi'n ddamweiniol wnest di, gan fynd â dy fywyd i gyfeiriad gwahanol ac annisgwyl, rwyt ti'n siŵr o alaru am y bywyd roeddet ti wedi'i ragweld.

*Roedd **Annest**, mam sengl o Wrecsam, yn meddwl na fyddai byth eisiau plant; fodd bynnag, yn 18 oed, dri mis ar ôl iddi orffen gyda'i chyn-gariad, fe wnaeth hi ddarganfod ei bod hi'n feichiog.*

"Pan wnes i ddeall 'mod i'n feichiog, roeddwn i mewn sioc. Doeddwn i ddim yn meddwl 'mod i'n gallu dod yn fam. Roedd fy mywyd o 'mlaen i, a doedd gen i ddim math o fwriad i fod yn fam sengl pan nad oeddwn i hyd yn oed yn bwriadu bod yn fam."

Ar ôl sioc o'r fath, gohiriodd Annest fynd i'r brifysgol. Ar ben galaru'r bywyd myfyriwr yr oedd hi wedi ei golli, roedd hi hefyd yn gorfod ymdopi gyda ffordd o fyw wahanol iawn.

"Yr hyn oedd fwyaf anodd oedd gwylio fy holl ffrindiau yn mynd i'r brifysgol a mynd ar nosweithiau allan, tra roeddwn i yn y tŷ yn delio efo babi yn crio a llond gwlad o glytiau budr."

CHWALFA WEDI ANFFYDDLONDEB

Mae diwedd sydyn i berthynas yn ysgogi galar go iawn, yn enwedig pan mae anffyddlondeb yn rhan o'r cawl. Gall fod yn anodd prosesu colli'r person roeddet ti'n ei garu ac wedi meddwl y byddet ti'n ei gwmni am byth, ar ben ceisio dod i delerau â'r sioc o gael dy fradychu a dod yn fam sengl. Mae'n hawdd mynd yn gaeth i hel meddyliau am y rhesymau pam mae hynny wedi digwydd. Mae hefyd yn bosib y byddi'n gorfod gweld cyn-bartner gyda phartner newydd wrth i ti geisio darganfod dy lwybr newydd; neu orfod deall dy ffiniau os yw dy bartner anffyddlon yn ceisio dy berswadio i beidio â gadael. Fe fydd yn rhaid i ti hefyd fynd i'r afael â phethau

GALAR A CHOLLED

arferol bywyd beunyddiol wrth gario baich trwm torcalon, galar a cholled.

Daeth **Elliw** yn fam sengl ar ôl i'w gŵr fod yn anffyddlon, a dim ond yn ddiweddar mae hi wedi dechrau deall sut y chwalodd ei pherthynas.

"Fe wnes i dreulio amser hir yn meddwl ei fod wedi fy ngadael i am y fenyw arall oherwydd 'mod i wedi troi yn 'ormod o fam' a bod yr hen 'fi' wedi mynd ar goll; felly dwi wedi treulio llawer o amser yn gweithio arna i fy hun drwy therapi, a dwi'n deall nawr nad fy mai i oedd beth wnaeth e."

Daeth **Branwen** yn fam sengl pan gerddodd ei gŵr allan ar ôl 20 mlynedd o briodas.

"Y gŵr oedd fy ffrind gorau; mi oedden ni wedi bod efo'n gilydd ers ein harddegau ac wedi cael dau o blant efo'n gilydd. Un diwrnod, mi wnaeth o gerdded allan, ar ôl dweud nad oedd o'n fy ngharu i bellach. Mi wnes i gael ar ddeall gan bobl eraill ei fod o wedi fy ngadael i am rywun arall. Doedd gen i ddim syniad; roeddwn i'n meddwl ein bod ni mor gryf. Dwi'n cofio'r sioc, yr ofn, y teimlad o fod wedi fy llorio'n llwyr. Pan fyddwn i'n mynd allan, roeddwn i'n poeni bod pobl yn siarad amdana i. Mi oeddwn i'n cael trafferth bwyta, mi wnes i golli llwyth o bwysau, a cholli cymaint o hyder. Mi wnaeth bywyd newid dros nos. Er bod rhaid i fi gadw'n gryf er mwyn y plant, mi oedd gweithgareddau bob dydd yn her, ac mi fyddwn i yn fy nagrau weithiau. Poeni am y plant oeddwn i fwyaf, am fod absenoldeb eu tad wedi torri eu calonnau ac roedden nhw'n llawn gofid wrth weld pa mor drist oeddwn i. Mi oeddwn i wedi fy llethu'n llwyr – yn teimlo'r un fath ag ydych chi pan mae rhywun wedi marw. Galaru cael gŵr, partner, ffrind, galaru rhiant arall, galaru bod gan y plant dad. Mi oedd y cyfan mor anodd."

> Daeth **Elen** yn fam sengl yn ei 30au wedi i'w gŵr fod yn anffyddlon.
> "Roedden ni wedi bod gyda'n gilydd ers yn ifanc. Doedd rhai agweddau ddim yn berffaith, ond yn sicr nage fi fydde wedi bod yr un i siglo'r bad. Pan darodd y tswnami ein priodas, dwi'n cofio bod mewn cyflwr dryslyd am tua chwe mis. Doeddwn i ddim yn gallu deall ei fod wedi digwydd. Roedd yna deimlad bod ein priodas wedi marw. O golled go iawn. Roeddwn i'n dorcalonnus, drosof i a dros fy mhlant."

COLLI CWMNÏAETH

Ar ôl i berthynas chwalu a dod yn fam sengl, mae'n bosib bod colli cwmnïaeth yn mynd i fod yn anodd – y presenoldeb cyson hwnnw yn eich bywyd sydd ar ben arall neges destun neu alwad ffôn, y rhywun hwnnw mae disgwyl iddo fod yno bob dydd. Pan fyddi mewn perthynas, mae dealltwriaeth ymhlyg fod y person arall yn mynd i fod yno ar dy gyfer di. Os oes gen ti broblem, wedi cael diwrnod gwael, diwrnod llawn digwyddiadau, os yw'r plant yn gwneud rhywbeth heriol neu ddoniol, a'r holl ddigwyddiadau posib eraill, mae yna rywun arall i rannu hynny gyda nhw pan fyddi mewn perthynas. Ond wrth i ti ddod yn fam sengl, yn sydyn dydy'r person hwnnw ddim yna mwyach. Waeth pa mor wych yw system cymorth dy berthnasau a dy ffrindiau, dydyn nhw ddim yn gallu bod ar gael bob awr o'r dydd a'r nos. Felly mae yna ymdeimlad o golled ac unigrwydd, ac mae'n rhaid i ti brosesu, galaru ac addasu i hynny.

> I **Cerys**, roedd dod yn rhiant sengl yn ei 40au, gyda thri o blant i ofalu amdanyn nhw, yn anodd iawn. Ar ôl bod yn briod am 25 mlynedd, roedd colli'r gwmnïaeth yn anodd iawn.
> "Pan wnes i wahanu, mi oedd gen i rwydwaith gwych o deulu a ffrindiau yn gefn i fi. Mi oeddwn i'n eithaf hyderus y byddwn i'n iawn, waeth pa mor ypsét roeddwn

i'n teimlo. Ond roedd y realiti gymaint yn anoddach nag y gwnes i ei ddychmygu. Os oeddwn i'n cael diwrnod anodd yn y gwaith neu efo'r plant, mi fyddwn i'n dod adref ond doedd yna neb yno i ddweud wrthyn nhw. Ar ôl i'r plant fynd i'r gwely, mi fyddwn i ar fy mhen fy hun fin nos heb neb i dynnu sgwrs efo nhw, i gael gwydraid o win yn eu cwmni, i'w gofleidio neu ddim ond i wylio'r teledu efo nhw. Doeddwn i ddim wedi sylweddoli 'mod i wedi cymryd cael rhywun yna i siarad ag o mor ganiataol, na faint oeddwn i angen hynny. Ambell ddiwrnod, ar ôl gwahanu, fyddwn i ddim yn siarad ag oedolyn arall o gwbl! Ddim am nad oeddwn i eisiau gwneud neu am nad oedd gen i ffrindiau a pherthnasau, achos mae gen i – pobl anhygoel a fyddai bob amser yn dweud wrtha i am gysylltu unrhyw bryd. Ond y gwir amdani yw nad oedden nhw yno pan oeddwn i'n cyrraedd adre o'r gwaith, neu newydd orffen rhoi'r plant yn eu gwlâu. A doeddwn i ddim yn mynd i allu dal ati i gysylltu bob tro roeddwn i'n profi'r teimlad hwn, a hynny'n digwydd, waeth i fi fod yn onest, bob dydd, drwy'r amser. Ac roedd yr unigrwydd o wybod mai dyma oedd realiti bywyd i fi bellach, 'mod i ar fy mhen fy hun, mewn ffordd nad oeddwn i wedi bod ers 25 mlynedd, yn anodd iawn; roedd yn rhaid i fi alaru am golli'r gwmnïaeth honno. Mae'n dal yn anodd rŵan, ond mae hi'n mynd yn haws."

Llenwi'r Bwlch Cwmnïaeth

Rho gynnig ar bob un neu unrhyw un o'r canlynol:
1. Ceisia gydnabod realiti dy sefyllfa newydd yn agored ac yn onest. Heb bartner, mae bwlch o ran cwmnïaeth na fydd ffrindiau a pherthnasau yn gallu ei lenwi'n

llwyr. Mae'n anodd. Mae'n digwydd. A does dim angen i ti dwyllo dy hun (neu adael i eraill wneud hynny) drwy geisio argyhoeddi dy hun nad yw hyn yn anodd, neu nad oes yna rywbeth ar goll neu rywbeth y byddet ti'n hoffi ei gael.

2. Tynna lun o dy Goeden Gyfeillgarwch (wedi'i hysbrydoli gan Suzy Reading, awdur, hyfforddwraig a seicolegydd). Ar ddarn o bapur, braslunia siâp coeden. Ar ganghennau'r goeden, ysgrifenna enwau'r holl ffrindiau neu deulu yn dy fywyd – cyfeillion pell ac agos. Cadwa'r llun yn rhywle diogel, a phan fyddi'n teimlo bod angen i ti sgwrsio â rhywun neu estyn allan am gwmni, edrych arno ac atgoffa dy hun o'r gwahanol bobl sydd yna i chi ddweud haia wrthyn nhw ar unrhyw adeg. Paid â bod ofn estyn allan a sgwrsio â phobl.

3. Cynllunia ymlaen llaw. Tyrd o hyd i ffyrdd newydd o lenwi dy amser; ceisia ragweld yr adegau unig a meddylia am syniadau a chynlluniau ar gyfer nosweithiau hir neu benwythnosau pan fyddi'n gweld colli cwmnïaeth. Fe allai hyn gynnwys gweld ffrindiau neu deulu, gwneud gwaith DIY neu droi at hobi, tasg, gweithgaredd, dysgu rhywbeth newydd, ymarfer corff a llawer mwy.

4. Chwilia am leisiau eraill. Ceisia wrando ar bodlediadau, llyfrau llafar neu raglenni radio difyr. Mae gwrando ar bobl yn sgwrsio, yn enwedig os wyt ti'n gwrando'n rheolaidd, yn creu cwmnïaeth sy'n gallu llenwi cyfnodau tawel. Wrth gwrs, cwmnïaeth unffordd yw hon, ond gall gyfrannu hiwmor, sgwrs ac adloniant ar adegau anodd.

5. Ystyria ffyrdd o feithrin cyfeillgarwch newydd, a phan fyddi di'n barod wrth reswm, perthnasoedd newydd. Mae yna apiau, grwpiau cymdeithasol a gweithgareddau newydd i roi cynnig arnyn nhw a fyddai'n annog hyn. Mae cymaint o gyfrifon cyfryngau cymdeithasol sy'n cefnogi mamau, ac amrywiol grwpiau Facebook sy'n eich galluogi i gyfarfod â

> mamau eraill. Mae yna hefyd apiau ar gyfer rhieni sengl, fel *Frolo*, sy'n helpu rhieni sengl i gyfarfod â rhieni sengl eraill yn eu hardal. Mewn gwirionedd, dyma sut wnaeth Amy gyfarfod â'r fenyw sy'n ffrind gorau iddi erbyn hyn; symudodd i fyw yn yr un pentref â hi, daeth yn ffrindiau gyda hi ar yr ap a threfnu dêt chwarae i'w plant. Mae gan yr ap *Bumble* opsiwn i ymuno ar gyfer cyfeillgarwch yn unig.

COLLI CYMORTH YMARFEROL

Pan fyddi'n sylweddoli nad oes yna neb yno i chi rannu'r baich ymarferol o un diwrnod i'r llall, gall fod yn llethol iawn. Does yna ddim mwy o "drafodaethau" ynglŷn â phwy sy'n mynd â'r bin allan, neb i rannu'r gwaith tŷ, amser gwely neu ddarllen i'r plant. Ti sydd ar ddyletswydd, a dy waith di yw'r cyfan; gelli di ddim trosglwyddo'r awenau pan fyddi'n rhy flinedig neu angen gwneud galwad ffôn neu eisiau mynd allan i redeg. Os nad wyt ti'n gwneud y gwaith, dydy'r gwaith ddim yn cael ei wneud. Ac mae hynny'n flinedig ac yn rhwystredig, yn llethol ac yn creu gofid. Mae'n waeth fyth pan maen nhw'n bethau nad oeddet ti erioed wedi'u gwneud o'r blaen – boed hynny'n waith papur, rheoli cyllid yr aelwyd neu DIY. Mae gorfod bod yn gyfrifol yn sydyn am wneud yr holl bethau hyn yn atgof cyson o'r amser a fu, o'r hyn sydd wedi cael ei golli.

Disgrifiodd **Menna**, *mam sengl i ddau yn ei 30au hwyr, sut bu'n rhaid iddi ddelio â'r trydan yn diffodd yn ei thŷ newydd ychydig fisoedd ar ôl iddi symud i mewn.*
"Mi wnes i eistedd ar y llawr yn crio wrth i fi sylweddoli nad oeddwn i'n gwybod sut i ddelio â'r broblem ar fy mhen fy hun (mi wnes i weithio hynny allan, ond dyna oedd fy ymateb ar y pryd). Mi oeddwn i'n teimlo'n wirion yn gofyn i rywun, ac am nad oeddwn i'n gwybod yn iawn sut i ddelio â'r ffiwsiau neu fynd i wreiddyn y broblem. Ond doeddwn

i erioed wedi gorfod gwneud hyn o'r blaen, achos bod fy nghyn-ŵr yn delio efo'r peth. Mi oedd amser gwely bob nos yn lladdfa hefyd. Mi oeddwn i mor flinedig, y cyfan y byddwn i eisiau ei wneud oedd crio erbyn y pwynt yma, ac mi oeddwn i'n fyr fy amynedd efo'r plant ond yn teimlo'n ofnadwy o euog wedyn. Wedyn mi oedd angen dod lawr staer a gorfod gwagio'r biniau a hongian y dillad a thacluso'r tŷ a chael y dillad ysgol yn barod a bwydo'r anifeiliaid anwes a hwfro ... mi oeddwn i wedi llwyr ymlâdd yn mynd i'r gwely, prin yn cysgu ac yna'n cael fy neffro'n wirion o gynnar gan y plant, gyda'r cyfan yn dechrau o'r dechrau eto."

FFARWELIO Â RHYDDID

Mae dod yn fam sengl pan fydd y plant yn ifanc yn gallu gwneud y gweithgareddau symlaf yn anodd; boed yn weithgaredd chwaraeon, gweld ffrindiau, gallu taro i'r siop neu gael ychydig o amser ar dy ben dy hun y tu allan i'r tŷ. Oni bai bod gen ti berthnasau neu ffrindiau gerllaw sy'n barod i helpu gyda gofal plant, mae'n anodd dod o hyd i'r cyfle i wneud pethau i ti dy hun neu gadw at hen arferion, hobïau a gweithgareddau. Os mai ti yw prif ofalwr dy blentyn, efallai y byddi'n cael un noson i ffwrdd yr wythnos neu bythefnos (ond weithiau ddim hyd yn oed hynny!), ac mae'r pwysau ychwanegol ynghlwm wrth hynny yn sicr o adael ei ôl.

> *Pan chwalodd fy mherthynas, y teimlad o golli rhyddid oedd yn creu trafferth. Dwi'n cael dau benwythnos i ffwrdd y mis, ac mae hynny'n iawn. Ond dwi wir yn gweld colli'r dosbarth ioga ar nos Lun neu allu taro i'r siop ar fy mhen fy hun – os yw'r mab yn cysgu a finnau'n sylweddoli 'mod i wedi anghofio prynu llaeth ar gyfer y bore, does dim byd alla i ei wneud am y peth.* **Amy**

Rhiannon wnaeth adael ei chyn-ŵr, ac oherwydd mai hi oedd yr un i adael, mae hi'n cael trafferth gofyn am help.

"Dwi wastad wedi gwneud rhyw gamp neu'i gilydd, ac roedd 'Roller Derby' yn ffefryn mawr, ond roedd yn rhaid i fi droi cefn ar hynny pan chwalodd y briodas. Does gen i ddim teulu yn byw'n agos, a dydw i erioed wedi teimlo 'mod i'n gallu gofyn i fy nghyn-ŵr ofalu am ein merch er mwyn i fi wneud rhywbeth i fi fy hun."

Sut i Helpu

Mae'n bwysig iawn edrych ar ffyrdd o ddod o hyd i gymorth a chefnogaeth ymarferol a allai fod y tu hwnt i'r trefniadau (ffurfiol ac anffurfiol) a wnest gyda dy gyn-bartner.

Mae'n bwysig cydnabod dy fod yn haeddu seibiant oddi wrth gyfrifoldebau gofal plant i wneud pethau sy'n gwneud i ti deimlo'n dda ac sydd o fudd i dy iechyd meddwl, fel mynd i ddosbarth ymarfer corff, dosbarth cerddoriaeth, dosbarth celf, sesiwn cwnsela, neu i weithgaredd neu dasg a oedd yn rhan gyson o dy fywyd cyn y gwahanu.

Fe fydd yna dasgau y byddi'n arfer eu gwneud ar dy ben dy hun o'r blaen a fyddai'n dal o fudd i ti gael amser i'w gwneud ar dy ben dy hun nawr. Er enghraifft, mae rhai pethau ymarferol yn llawer haws i'w gwneud ar dy ben dy hun (er enghraifft, apwyntiad meddygol, siopa bwyd am yr wythnos, mynd i'r domen sbwriel ac ati).

Gan dy fod bellach yn gwneud cymaint mwy fel mam sengl, mae hefyd yn bwysig i ti ystyried nad oes dim byd o'i le ar ofyn i eraill am help mewn ffyrdd nad oeddet ti o reidrwydd yn ei wneud o'r blaen. Er enghraifft, help gyda chasglu plant o'r ysgol, mynd i weithgareddau ar ôl ysgol, help gyda gofal min nos, tasgau DIY, neu unrhyw beth arall lle nad oedd angen help o'r blaen. Cofia y gallai dy allu i gyflawni'r tasgau hyn fod wedi newid ers i ti wahanu. Doeddet ti ddim yn cario cymaint o'r baich cyffredinol o'r blaen, felly mae'r sefyllfa yn wahanol bellach, ac rwyt ti'n haeddu cael cefnogaeth.

Ystyria at bwy y gallet ti droi i ofyn am help a chefnogaeth. Mae'n werth cofio bod ceisio gwneud hyn i gyd ar dy ben dy hun, neu golli allan ar bethau, yn anochel yn mynd i effeithio'n negyddol ar dy iechyd meddwl gan arwain at ddrwgdeimlad a rhwystredigaeth tuag at gyn-bartner neu unrhyw un arall gyda llawer mwy o ryddid yn eu bywydau. Os wyt ti'n cael dy lethu, mae hynny'n mynd i gael effaith negyddol arnat ti a'r plant yn y pen draw. Felly sut gelli di gael gafael ar fwy o help?

- Gofyn i ffrindiau neu berthnasau
- Ystyried gofal plant neu ofal ysgol cychwyn a diwedd dydd
- Ystyried bod yn agored ac yn onest (mewn ffordd gyfeillgar) gyda chyn-bartner ynglŷn â'r hyn y mae angen iddo ei wneud fel cyd-riant i barhau i dy gefnogi di a'ch plant
- Trefnu ffafrau sy'n gweithio'r ddwy ffordd gyda ffrindiau
- Ystyried diwygio dy weithgareddau di a'ch plant, gan gydnabod nad yw'n bosib gwneud popeth ond blaenoriaethu'r hyn sy'n bwysig i bob un ohonoch chi

NA, MAE HYNNY'N ORMOD O RYDDID!

Mae yna ochr arall i'r geiniog – efallai nad ti yw'r prif ofalwr, neu mae'n bosib eich bod chi'n rhannu'r plant yn gyfartal, ac yn sydyn iawn, mae gen ti gymaint o amser rhydd. Gall symud o dreulio bob dydd gyda'r plant i ddim ond hanner yr amser yn eu cwmni fod yn anodd iawn. Gall cael diwrnod, noson neu benwythnos yn rhydd fod yn newid enfawr hyd yn oed.

Pan oedd yn rhaid iddi gael diwrnod i ffwrdd oddi wrth y plant ar y penwythnosau, roedd **Cerys** *yn cael trafferth go iawn.*

GALAR A CHOLLED

"Er 'mod i'n aml yn dymuno cael amser i fi fy hun fel mam brysur, mi oedd pethau mor anodd pan oedd yn rhaid i fi ddechrau cael dyddiau i fi fy hun tra bod y plant efo'u tad. Mi oedd yna rywbeth a oedd yn peri gofid mawr i fi, gan wybod mai'r unig reswm yr oedd gen i amser rhydd oedd oherwydd bod fy mherthynas (a fy nheulu) wedi chwalu. Mi oeddwn i'n cael trafferth mwynhau'r amser oedd gen i. Ar ben hynny, gan fod hyn yn digwydd ar benwythnosau, mi oedd fy ffrindiau i gyd efo'u teuluoedd a doeddwn i ddim yn teimlo y gallwn i darfu arnyn nhw. Felly mi oedd gen i'r holl amser yma ond dim syniad sut i'w dreulio na sut i'w fwynhau."

Sut i Helpu

Mae'n bosib y bydd angen i ti fod yn greadigol wrth ddod o hyd i ffyrdd i ymdopi â'r rhyddid a'r amser newydd sydd gen ti pan fydd y plant yn treulio amser gyda'u rhiant arall. Dyma ambell syniad a allai helpu:

- Cymryd dy amser. Fe fydd angen amser i addasu i'r amser rhydd newydd hwn, yn enwedig pan fyddi'n gwybod mai'r unig reswm mae'n bodoli yw oherwydd bod dy berthynas wedi dod i ben. Bydd dyner â ti dy hun pan fydd pethau'n anodd ar y dechrau – ond fyddan nhw ddim yn anodd am byth.
- Cydnabod y sefyllfa. Cydnabydda'r holl feddyliau a theimladau sy'n codi yn ystod yr amser pan fyddi ar dy ben dy hun. Cydnabydda sut mae'n teimlo a rho enw i'r emosiwn. Cydnabydda pam mae'n dy boeni di – beth sy'n teimlo'n anodd. Ac atgoffa dy hun y bydd pethau'n mynd yn haws gydag amser.
- Cynllunio sut i ddefnyddio'r amser hwn ymlaen llaw. Trefna rywbeth ystyrlon, pwrpasol, ceisia gyflawni rhywbeth. Gwna rywbeth rwyt ti'n ei fwynhau. Gwna rywbeth na elli di ei wneud pan mae'r plant o gwmpas. Gwna rywbeth

gwirion, anturus, ymlaciol, maldodus. Rho gynnig ar rywbeth newydd. Dy amser di yw hwn, ac fe elli di wneud fel y mynni di. Wrth gwrs, gall meddwl neu ddarllen am hynny fod yn anodd, a gall sbarduno galar, euogrwydd, gorbryder a phob math o emosiynau eraill. Mae angen i ti fod yn dyner â ti dy hun. Gall hyn fod yn anodd.

- Peidio â theimlo'r angen i berswadio dy hun (neu adael i eraill wneud hynny) pa mor lwcus wyt ti i gael yr amser hwn. Wrth gwrs, mae'r egwyddor yn wir ar y naill law – i rai pobl, mae cael amser iddyn nhw eu hunain yn brin ac yn rhywbeth i'w werthfawrogi. Ond does dim angen i ti deimlo'n "lwcus" eto. Mae'n hollol iawn nad yw'n teimlo'n bleserus ar y dechrau. Cymer un cam ar y tro. Gydag amser, fe ddei di i edrych ymlaen at y rhyddid hwn, i'w fwynhau, i'w werthfawrogi, i gael dy gyffroi ganddo. Ac mae hynny'n iawn hefyd. Fe elli di fod yn fam anhygoel a phrofi'r holl deimladau hyn a mwy.

PAN FYDDET TI WEDI HOFFI CAEL MWY O BLANT

Mae ymgodymu â cholli allan ar gael mwy o blant hefyd yn ffactor enfawr i'w ystyried, a dydy delio â hynny ddim yn beth hawdd. Roedd Amy bob amser yn meddwl y byddai hi'n cael mwy nag un plentyn, ond mae'r syniad o gael perthynas arall gyda'r posibilrwydd o fod yn fam sengl i ddau o blant yn ei dychryn! Mae teimladau tebyg gan fam sengl arall, Llio: "Roeddwn i'n torri fy mol isie brawd neu chwaer i fy merch a bod yn fam eto, ond sai'n credu 'mod i isie hynny o 'mywyd newydd. Mae'n beth eitha' dryslyd i fod isie rhywbeth a ddim isie rhywbeth ar yr un pryd."

Mae hon yn thema gyffredin i famau sengl gydag unig blentyn. Yn enwedig wrth weld teuluoedd gyda phlentyn o'r un oed yn dechrau cael ail fabi a thyfu eu teuluoedd. Gall wneud i ti deimlo fel dy fod yn cael dy adael ar ôl neu'n gadael bwlch rhy fawr rhwng dy blentyn di ac unrhyw blant posib yn y dyfodol. Mae hefyd yn anodd weithiau os oes gen ti fwy nag un plentyn, ond wastad wedi gobeithio am deulu mwy, neu wedi bwriadu trio am ferch os oes gen ti ddau fab neu fel arall. Fe allai deimlo'n anoddach gwireddu'r freuddwyd honno bellach, neu mae'n bosib nad wyt ti eisiau gwneud hynny gyda rhywun newydd. Mae'n anodd iawn hefyd os wyt ti'n teimlo y dylet ti fod yn cael brawd neu chwaer i dy blentyn – mae'n bosib y bydd dy blentyn hyd yn oed yn gofyn am frawd neu chwaer, gan wneud i ti deimlo'n ofnadwy nad wyt ti'n gallu gwneud hynny fel mae pethau. Beth bynnag yw dy brofiad, gall deimlo fel colled enfawr.

> Dwi wastad wedi hoffi'r syniad o gael dau o blant, ond fyddai hynny ddim yn gweithio yn ariannol, yn emosiynol nac yn gorfforol (does dim digon o le yn y tŷ i fwy o bobl!). Roedd fy mab yn mynnu sôn am fod eisiau brawd bach, ac er y byddai'n frawd mawr gwych, roedd angen iddo ddeall nad oedd hynny'n mynd i ddigwydd fel mae hi. Felly dyma ni'n setlo ar gwningen yn lle hynny. Y cyfaddawd gorau erioed! **Amy**

COLLI'R PROFIAD TEULUOL

Gall methu cynnig "teulu nodweddiadol" i dy blentyn, neu roi'r gorau i'r syniad, fod yn anodd. Mae dod yn fam sengl yn golygu dy fod ti a dy blentyn yn gorfod addasu i aelwyd gyda rhiant sengl. Gall gwybod na elli di gynnig trefn deuluol, gyda dau riant cariadus, i dy blentyn fel y mae hi fod yn dorcalonnus.

> Mae gan bartner newydd fy nghyn-ŵr ei phlant ei hun, felly pan mae fy mab yn aros yno, mae'n treulio llawer o amser gyda dau blentyn arall yn ogystal â'i dad a chymeriad mamol. Mae wedi bod yn eitha anodd eu gweld yn treulio amser gyda'i gilydd fel teulu, ac er 'mod i'n hapus bod ganddo

> berthynas wych gyda nhw, dwi'n dal i alaru'r ffaith nad ydw i'n gallu cynnig yr un peth iddo gartref. A dwi'n gwybod nad fi yw'r unig un sy'n teimlo fel hyn. **Amy**

Mae **Elliw** yn brwydro gyda'r ffaith y gallai fod yn rhedeg allan o amser i gael mwy o blant, tra bod ei chyn-ŵr eisoes mewn perthynas newydd.

"Mae'n loes calon meddwl y gallai ei thad gael mwy o blant a rhoi'r profiad teuluol hwnnw iddi hi. Hefyd, y posibilrwydd y byddai'n well ganddi dreulio amser gyda 'theulu dad' yn hytrach na bod gyda'i mam heb blant i chwarae gyda nhw."

DELWEDDAU PERFFAITH MAGU PLANT

Yn sydyn, rwyt ti'n fam sengl ac mae yna deuluoedd, cyplau, rhieni hapus a phlant ym mhobman. Gall fod yn anodd ymdopi wrth weld aelwydydd dau riant yn gwneud pethau gyda'i gilydd. Yn yr archfarchnad, yn y parc, neu ar Facebook, mae'n ymddangos yn sydyn dy fod ti'n cael dy bledu gyda delweddau o'r teulu a'r berthynas rwyt ti wedi eu colli. Yn y dyddiau cynnar ar ôl gwahanu y sylwodd Amy ar hyn fwyaf, gan fod y Nadolig ar y trothwy a'r cyfryngau cymdeithasol yn orlawn o luniau teuluol hapus!

> Soniodd **Menna** am ei phrofiadau hi:
> "Ar ôl i ni wahanu, roedd fel petai'r cyfan roeddwn i'n ei weld oedd cyplau a theuluoedd efo'i gilydd. Pryd bynnag byddwn i'n derbyn gwahoddiad a oedd yn agored i gyplau neu deuluoedd, mi fyddai fy nghalon yn suddo. Mi oedd gweld lluniau teuluol hapus ar y cyfryngau cymdeithasol bob amser yn boenus! Ambell ddiwrnod, mi fyddai'n teimlo fel petai'r galar yn fy nharo i eto. Mi fyddai'n teimlo fel cael fy hitio yn fy stumog neu yn fy mrest ar adegau, ac mi fyddwn i'n crio yn y maes parcio neu wrth yrru am adre."

Hyd yn oed wedi i ti alaru dy berthynas, mae'n dal yn bosib i ti alaru dyddiau teuluol gydag oedolyn arall, gwyliau teuluol a dathlu penblwyddi a Nadolig gyda'ch gilydd. Pan wahanodd Amy a'i chyn-ŵr gyntaf, ac yntau wedi dechrau gweld rhywun arall, roedd hi'n teimlo wedi'i llorio'n llwyr pan aeth ei mab ar drip i lan y môr gyda nhw. I Amy, roedd yn teimlo fel ei bod hi'n cael ei gadael allan o'i theulu ei hun. Fodd bynnag, er ei bod hi'n hawdd breuddwydio am weithgareddau teuluol o bob math, roedd yn help iddi ystyried nad ydyn nhw o reidrwydd yn achlysuron delfrydol – efallai y bydd yna ffraeo neu drawma dros deganau coll neu rywun yn mynd yn sâl. Ac os nad yw'r berthynas yn gweithio, fydd y dyddiau teuluol hyn ddim yn llawn hwyl, chwerthin ac atgofion hapus.

PRYDERON ARIANNOL

Gadewch i ni drafod arian ... neu ddiffyg arian! Rydyn ni i gyd yn gyfarwydd â'r hen air nad yw arian o reidrwydd yn ein gwneud ni'n hapus, ac yn cytuno â hynny – i ryw raddau. Fodd bynnag, dydy pwy bynnag ddywedodd hynny ddim yn deall y tristwch a'r ofn sy'n dod wrth fethu gallu fforddio talu bil nwy, dibynnu ar daliad cynhaliaeth plant dy gyn-bartner i ddod i dy gyfrif banc er mwyn gallu prynu torth, neu fyw o un diwrnod cyflog i'r nesaf a gobeithio gwneud hynny heb fynd y tu hwnt i derfynau dy orddrafft neu gerdyn credyd. Hyd yn oed ar gyflog da, yn y byd drud sydd ohoni, gall mynd o aelwyd dau gyflog i aelwyd un cyflog (hyd yn oed gyda chynhaliaeth plant) fod yn anodd iawn.

Mae galaru am golli dy deulu ac yna colli sicrwydd ariannol ar ben hynny yn anodd iawn ac yn frawychus. Gall ceisio ymdopi â phopeth a jyglo cyllid neu drafod setliadau ariannol yn aml sbarduno dicter a chwerwder hefyd. Mae'n bosib y byddi'n poeni na fydd dy setliad yn ddigon, yn teimlo'n anobeithiol am sut ar wyneb daear y byddi'n ymdopi, neu'n ddig ac yn chwerw am nad yw dy gyn-bartner yn gorfod cario'r un baich. Gall dicter ynglŷn â'r materion hyn hefyd ddod o du cyn-bartneriaid sy'n teimlo'n chwerw am eu bod yn gorfod talu cynhaliaeth neu broblemau eraill yn ymwneud â chostau. Y gwir plaen yw y gall hyn fod yn feithrinfa i wrthdaro.

*Trodd **Awena** ei chefn ar berthynas 25 mlynedd a symud gyda thri phlentyn yn eu harddegau i eiddo rhent gerllaw. Er ei bod hi'n llawer hapusach erbyn hyn, mae hi'n cael trafferth ymdopi â'r problemau ariannol sydd wedi dod yn sgil hynny.*

"Dwi'n galaru am sicrwydd ariannol fy hen fywyd o'i gymharu â pha mor dynn ydy pethau rŵan ar fy mhen fy hun. Ni oedd piau'r tŷ roedden ni'n byw ynddo fo, felly doedd yna ddim llawer o bryderon ariannol pan oedden ni'n gwpl. Mae symud allan, fel mam sengl hunangyflogedig efo tri o blant, wedi troi fy mywyd wyneb i waered go iawn."

Mae Awena'n crybwyll pwysau ychwanegol yma – mae lefel ychwanegol o straen ynghlwm wrth fod yn hunangyflogedig a dod yn fam sengl, gan dy fod yn gyfrifol am dy enillion hefyd: os nad wyt ti'n gweithio, dwyt ti ddim yn cael dy dalu. Felly er dy fod wedi gallu cymryd amser i ffwrdd yn hawdd ar gyfer mabolgampau'r ysgol neu pan oedd y plant yn sâl, mae'n llawer anoddach pan fydd arian yn dynnach. Gall diffyg diogelwch ariannol hefyd beri i ti deimlo'n euog am fethu gallu fforddio anrhegion a gwyliau drud i'r plant – nid o reidrwydd oherwydd dy fod eisiau eu sbwylio nhw, ond mae methu darparu rhywbeth a fyddai wrth fodd dy blentyn yn dreth emosiynol.

Fe fydd yn bwysig iawn i ti ddod o hyd i gymorth ariannol ymarferol, ac mae'n rhywbeth y bydd yn rhaid i ti ei ddatrys yng nghanol dy alar. Ceisia gyngor proffesiynol a chefnogaeth ar gyfer hyn, oherwydd gall rhannu arian ac asedau fod yn anodd, yn ogystal â deall sut y byddi'n goroesi'n ariannol ar un cyflog a beth yn union y gelli ei hawlio.

Fe allai'r canlynol fod yn ddefnyddiol:

GALAR A CHOLLED

- Mae'r elusen Gingerbread (www.gingerbread.org.uk) yn helpu i ddod o hyd i grantiau a chymorth ariannol arall.
- Mae gwefan HelpwrArian Llywodraeth y Deyrnas Unedig (https://www.moneyhelper.org.uk/cy, y Gwasanaeth Cynghori Ariannol gynt) yn esbonio Credyd Cynhwysol a'r hyn gallet ti ei hawlio.
- Cynhaliaeth Plant – mae dull syml ar wefan Llywodraeth y Deyrnas Unedig (www.gov.uk/cyfrifwch-gynhaliaeth-plant) i wirio faint o gynhaliaeth dylet ti ei dderbyn gan dy gyn-bartner. Mae gennyt hawl i'r gynhaliaeth hon, felly mae'n bwysig dy fod yn ceisio cymorth cyfreithiol os bydd anghydfod yn codi ynglŷn â chyfraniadau ariannol dy gyn-bartner.

Esboniodd **Cerys** *ei bod hi a'i chyn-bartner wedi ceisio cyngor gyda'i gilydd gan gyfryngwr a helpodd i gynghori ar y broses o wahanu a rhannu arian ac asedau.*

"Mi oedd hi'n broses ofnadwy, a dwi'n cofio crio am y rhan fwyaf o bob cyfarfod. Mi oedd pob sgwrs yn sbarduno galar a cholled, ac mi oeddwn i'n ofnadwy o drist. Dyma pryd wnes i ddarganfod ein bod ni'n ysgaru ar unwaith. Ond, waeth pa mor ofidus oedd hynny, roedden ni'n dau yn glir ein bod ni eisiau setlo ochr ariannol pethau yn deg a heb wrthdaro. Mi wnaeth y cyfryngwr ein helpu ni i ddod o hyd i'r atebion oedd y tu hwnt i ni, ac mi wnaeth hynny i'r broses fynd rhagddi'n deg ac yn gymharol gyflym. Mi wnaethon ni hefyd ddefnyddio'r wefan cynhaliaeth plant i gyfrifo'r gynhaliaeth plant, ac roedd hynny'n ddefnyddiol iawn."

DOD O HYD I FFYRDD O REOLI AC YMDOPI Â GALAR

A ninnau nawr yn deall ychydig mwy am alar a cholled a'r ffyrdd maen nhw'n ymddangos ym mywydau mamau sengl, beth gallwn ni ei wneud pan fyddwn ni'n teimlo fel hyn? Yn y rhan olaf hon o'r bennod, rydyn ni'n rhannu rhai syniadau a fydd o gymorth pan fydd galar a cholled yn dy fywyd. Mae yna hefyd ymarfer ar ddiwedd y bennod hon i'ch helpu i wneud synnwyr o dy brofiadau dy hun o alar a cholled, a beth gelli ei wneud i helpu.

Does dim ffordd benodol o ymdopi â galar. I ryw raddau, mae'n bwysig i ti ddeall bod y broses alaru yn broses naturiol; does dim byd yn bod arnat ti os wyt ti'n galaru. Does dim terfyn amser penodol ar alaru chwaith. Fe fydd galar yn anochel yn symud ac yn newid wrth i amser fynd rhagddo. Os ydyn ni'n gadael i'n hunain ei deimlo a'i brosesu, gallwn adael i alar lifo drwy ein cyrff, ac yn y pen draw fe fydd yn lleddfu neu'n cilio. Fodd bynnag, gallwn wneud rhai pethau i helpu ein hunain ar hyd y daith, i leddfu'r boen rhyw fymryn a helpu pethau i symud tuag at ddyfodol mwy disglair.

CANIATÁU AMSER I TI DY HUN

Does dim amserlen benodol ar gyfer galar. Dim patrwm penodol, dim ffordd bendant y bydd yn ymddangos, neu'n cilio o dy fywyd maes o law. Mae dy lwybr di yn unigryw – dydy o ddim yn mynd i fod yr un fath â dy ffrindiau, dy rieni, neu dy gyn-bartner. Dy broses alaru di yw dy broses alaru di. Rho amser i ti dy hun alaru, a rho amser i ti dy hun ddod *drwy* dy galar. Fodd bynnag, gwylia rhag ofn i alar fynd yn *sownd*: os wyt ti'n dechrau gweld bod byw dy fywyd yn mynd yn anodd, bod dy berthnasoedd yn dechrau dioddef, a dy fod yn teimlo'n sownd yn dy alar. Mae'n werth cymryd camau ychwanegol i geisio cymorth i weithio drwy dy alar, (gweler "Gwneud Lle i Siarad" ar dudalen 32).

GWNEUD LLE AR GYFER GALAR

Mae hwn yn syniad anodd, gan mai'r reddf yw gwthio dy alar i ffwrdd (a'r holl emosiynau sy'n gysylltiedig â galar), ond mae dod o hyd i ffordd o wneud lle ar gyfer ein galar – anadlu i mewn i'n galar, troi i'w wynebu yn hytrach na'i frwydro, ei ymladd neu ei wthio i ffwrdd – yn ffordd bwerus o helpu galar i symud drwodd a, dros amser, i leddfu. Mae'r cysyniad hwn yn elfen o Therapi Derbyn ac Ymrwymo (ACT).

Troi i Wynebu dy Alar

1. Cymer saib pan fyddi'n sylwi ar deimladau o alar yn crynhoi.
2. Anadla'n araf ac yn ddwfn gan enwi'r emosiwn/emosiynau sy'n dy daro di, ac ym mha ran o'r corff y mae i'w deimlo.
3. Anadla'n araf ac yn ddwfn eto, a dychmygu anadlu i mewn i'r teimlad/ymdeimlad corfforol; wrth i ti anadlu, dychmyga dy fod yn creu lle o amgylch y teimlad.
4. Mae angen i ti gydnabod mai galar sy'n ymddangos yn yr ennyd honno – mae'n boenus ac yn ofidus ac, er y byddai'n well gen ti beidio â'i deimlo, mae yma ac fe elli ei reoli.
5. Cymer y cam bach nesaf. Canolbwyntia ar beth bynnag sydd angen i ti, er gwaethaf presenoldeb y galar. Cofia oedi i grio, cymer seibiant, tecstia ffrind, cer am dro, chwaraea gerddoriaeth yn uchel, cofleidia dy blentyn, gwna gofnod ysgrifenedig o sut rwyt ti'n teimlo, gorffen dy dasgau, neu beth bynnag yw'r cam nesaf gorau i ti yn yr ennyd.
6. Os yw'r teimladau hyn yn ddwys ac yn dy lethu, defnyddia dechneg o'r enw "gollwng angor", sydd â'r

> nod o helpu i sefydlogi a theimlo wedi dy angori yng nghanol storm emosiynol. Mae clipiau sain gan Dr Russ Harris ar gyfer y dechneg hon ar gael yn www.actmindfully.com.au/free-stuff/free-audio/.

GWNEUD LLE I SIARAD

Mae siarad am dy alar a'th golled yn bwysig iawn. Does dim rhaid i ti adael iddyn nhw gronni y tu mewn i ti. Waeth beth oedd amgylchiadau diwedd eich perthynas a sut dest ti'n fam sengl, mae'n iawn i ti siarad. I ddechrau, fe elli di ddewis siarad â ffrindiau neu berthnasau. Maen nhw'n ffynhonnell wych o gefnogaeth. Fodd bynnag, mae'n bwysig bod yn ymwybodol nad yw ffrindiau neu berthnasau yn mynd i allu bod yn gyfrifol am gynnal ein galar yn llwyr; mae'n hawdd iddyn nhw gael eu llethu os ydyn ni'n rhannu pob eiliad o'n galar. Felly, os wyt ti'n teimlo bod angen mwy o gefnogaeth nag y mae un ffrind neu berthynas yn gallu ei gynnig, mae'n werth ystyried ffyrdd eraill o gefnogaeth ar ffurf siarad, er enghraifft:

- Siarad â llawer o wahanol ffrindiau a pherthnasau dros amser
- Cysylltu â llinell gymorth neu linell decstio (er enghraifft, mae Relate yn cynnig amrywiaeth o opsiynau tecstio a sgwrsio, neu mae Shout yn cynnig llinell tecstio mewn argyfwng)
- Siarad â chwnselydd perthynas neu chwilio am gymorth therapi gan seicolegydd cwnsela, seicolegydd clinigol neu weithiwr proffesiynol arall sydd wedi'i hyfforddi'n benodol mewn galar a/neu anawsterau teulu/perthynas

Dyma oedd gan **Menna** i'w ddweud:
"Pan oeddwn i yn fy ngalar, mi oedd gweld therapydd yn helpu. Mi oeddwn i'n teimlo wedi fy llethu ac yn crio o hyd. Doeddwn i ddim eisiau dal ati i droi at fy ffrindiau. Mi wnes i fynd i weld cwnselydd perthynas yn gynnar a gwneud dim byd ond siarad a chrio a rhannu be' oedd yn digwydd. Ychydig yn ddiweddarach yn y broses, mi wnes i fynd yn ôl eto a siarad efo seicolegydd cwnsela. Mi oedd y dagrau'n powlio eto, ond mi oedd o'n teimlo mor dda medru siarad efo rhywun heblaw ffrindiau a pherthnasau. Mi ges i gyngor defnyddiol iawn hefyd am ailgysylltu â ffrindiau, ac ychydig o sicrwydd ei bod hi'n hollol iawn i fi deimlo fel oeddwn i."

CADW COFNOD YSGRIFENEDIG

Gall cofnodi neu gadw dyddiadur yn nodi sut rwyt ti'n teimlo dy helpu hefyd. Bydd yn help i ryddhau dy feddyliau a'th deimladau, a gwneud synnwyr o bopeth sy'n digwydd yn dy feddwl. Mae'n gyfle hefyd i ti allu gweld sut mae pethau'n newid dros amser. Mae *The Joy of Writing Things Down* gan Megan C. Hayes yn llyfr gwych sy'n esbonio'r holl ffyrdd gwahanol o ddefnyddio ysgrifennu neu gadw dyddiadur i helpu gyda'r ffordd rydyn ni'n teimlo mewn amrywiaeth o sefyllfaoedd.

YMARFER HUNANSIARAD CAREDIG

Dros amser, wrth i ti brosesu dy alar, fe allai fod yn fuddiol dod o hyd i rywfaint o hunansiarad gwydn, tawel, lleddfol y gelli ei ddefnyddio pan fydd pethau'n mynd yn anodd. Er enghraifft, fe elli ddweud pethau fel: "Mae hyn yn anodd, ond fe ddaw'n haws gydag amser." "Yn yr hirdymor, bydd yn well o lawer peidio â bod mewn perthynas anhapus." "Mi fydd y plant/fy mhlentyn yn addasu ac yn ymdopi gyda chefnogaeth." "Does dim byd o'i le ar weld hyn yn anodd; does dim byd yn bod ar alaru." "Un diwrnod, fe alla i ystyried cael perthynas eto, ac mae'n iawn peidio â bod eisiau hyn nawr."

GOFALU AMDANAT TI DY HUN

Mae gofalu amdanat ti dy hun mor bwysig. Allwn ni ddim pwysleisio hynny ddigon. Fe allai hynny fod yn hunanofal drwy ofalu amdanat ti dy hun yn ymarferol; cymryd gofal wrth ymolchi, gwisgo, brwsio dy wallt, gwisgo dy hoff ddillad; gofalu dy fod yn bwyta ac yn yfed yn dda, yn cysgu neu'n gwneud ymarfer corff; gofalu dy fod yn gweld ffrindiau, yn mwynhau hobi a mwy.

Gall gofal hefyd ddigwydd drwy siarad yn garedig â ti dy hun a thrin dy hun yn dosturiol. Fe fyddwn ni'n sôn rhagor am yr holl syniadau hyn yn y penodau sy'n dilyn. Rwyt ti'n haeddu gofalu amdanat ti dy hun, felly ailadrodd hyn, os gweli'n dda: "Dwi'n haeddu gofal."

SYLWEDDAU CAETHIWUS

Yn ystod y cyfnod hwn o alaru, gofala nad wyt ti'n dibynnu gormod ar fwyta er mwyn cysur, alcohol neu gyffuriau i ymdopi â dy alar a dy golled. Gall hyn fod yn demtasiwn go iawn os taw dyma yw dy ffordd di o ymdopi gydag emosiynau anodd. Ond dim ond gwneud y broses yn anoddach fydd hynny. Felly, os ydy hynny'n bosib, ceisia fod yn gymedrol gydag unrhyw ddefnydd o sylweddau caethiwus. Os yw hyn yn creu trafferth i ti, gwna'n siŵr dy fod yn chwilio am gymorth a chefnogaeth therapi.

CADW I SYMUD

Waeth pa mor feichus yw'r galar, mae'n bwysig i ti ddal ati i symud. Gadael y tŷ a mynd i'r ardd neu i barc lleol, neu hyd yn oed at garreg y drws. Dos am dro, gwna ychydig o ymarfer corff neu dos ati i gymryd rhan mewn camp. Gall awyr iach a symud mwy, naill ai ar yr un pryd neu ar wahân, gael effaith gadarnhaol ar hwyliau a lles; felly rho'r cyfle gorau i ti dy hun deimlo'n iawn drwy gynnwys gweithgareddau o'r fath yn dy ddiwrnod. I'r fam sengl Branwen, *"rhedeg oedd fy achubiaeth, dyna wnaeth fy nghadw i'n gall"*.

AILFFOCYSU

Wrth gydnabod a gwneud lle i'n galar, gallwn wedyn ddechrau gadael i'n hunain ailffocysu'n dyner ar y presennol – ar yr hyn sy'n dal gennym ni a'r hyn y gallwn ei wneud o hyd. Fe allwn ni symud ein ffocws i'r peth nesaf y gallwn ei wneud – y cam ystyrlon nesaf a fydd yn ein helpu i barhau i fyw ein bywyd yn unol â phwy ydyn ni a phwy ydyn ni eisiau bod. Fe allwn ni ganolbwyntio ar beth sy'n gwneud i ni deimlo'n dda, beth sy'n hybu ein hwyliau, yn hybu ein hegni, yn ein tawelu. Fe allwn ni ganolbwyntio ar weithgareddau neu hobïau, neu ar fod o gwmpas pobl sy'n gallu helpu. Mewn amser, fe allwn ni gyfranogi mewn arferion diolchgarwch i dynnu ein sylw at yr hyn y gallwn ni fod yn ddiolchgar amdanyn nhw o hyd; gall hyn fod yn anodd ar adegau, ond ddim yn amhosib.

DAL ATI

Yn 2020, bu farw'r actor Broadway Nick Cordero ar ôl dal Covid yn ystod y pandemig byd-eang. Gadawyd ei wraig a'i weddw, Amanda Kloots, yn fam sengl i fab ifanc y cwpl. Un o'r tasgau a osododd Amanda i'w hun yn fuan ar ôl marwolaeth Nick oedd ymgymryd â hobi newydd sbon. Dewisodd chwarae tennis, a daeth o hyd i fwy a mwy o lawenydd o ddysgu'r gamp newydd hon yn wythnosol. Yn ei llyfr *Live Your Life*, mae Amanda yn sôn yn onest am sut roedd ei galar yn dal i fod yn bresennol, ond y gallai ganolbwyntio ar y gweithgaredd hwn ochr yn ochr â'i galar. I unrhyw un sy'n ceisio gwneud synnwyr o fyw fel rhiant yn dilyn marwolaeth partner, a llwyddo i oroesi, mae hwn yn llyfr pwerus.

Rydyn ni'n gobeithio bod y bennod hon wedi rhoi cipolwg i ti ar alar a cholled a sut y gelli di fynd drwy'r cyfnod anodd hwn. I dy helpu i fyfyrio ar dy brofiadau, mae Dr Emma wedi llunio ymarferion i dy helpu i wneud synnwyr o dy brofiadau o alar a cholled.

Myfyrio ar Dy Brofiad o Alar a Cholled

1. Gyda phen a darn o bapur i'w cofnodi os yw hynny'n bosib, treulia ennyd yn myfyrio ar y colledion rwyt ti wedi'u profi ar dy daith fel mam sengl.
2. Beth wnest ti, neu beth wyt ti'n ei deimlo wrth brofi'r colledion hyn? Enwa'r holl emosiynau. Fe allai'r emosiynau hynny gynnwys: gorbryder, tristwch, ofn, euogrwydd, cywilydd, dicter, cynddaredd neu rwystredigaeth.
3. Beth sy'n sbarduno dy deimladau o alar a cholled (er enghraifft, pobl, digwyddiadau, synau, lleoedd ac ati)?
4. Sut mae dy brofiadau o alar a cholled wedi newid ers i ti wahanu gyntaf?
5. Beth sydd wedi dy helpu pan fyddi'n profi'r galar a'r golled hon? Beth sydd wedi bod yn ddi-fudd?
6. Pa syniadau wyt ti wedi'u gweld yn y bennod hon a allai dy helpu di?

2

CYNDDAREDD, DICTER A RHWYSTREDIGAETH

Felly, mae dy fyd wedi gwneud tro pedol llwyr – ac rwyt ti'n GANDRYLL. Yn gwbl GYNDDEIRIOG. Os oedd chwalfa'r berthynas yn flêr, os oedd anffyddlondeb, neu os wyt ti'n flin dim ond oherwydd bod dy gyn-bartner wedi mynd â'r peiriant coffi (oedd, roedd cyn-ŵr Amy yn ddigon beiddgar i wneud hynny), mae'n bosib dy fod yn profi pob math o ddicter a chynddaredd.

BETH MAE DICTER A CHYNDDAREDD YN EI OLYGU?

Mae dicter yn emosiwn dynol cyffredin ac iach. Fe fydd pob un ohonom yn teimlo rhyw lefel o ddicter o dro i dro yn ein bywyd. Mae'n bosib y bydd y dicter yn cael ei gyfeirio atom ni ein hunain, at eraill neu at y sefyllfa yn gyffredinol. Ac weithiau bydd yn cael ei gamgyfeirio; er enghraifft, bydd yn cael ei gyfeirio at eraill pan mai'r sefyllfa sy'n ein gwylltio ni mewn gwirionedd, neu at eraill pan rydyn ni'n ddig gyda ni ein hunain.

Mae gan ddicter lefelau gwahanol o ddwyster: blin, rhwystredig, pigog, crac, candryll, ffyrnig, cynddeiriog.

Mae modd i ddicter gael ei sbarduno gan themâu anghyfiawnder ac annhegwch; drwy deimlo wedi'ch herio, dan fygythiad, allan o reolaeth, yn fregus, cywilydd, sarhad, ddim yn ddigon da, yn ddibwys neu nad oes neb yn malio amdanat ti. Gall blinder, straen, pryder a lludded hefyd sbarduno dicter.

Mae dicter yn aml yn bresennol ar yr wyneb, a gall guddio llawer o emosiynau a allai fod yn bresennol o dan yr wyneb. Gall fod yn bresennol pan fyddwn ni'n teimlo poen, tristwch, loes, brad, galar, ofn, cywilydd neu ddistryw. Dychmyga fynydd iâ: ei gopa (y rhan uwchben wyneb y dŵr) yw'r dicter a'r gwylltineb, ond mae'r rhan helaeth ohono, sydd o dan y dŵr, yn gyforiog o bob math o emosiynau eraill.

Mae dicter yn sbarduno'r system ymladd neu ffoi yn dy gorff gan achosi ymchwydd o adrenalin, sy'n paratoi'r corff ar gyfer "ymladd" ac yn gwneud i ni deimlo'n gryf (y ffenomen "Hulk"). Yn seicolegol, mae modd i ni ddeall dicter yn y termau canlynol: sut mae'n gwneud i ni deimlo (yr emosiwn), sut mae'n gwneud i ni deimlo'n gorfforol (symptomau ffisegol), sut mae'n gwneud i ni feddwl (meddyliau, atgofion) a sut mae'n gwneud i ni ymddwyn (ymddygiad, sut rydyn ni'n cyfathrebu).

BETH SY'N SBARDUNO EIN DICTER?

Pan fyddwn ni'n profi dicter ar ôl i berthynas chwalu ac ar ddechrau'r daith i fod yn fam sengl, gall y dicter fod yn gyntefig, yn ddwys, yn llethol iawn. Rwyt ti'n ceisio gwneud synnwyr o ystod gyfan o emosiynau, ac mae'n hawdd iawn disgyn i grafangau dicter a gwylltineb wrth fynd drwy'r broses honno. Yn aml, gall deimlo'n "saffach" i ti fynd ar goll yn yr emosiynau dicter a chynddaredd hyn, yn hytrach na gorfod teimlo a phrofi'r holl emosiynau poenus eraill o dan yr wyneb.

Mae sawl ffordd o sbarduno'r dicter a'r gynddaredd.

Mae dicter yn gallu taro pan fyddi'n sylweddoli bod y berthynas drosodd, a bod dim byd y gelli ei wneud am y peth – yn enwedig os nad ti wnaeth ddirwyn y berthynas i ben, ac nad wyt ti'n deall beth arweiniodd at y canlyniad hwnnw. Yn y pen

CYNDDAREDD, DICTER A RHWYSTREDIGAETH

draw, gall yr ymdeimlad hwn o ddiffyg grym a diffyg rheolaeth sbarduno dicter (i ddarllen mwy am ddiffyg grym a rheolaeth, gweler Pennod 7).

Gall dicter hefyd gael ei sbarduno pan fyddi'n wynebu amgylchiadau newydd oherwydd y chwalu (er enghraifft, ddim yn cael gwahoddiad i ddigwyddiad cymdeithasol y mae dy gyn-bartner yn ei fynychu) neu pan fydd pawb arall yn dy grŵp cymdeithasol yn gallu mynd allan am y noson yn hawdd gan adael eu partneriaid i ofalu am y plant, a thithau'n sylweddoli na elli di wneud hynny mwyach. Gall hefyd ddigwydd pan fydd dy blentyn yn gofyn am ei riant arall yn hytrach na ti.

Efallai y byddi'n teimlo dicter pan fydd baich cyfrifoldeb magu plant yn disgyn yn drymach arnat ti.

Gall y dicter a'r gynddaredd godi i'r wyneb pan fyddi'n ceisio trafod cyllid neu rannu eiddo, neu pan fydd dy gyn-bartner yn ymddwyn yn ddigymwynas neu'n ddi-hid.

Beth bynnag yw'r rheswm, mae'n hawdd i ddicter a chynddaredd ffrwtian a berwi drosodd.

Wrth i amser fynd rhagddo, mae'r dicter yn dechrau tawelu – mae yno o hyd, ond mae'n dawelach, yn llai dwys, yn llai cyntefig, yn haws i'w reoli. Fodd bynnag, wrth i sefyllfaoedd newydd godi ar dy daith fel mam sengl – cerrig milltir newydd neu adegau o newid/addasu – mae'n bosib y caiff dicter a chynddaredd dwys eu sbarduno o'r newydd eto.

Mae'n bosib i'r dicter gael ei sbarduno eto ychydig fisoedd ar ôl dod yn fam sengl, neu ychydig flynyddoedd. Gall ddigwydd pan fydd dy gyn-bartner yn dod o hyd i bartner newydd, neu'n dyweddïo, yn priodi neu'n cael babi newydd. Neu pan fydd dy blant yn sôn am yr amser da gawson nhw ar wyliau gyda dy gyn-bartner pan nad wyt ti'n gallu fforddio mynd â dy blant ar wyliau; neu pan fyddi wedi llwyr ymlâdd gyda'r gofal plant, y cyfrifoldeb a'r gofynion cyson arnat ti fel mam sengl.

SBARDUNAU CYFFREDIN AR GYFER DICTER AR ÔL TOR PERTHYNAS AC WRTH FYW FEL RHIANT SENGL

- Anghytuno ynglŷn â sut i gydfagu'r plant
- Diffyg tegwch o ran gofal plant neu gyfrifoldebau ariannol
- Ymdeimlad o annhegwch ynglŷn ag agwedd ar y sefyllfa
- Cael dy gymryd yn ganiataol
- Teimlo'n gaeth i ddyletswyddau magu plant a methu gwneud y pethau oeddet ti'n arfer eu gwneud
- Pan fydd dy gyn-bartner yn symud ymlaen
- Dioddef ymddygiad rheolaethol neu ymddygiad ymosodol/ bygythiol
- Pan fyddi'n teimlo bod pobl eraill (ffrindiau neu berthnasau) yn anghofio/ddim yn deall pa mor anodd yw magu plant ar dy ben dy hun
- Pan fydd digwyddiadau cymdeithasol teuluol yn cael eu trefnu, ond nad wyt ti'n teimlo fel "teulu"
- Pan fydd y person arall sy'n cydfagu dy blant yn gwneud pethau rwyt ti'n anghytuno â nhw neu'n teimlo nad ydyn nhw'n iawn, ond bod hynny y tu hwnt i'th reolaeth di

STRAEON AM DDICTER WRTH FYW FEL MAM SENGL

DICTER TUAG AT DY HUN

Mae'n bosib dy fod yn ddig gyda ti dy hun – yn teimlo nad oeddet ti'n ddigon da neu y gallet ti fod wedi gwneud rhywbeth i gadw dy deulu gyda'i gilydd.

Efallai mai ti a ddewisodd ddod â'r berthynas i ben a dy fod yn ddig nad oeddet ti'n gallu gwneud i bethau weithio er mwyn eich plentyn. Ond cofia – er ei bod yn hyfryd i bobl ddatrys problemau a byw fel aelwyd dau oedolyn, os nad oedd dy galon ynddi, doedd dy galon ddim ynddi. Weithiau, dydy gorfodi dy hun ddim yn mynd i wneud pethau'n well, ac fe allai penderfynu aros gyda'ch gilydd er mwyn y plant wneud mwy o ddrwg nag o les. Fe fyddi wedi gwneud y penderfyniad i adael ar sail llu o resymau teilwng. Cofia amdanyn nhw pan fyddi'n dechrau teimlo'n ddig gyda ti dy hun.

Arhosodd **Awena** *gyda'i chyn-ŵr am dros 10 mlynedd yn fwy nag y byddai wedi dymuno, a hynny er mwyn y plant. Ond wrth drafod y sefyllfa gyda hi, dyma hi'n esbonio:*
"Mi wnaeth aros efo fo er mwyn y plant effeithio nid yn unig arna i ond ar y plant hefyd. Erbyn diwedd y berthynas, roedden nhw hyd yn oed wedi dechrau gofyn pam nad oeddwn i wedi ei adael yn gynt."

DICTER TUAG AT DY GYN-BARTNER

Hyd yn oed os oedd pethau wedi dod i ben yn gyfeillgar, mae'n debyg y byddi'n teimlo rhywfaint o ddicter tuag at dy gynbartner. Yn fwy fyth os oedd wedi bod yn anffyddlon, neu os wyt ti'n teimlo i ti gael dy siomi neu dy fradychu. Mae'n debyg bod meddwl amdanyn nhw yn ennyn ychydig o ddicter yr eiliad hon.

Mae'n naturiol chwilio am rywun i'w feio pan fyddi'n cael dy frifo. Ac, er bod dy ddicter yn gwbl ddilys, dydy dal gafael ar y dicter ddim yn dy helpu di.

Pan wahanodd **Menna** *oddi wrth ei chyn-bartner gyntaf, roedd hi mor ddig drwy'r amser.*
"Prin y gallwn i wynebu edrych arno fo, heb sôn am siarad efo fo. Mi oedd cyfarfod i drosglwyddo'r plant i'w ofal neu o'i ofal yn anodd iawn; mi oeddwn i'n casáu bod yno efo'r holl ddicter yn ffrwtian y tu mewn i fi. Mi oeddwn i'n flin ei fod wedi gadael; yn flin fod y plant heb eu teulu; yn flin fod bywyd yn ymddangos mor hawdd iddo fo (does gen i ddim syniad a oedd hynny'n wir ai peidio); yn flin nad oedd

o'n gweld y plant rhyw lawer, er 'mod i'n annog hynny; yn flin 'mod i'n cael yr argraff mai fy nghyfrifoldeb i oedd pob dim. Mi fyddwn i'n ei chael hi'n anodd ymateb i negeseuon gan fod y dicter mor gryf. Weithiau, mi fyddwn i'n gwylltio ac yn ymateb yn flin yn bersonol neu mewn neges, ond mi oeddwn i'n llwyddo i ffrwyno fy nicter gan amla'. Ond mi oedd o'n dal yna yn ffrwtian yn y cefndir bob dydd."

ANFFYDDLONDEB

Mae cael dy dwyllo yn brifo. Ar ôl i ti roi dy ffydd a'th ymddiriedaeth mewn person arall, maen nhw'n chwalu'r cyfan. A'r cyfan y gelli di ei wneud yw holi pam wnaethon nhw hynny? Sut gallen nhw? Beth sydd gan y fenyw arall nad oes gen ti? Mae yna gymaint o gwestiynau, ond mae'n annhebygol y cei di atebion iddyn nhw.

Pan ddysgodd **Elliw** fod ei chyn-ŵr yn symud i mewn gyda'r fenyw arall, fe gafodd ysfa i'w ffonio hi.

"Fe deimlais i bwl cryf o ddicter a dywedais wrthi pa mor enfawr oedd y cyfrifoldeb hwn, a bod yn rhaid iddi sicrhau bod ei thŷ yn ddiogel i fy merch fyw ynddo. Fe wnes i sôn am y ddyletswydd gofal oedd ganddi, a phwysleisio eto, os oedd hi'n mynd i fod ym mywyd fy merch fel llysfam, y byddai hi'n esiampl iddi ac nad oedd hynny'n chwarae bach! Pan wnes i roi'r ffôn i lawr, roedd fy nghalon i'n curo mor gyflym nes 'mod i'n teimlo y gallwn i gael trawiad! Roeddwn i dros fy mhen a 'nghlustiau yn y cyflwr amddiffynnol!"

Fe fyddai'n well pe bai technoleg y tu hwnt i'n gafael pan fyddwn ni'n gandryll! Pan ddarganfu Amy fod ei mab wedi cyfarfod â chariad newydd ei chyn-ŵr, roedd hi'n benwan. Dilynwyd hynny gan lif o NEGESEUON TESTUN CARBWL MEWN PRIFLYTHRENNAU ... achos dyna'r ffordd ddelfrydol o fwrw'ch bol, ynte?! Na! Mae'n werth osgoi negeseuon tecst blin sy'n amhosib eu hadalw ar ôl eu hanfon!

CYNDDAREDD CYDFAGU PLANT

Mae'n bosib bod rhai yn delio â dicter sy'n gysylltiedig â chydfagu plant ers i'r plentyn gael ei eni.

Pan ddywedodd **Annest** wrth ei chyn-gariad ei bod hi'n feichiog, addawodd y byddai'n gefn ac yn gymorth iddi hi. Ond roedd realiti'r sefyllfa yn dra gwahanol.

"O fewn awr ar ôl i fy mab gael ei eni, fe adawodd yr ysbyty a wnes i mo'i weld o am flwyddyn. Mi wnes i ddod ar ei draws ar fy noson gynta' allan, a dyma fo'n edrych arna i fel tasa fo ddim yn fy 'nabod i. Mi fu'n rhaid i fy ffrind fy ngyrru i adre achos dwi'n taeru y byddwn i yng nghefn car heddlu taswn i wedi siarad efo fo!"

Mae sefyllfa Annest yn un ofnadwy. Ond hyd yn oed os yw dy gyn-bartner yn rhan weithredol o fywyd eich plentyn, mae problemau yn dal yn bosib. Mae cydfagu plant yn uffernol o anodd.

Roedd **Cerys** yn aml yn sylwi ei bod hi'n mynd yn rhwystredig gyda'r agweddau lleiaf ar gydfagu plant.

"Mi fyddwn i mor ddig pan fydden nhw'n dod adre efo dillad heb eu golchi, gwaith cartref wedi cael ei anghofio, neu os oedd angen i fi bacio byrbrydau i'r plant fynd i'r ysgol pan oedd eu tad heb drafferthu prynu dim byd. Mi fyddai'n fy ngyrru i'n wallgo. Mi wnes i ddechrau sylwi bod y dicter yn cael ei sbarduno mewn unrhyw sefyllfa lle'r oeddwn i eisiau sgrechian 'Ddim fy ngwaith i yw hyn!'"

Gall delio â'r siom bod rhiant arall dy blentyn yn chwarae rôl mor fach yn ei fywyd gynddeiriogi rhywun. Gelli weld pa mor anhygoel yw dy blentyn, ac yn dy farn di, mae'n haeddu cymaint gwell na'r hyn y mae ei riant arall yn ei roi iddo.

Yr hyn sydd anoddaf i **Annest** bellach yw bod tad ei mab i mewn ac allan o'i fywyd o hyd.

"Dwi wedi dod i arfer â'r ffaith fod ei dad o'n annibynadwy, ond dydy hi byth yn mynd yn haws. Ei dro o oedd hi i fynd i'r ymarfer pêl-droed, ond wnaeth o ddim troi i fyny i nôl ein mab. Mi fu'n rhaid i'r hyfforddwr pêl-droed ddod â fo adre. Yr hyn sy'n fy ngwylltio i ydy'i fod o'n siomi ei fab dro ar ôl tro."

Yn anffodus, mae rhai pobl yn annibynadwy, a dwyt ti ddim yn gallu gwneud unrhyw beth i'w gorfodi i gefnogi a gofalu am dy blentyn fel yr hoffet ti. Os nad wyt ti'n gallu eu cael nhw i ddeall, eu colled nhw yw hynny. Er dy fod eisiau gweiddi arnyn nhw neu anfon llu o negeseuon dig atyn nhw, y peth gorau gelli ei wneud yw camu'n ôl, siarad â rhywun arall, pwyso ar dy ffrindiau am gefnogaeth, gan nad ydyn nhw'n debygol o gallio, yn enwedig pan fyddi'n ddig.

Dy brif flaenoriaeth yw lles dy blentyn, felly pan fydd sefyllfaoedd fel hyn yn digwydd, yn hytrach na bod yn ddig gyda dy gyn-bartner, ceisia ganolbwyntio ar dy blentyn a sut rwyt ti'n dal yno ar ei gyfer, er ei fod yn cael ei siomi. Mae'r ffaith dy fod yn mynd mor ddig pan fydd dy blentyn yn cael ei siomi yn dangos cwlwm mor gryf sydd gennych chi. Er bod gen ti ddigon i'w ddweud wrth y rhiant arall, mae'n well cymryd anadl, chwythu'r dicter allan ac ymatal rhag cyffroi. Yn yr hirdymor, dyma fydd orau i ti a dy blentyn.

Mae gweld rhywun arall yn siomi dy blentyn yn rhywbeth sy'n ennyn dicter. Ein gwaith ni yw gofalu am y babanod hyn a'u hamddiffyn, felly pan fydd rhywun yn eu siomi, mae'n sbarduno'r ysfa warcheidiol ynom; heb sôn am y ffaith mai ni yw'r rhai sy'n gorfod delio â chanlyniadau'r siom hwnnw.

Roedd cyn-bartner **Gwawr** fod i gasglu ei merch o'r ysgol ond roedd yn rhedeg yn hwyr a heb roi gwybod iddi hi.

"Fe fu'n rhaid i fi fynd i'w nôl hi; hi oedd y plentyn olaf ar ôl ar yr iard gyda'r cynorthwy-ydd addysgu, ac fe wnaeth hi lefain a gofyn i fi pam nad oeddwn i yno. Roedd hi'n gwybod mai penwythnos gyda'i thad oedd e i fod, ond gan taw fi ddaeth i'w chasglu hi, roedd hi'n wirioneddol flin 'da fi. Tase fe ond wedi rhoi gwybod ei fod e'n mynd i fod yn hwyr, fe fyddwn i wedi gallu ei chasglu hi ar amser."

DICTER AM NEWIDIADAU I FYWYD CYMDEITHASOL

Mae'n anodd dygymod â'r ffordd mae pethau'n newid pan fyddi'n dod yn rhiant sengl. Mae'n rhaid i ffrindiau cyffredin ddeall sut i fod gyda ti a gyda dy gyn-bartner, mae gweithgareddau cyplau yn anoddach gan dy fod bellach ar dy ben dy hun, ac mae achlysuron teuluol gyda theuluoedd eraill yn newid oherwydd nad ydych chi'n "deulu" dau riant nodweddiadol mwyach.

Mae'r dicter a'r rhwystredigaeth sy'n cael eu sbarduno gan y newidiadau hyn yn dy fywyd yn beth gyffredin, os yw'r dicter hwnnw'n cael ei gyfeirio atat ti dy hun neu (er nad yw hynny'n hollol resymegol) at y ffrindiau, y cyplau neu'r teuluoedd a all newid eu hymddygiad (a'u gwahoddiadau) pan fyddi'n dod yn fam sengl.

Roedd hyn yn dalcen caled i **Cerys**.

"Pan ddois i'n rhiant sengl, doeddwn i ddim wir wedi rhagweld problemau cyfeillgarwch. Fel yr oedd hi, mi oedd yna hen ddigon i sbarduno dicter a rhwystredigaeth (a lot fawr o dristwch dyfnach). Mi wnes i golli ffrind da, a ddewisodd gadw'n driw i fy nghyn-bartner yn hytrach na fi am ei fod o'n fwy o 'hwyl' na fi ar ôl y gwahanu (roeddwn i wir yn ei chael hi'n anodd). Mi sylwais i fod gwahoddiadau teuluol, a gwahoddiadau i gyplau wrth reswm, yn stopio, ac er bod gwahoddiadau unigol neu rai 'mamau a phlant' yn dal i ddod, roedd y dicter o deimlo 'mod i'n cael fy nghau allan o'r gwahoddiadau teuluol oherwydd 'mod i'n rhiant sengl yn loes calon."

DICTER OHERWYDD BLINDER A NATUR ANODD BOD YN FAM SENGL

Weithiau, fe weli fod dicter a theimladau piwis yn codi i'r wyneb am dy fod mor uffernol o flinedig. Rwyt ti wedi llwyr ymlâdd. Wedi bod yn gweithio drwy'r dydd. Wedi bod yn rhiant. Wedi tacluso'r tŷ. Mae amser gwely'n agosáu ond does neb yn gwrando ac yn mynd i'r gwely. Rwyt ti'n colli dy dymer, yn gweiddi, yn crio ac yn colli dy limpin. Mae'r plant yn mynd i'r gwely a phawb yn flin. Rwyt ti'n mynd i'r gwely yn teimlo'n ofnadwy. Mae'n ddiwedd gwael i ddiwrnod hirfaith.

Mae hon yn sefyllfa gyffredin iawn. Pan fyddi wedi blino, dan straen, yn teimlo holl bwysau a beichiau bod yn fam sengl, mae'n eithaf cyffredin bod yn biwis, anniddig, diamynedd, a methu goddef rhai sefyllfaoedd penodol. A waeth i ni wynebu hynny ddim, mae bywyd mam sengl yn llawn adegau pan fyddi'n hollol flinedig gyda gormod i'w wneud a dim digon o amser i wneud y cyfan.

Nododd **Menna**:

"Mi fyddwn i'n ddiamynedd efo'r plant yn aml. Os oedden nhw'n gweiddi 'Mam!' unwaith yn ormod; os oedden nhw'n disgwyl i fi dendio arnyn nhw fel morwyn tra'r oedden nhw'n gwylio'r teledu; mi oedden nhw wedi arfer efo peidio â gorfod gwneud rhyw lawer o gwmpas y tŷ, ond a finnau'n fam sengl, mi oedd angen iddyn nhw helpu ychydig mwy. Mi fyddwn i'n mynd mor flin pan oedden nhw'n gadael cwpan fudr ar y bwrdd, neu'n gadael plât ar y soffa, neu'n gadael eu hesgidiau ysgol o gwmpas y lle. Y broblem oedd, mi oeddwn i'n wironeddol anghyson. Achos mi oeddwn i'n licio bod y math o fam a oedd yn gofalu amdanyn nhw a gadael iddyn nhw ymlacio, ond yna bob hyn a hyn, mi fyddwn i'n gwylltio a gweiddi, a doedd gan y pethau bach ddim syniad be' oeddwn i'n ei ddisgwyl ganddyn nhw. Ond fi a fy nicter oedd hyn, yn llawn straen a blinder a lludded achos bod gen i ormod i'w wneud."

DEALL EICH DICTER A'CH CYNDDAREDD

Yn aml, deall ein dicter yw'r cam cyntaf i helpu ein hunain i'w reoli, ei leddfu neu ymateb iddo mewn ffordd wahanol. Yn gyntaf, gallwn ddeall beth sy'n ei sbarduno, ac yna'n gallu deall y meddyliau, y teimladau, y symptomau corfforol a'r ymddygiadau rydyn ni'n eu profi unwaith mae'n cael ei sbarduno.

SBARDUNAU

Gall sbardunau fod yn allanol – er enghraifft, digwyddiadau, ymddygiad, pethau y mae pobl eraill yn eu dweud neu yn eu gwneud – neu'n fewnol – er enghraifft, meddyliau, delweddau neu atgofion am dy sefyllfa, eich perthynas, bod yn fam sengl ac ati. Mae hefyd yn werth chweil cofio bod yna ffactorau nad ydyn nhw'n sbardunau dicter uniongyrchol, ond sy'n dy wneud yn fwy tebygol o fod yn anniddig neu'n ddig, fel diffyg cwsg, blinder, poen corfforol, delio ag emosiynau eraill, bod â gormod i'w wneud ac ati.

MEDDYLIAU

Mae ein meddyliau yn chwarae rhan bwysig wrth borthi neu gynnal ein dicter. Pan fydd dicter yn cael ei sbarduno, mae'n fuddiol i ni ddeall: Beth yw dy farn am y sefyllfa sydd ohoni? Beth wyt ti'n ei feddwl amdanat dy hun, dy gyn-bartner, pobl eraill, dy ddyfodol, orffennol, a'th fywyd presennol fel mam sengl? Pa ddelweddau neu atgofion sy'n dod i dy feddwl?

Dyma bum pwynt hollbwysig am feddyliau sy'n cael sylw mewn penodau eraill o'r llyfr hwn:

1. Mae'r ffordd rydyn ni'n meddwl am ein sefyllfa yn dylanwadu ar sut rydyn ni'n teimlo a sut rydyn ni'n ymddwyn.
2. Dydy meddyliau ddim yn ffeithiau. Maen nhw'n ddehongliad/safbwynt ar sefyllfa, wedi'u dylanwadu gan ein profiadau, ein hwyliau, ein credoau yn y gorffennol.
3. Dydy'n meddylfryd ni ddim bob amser yn rhesymegol, yn rhesymol, yn gywir, yn seiliedig ar dystiolaeth neu'n deg.
4. Pan fyddwn ni'n profi emosiwn eithafol, gall ein meddylfryd fod â thuedd, yn ddiffygiol, yn afresymol ac yn anghywir.
5. Pan fyddwn ni'n credu ein meddyliau heb eu cwestiynu, ac yna'n seilio sut rydyn ni'n teimlo ac yn ymddwyn ar y meddyliau hynny, gall hynny arwain at sefyllfaoedd anodd – ac yn aml gall wneud pethau'n waeth i ni ein hunain ac i eraill.

Meddyliau â Thuedd Cyffredin pan yn Ddig

Pan fyddwn ni'n meddwl am sefyllfaoedd, gallwn ddechrau cael "meddyliau gwallus" neu feddyliau â thuedd sy'n ddi-fudd. Os nad yw'r meddyliau â thuedd hyn yn cael eu rheoli, fe allan nhw roi hwb i ddicter a chynddaredd, felly mae'n bwysig iawn ceisio bod yn ymwybodol o'u presenoldeb.

Pan fyddwn ni'n ddig, fe allwn ni wneud unrhyw un o'r canlynol (enghreifftiau yw'r rhain, nid rhestr gynhwysfawr!):

- Meddwl mewn *du a gwyn* (h.y. popeth yn dda neu bopeth yn ddrwg). Mae'r rhain yn aml yn ddatganiadau mawr, terfynol, y cyfan neu ddim sy'n gadael dim lle i drafod, fel: "Wna i fyth faddau iddyn nhw".

- *Rhagdybio a darllen meddyliau.* Rydyn ni'n tybio ein bod ni'n gwybod beth mae person arall yn ei feddwl neu pam mae wedi gwneud rhywbeth; er enghraifft, "Dydy o (cyn-bartner) yn malio dim amdana i" neu "Mae'n rhaid bod pobl yn meddwl 'mod i'n dda i ddim achos bod fy mhriodas wedi chwalu".
- *Rhagweld y dyfodol.* Rydyn ni'n meddwl bod ein dyfodol yn ddiwyro; er enghraifft, "Dydw i byth yn mynd i gael teulu hapus eto".
- *Rhesymu emosiynol.* Oherwydd ein bod ni'n *teimlo* rhywbeth, rydyn ni'n meddwl bod yn rhaid ei fod yn wir; er enghraifft, "Dwi'n *teimlo* nad oes neb (fy nghyn-ŵr, fy nheulu, fy ffrindiau) yn poeni amdana i".
- *Gor-gyffredinoli.* Rydyn ni'n gwneud datganiadau hollgynhwysfawr neu'n trosglwyddo casgliad o un sefyllfa a'i roi ar waith i bob sefyllfa; er enghraifft, "Does yna neb byth yn mynd i 'ngharu i", "Dyw fy nghyn-bartner i byth yn helpu gyda'r plant", "Mae bod yn rhiant sengl yn golygu na alla i fyth fynd allan".

TEIMLADAU

Pan fydd dicter yn cael ei sbarduno, pa emosiynau wyt ti'n eu teimlo? Sut gelli di ddisgrifio'r teimlad orau, nid dim ond y dicter ond y teimladau o dan y dicter?

SYMPTOMAU CORFFOROL

Pan fydd dicter yn cael ei sbarduno, pa symptomau corfforol wyt ti'n sylwi arnyn nhw yn dy gorff? Wyt ti'n teimlo tensiwn, cur pen, dy frest yn dynn, yn boeth, yn chwyslyd, y galon yn curo'n gyflym ac ati? Pan fyddwn ni'n teimlo'n ddig a'n corff yn y cyflwr ymladd neu ffoi, rydyn ni'n gwybod bod hynny'n sbarduno ystod o symptomau corfforol.

YMDDYGIAD

Pan fydd dicter yn cael ei sbarduno, sut wyt ti'n ymddwyn? Pa ysfeydd ac ysgogiadau wyt ti'n eu profi? Beth wyt ti eisiau ei ddweud a'i wneud a beth *wyt ti'n* ei ddweud a'i wneud?

Heb gefnogaeth neu strategaethau i reoli ein dicter yn effeithiol, pan gaiff ei sbarduno gan ddicter, gall ein hymddygiad yn aml fod yn afreolus, yn fyrbwyll, yn adweithiol neu'n ymosodol/ oddefol-ymosodol. Pan fyddwn ni'n mynd i'r cyflwr ymladd neu ffoi hwnnw, rydyn ni mewn lle cyntefig iawn lle mae'n bosib i ni ymosod yn gorfforol neu'n eiriol (y modd ymladd), neu wneud rhywbeth dramatig i dynnu ein hunain allan o'r sefyllfa neu ddim ond encilio (y modd ffoi). Os ydyn ni'n *adweithio* (yn afreolus) i ddicter ac yn ymddwyn yn fyrbwyll, neu os ydyn ni'n dysgu *ymateb* (dan reolaeth, yn dawel, yn ystyriol), gall yr ymddygiadau sy'n codi eu pen fod yn wahanol iawn.

Adweithio'n Ymosodol

Fe allwn ni fod yn ymosodol ar lafar, drwy iaith y corff neu drwy ein gweithredoedd. Mae hynny'n cynnwys ymosod geiriol: gweiddi a/neu sgrechian, gwneud sylwadau sarhaus, annymunol, creulon; ac ymosodiad corfforol: taro, dyrnu, cicio pobl neu ddifrodi neu ddinistrio pethau.

Adweithio'n Oddefol-ymosodol

Fe allwn ni fod yn oddefol-ymosodol pan fyddwn ni'n cyfleu ein dicter mewn ffyrdd anuniongyrchol – pwdu, anwybyddu, *ghosting* (blocio/dad-ddilyn rhywun ar y cyfryngau cymdeithasol neu ar decst/ffôn), ateb "Dwi'n iawn/Mae pob dim yn iawn" tra'n cyfleu yn hollol amlwg drwy dôn ein llais, iaith y corff ac ati, mai'r gwrthwyneb sy'n wir.

Ymateb yn Gadarn

Fe allwn ni fod yn gadarn drwy fynegi ein dicter yn glir, yn dawel ac yn rhesymegol (mae mwy am hyn yn ddiweddarach yn y bennod).

CYNDDAREDD, DICTER A RHWYSTREDIGAETH

Cymer ennyd i ystyried sut rwyt ti'n tueddu i gyfleu a mynegi dy ddicter – wyt ti fel arfer yn gadarnhaol, yn ymosodol neu'n oddefol-ymosodol?

Mae angen i ti wybod hyn – dydy hi ddim yn anarferol i ni deimlo dicter dwys ar adegau yn ystod y daith i fod yn fam sengl ac yn sgil hynny, ysfeydd dwys i frifo rhywun neu rywbeth yn gorfforol. Dydy hi ddim yn anghyffredin chwaith teimlo rhyw reddf i ddinistrio eiddo a drysorir, taflu dillad i'r stryd, neu frasgamu o gwmpas y lle yn taro ar ddrysau, a sgrechian, gweiddi a rhefru. Wrth gwrs, dydy hi byth yn syniad da gweithredu ar y dicter hwn – y cyfan fydd hynny'n ei gyflawni yw esgor ar fwy o heriau, gwrthdaro a chymhlethdodau, yn ogystal ag edifeirwch, cywilydd ac euogrwydd pan fydd y dicter yn dechrau cilio. Os wyt ti'n teimlo fel hyn, dal ati i ddarllen er mwyn gweld ffyrdd iach o ryddhau'r dicter heb achosi unrhyw niwed gwirioneddol.

ADWAITH AC YMATEB

Adweithio mewn Dicter	Ymateb yn Dawel mewn Dicter
Adwaith llafar: Gweiddi Sgrechian Dadlau Cyhuddo Bygwth Anwybyddu sgwrs/gwrthod siarad	Ymateb llafar: Cyfrif i ddeg (yn eich pen) Siarad ar lefel sain arferol ac mewn tôn llais arferol Esbonio sut rwyt ti'n teimlo gan ddefnyddio datganiadau "Dwi", nid "Rwyt ti" Esbonio os oes angen saib arnat, os wyt ti'n ei chael hi'n anodd siarad, neu os wyt ti angen amser i dderbyn yr hyn maen nhw wedi'i ddweud Gofyn am farn/safbwynt y person arall – a gwrando Bod yn agored i ddod o hyd i ateb

Adwaith corfforol:	Ymateb corfforol:
Taflu pethau Torri pethau Ymosod ar rywun	Anadlu'n ddwfn Ymddangos yn ddigynnwrf Cerdded i ffwrdd am saib os oes angen, yn ddelfrydol gan fynegi hyn ar lafar cyn gwneud hynny, a chofio bob tro i ddod yn ôl i drafod unwaith y byddi wedi tawelu
Iaith y corff di-eiriau:	Iaith y corff di-eiriau:
Cau dyrnau Tynhau'r ên Croesi breichiau Syllu neu wrthod gwneud cyswllt llygaid	Cyswllt llygad cadarnhaol Breichiau i lawr Dwylo agored Eistedd, os yn bosib

Gweld dy Ddicter

Meddylia am sefyllfa ddiweddar fel mam sengl a sbardunodd dy ddicter, a nodi dy atebion i'r cwestiynau hyn.

1. Beth sbardunodd dy ddicter?
2. Am beth oeddet ti'n meddwl yn y sefyllfa honno?
3. Sut roeddet ti'n teimlo yn y sefyllfa honno? Ceisia feddwl am yr emosiynau ar yr wyneb (y rhai dig) a'r emosiynau o dan yr wyneb.
4. Pa symptomau corfforol wnest di sylwi arnyn nhw?
5. Sut gwnest ti ymddwyn yn y sefyllfa honno? Oeddet ti'n ymosodol, yn oddefol-ymosodol neu'n gadarn?

Aeth Cerys drwy'r ymarfer i ni gan nodi hyn:

Sbardun: "Er i ni fod yn gyfeillgar a gwneud llawer o bethau efo'n gilydd yn gymdeithasol ar ôl i ni wahanu, yn annisgwyl (i fi) mi drefnodd fy nghyn-bartner ddathliad efo ffrindiau i ni'n dau, gan gynnwys rhai o fy ffrindiau gorau, efo mamau, tadau a phlant, ond wnaeth o ddim fy ngwahodd i."

Meddyliau: "Mi oedd gen i lot fawr o feddyliau, gan gynnwys 'mod i'n cael fy nghau allan; bod fy nghyn-bartner ddim yn malio amdana i, neu nad oedd o eisiau fi yna; nad oedd fy ffrindiau i'n meddwl digon ohona i i wrthod mynd hebdda i, neu i ofyn i fi gael fy ngwahodd; 'mod i ddim yn bwysig. A meddyliau am y dyfodol, ai fel hyn oedd pethau am fod o hyn ymlaen, ddim yn cael gwahoddiad i bethau roedd fy ffrindiau i'n eu mynychu. Mi oeddwn i'n cofio achlysuron pan oedden ni wedi bod efo'n gilydd fel teuluoedd. Ac mi oedd gen i lwyth o luniau yn fy mhen yn dychmygu sut oedd yr achlysur hebdda i."

Teimladau: "Mi oeddwn i mor ddig. Yn gynddeiriog, a dweud y gwir. Yn hollol gandryll. Yn ddig efo fy nghyn-bartner a mymryn yn ddig efo fy ffrindiau. O dan y dicter, mi oeddwn i'n drist, wedi fy mrifo, yn siomedig; wedi fy nadrithio, 'mod i wedi cael fy mradychu i raddau. Ac yn anobeithio am y dyfodol."

Symptomau corfforol: "Mi ges i gur pen ofnadwy, gan deimlo fel taswn i wedi bod yn crio ers dyddiau, ac mi oedd gen i deimlad tynn iawn yn fy mrest."

Ymddygiad: "Doeddwn i ddim yn arbennig o falch o'r ffordd wnes i ymddwyn ar y dechrau. Mi wnes i fynd o fod yn ymosodol, wedyn yn oddefol-ymosodol, wedyn (a dim ond cael a chael) yn gadarn. Mi wnes i weiddi ar fy nghyn-bartner, wedyn gwrthod siarad efo fo. Mi wnes i gilio oddi wrth fy ffrindiau. Cilio o'r byd am ddiwrnod

> ac aros gartre, a chanslo cynlluniau cymdeithasol. Ar ôl ychydig ddyddiau o drio mygu'r dicter (a threulio amser yn defnyddio ymarferion gan fy therapydd i weithio drwy ddicter a'i dawelu), mi ges i sgwrs dawelach efo fy nghynbartner ac ailgysylltu efo fy ffrindiau. Mi wnes i addasu fy nisgwyliadau ar gyfer gweithgareddau cymdeithasol yn y dyfodol, a deall bod y cyfnod newydd yma'n golygu y byddwn ni'n dechrau gwneud mwy o bethau ar wahân."

CEFNOGI DY HUN DRWY DDICTER A CHYNDDAREDD

Pan fyddi'n teimlo dicter a chynddaredd, un peth y gelli ei wneud yw edrych ar sut i dawelu a lleddfu dy hun a dy ddicter cyn penderfynu sut i ymateb. Dydy hyn ddim yn mynd i dy atal rhag mynd i'r afael â'r materion sydd wedi dy wneud di'n ddig, ond fe fydd yn rhoi'r cyfle gorau i ti ymateb mewn ffordd fuddiol ac effeithiol.

RHEOLI DICTER MEWN ARGYFWNG AR UNWAITH

Os wyt ti'n teimlo'n ddig ac yn gynddeiriog tuag at ryw sefyllfa, fe allai fod yn demtasiwn i ti fynegi hyn ar unwaith – i dy gynbartner, y plant, ffrindiau a pherthnasau neu gydweithwyr. Fodd bynnag, pan fyddi'n gwneud hyn, mae yna siawns go lew y byddi'n mynegi dy ddicter mewn ffyrdd a allai fod yn ddwys, yn anwadal, yn ymosodol neu'n oddefol-ymosodol, sy'n cynyddu'r siawns y bydd y person y mae dy ddicter wedi'i gyfeirio ato yn ymateb mewn ffordd debyg, ac y bydd y sefyllfa'n gwaethygu. Neu efallai y byddi'n cyfeirio dy ddicter at y bobl agosaf atat ti. Beth bynnag sy'n wir, fe allai fod yn ddinistriol yn y pen draw.

CYNDDAREDD, DICTER A RHWYSTREDIGAETH

Strategaethau Brys

Rho gynnig ar y strategaethau brys hyn i dy helpu i ffrwyno dy ddicter yn ddigon hir i ti dawelu a phenderfynu gyda phen cliriach sut rwyt ti am ddelio â'r sefyllfa sy'n achosi'r dicter.

- Ydy, mae'n gyngor go sylfaenol, ond cyfra i ddeg! Bydd hynny'n helpu i arafu dy ymateb, ac i greu bwlch rhwng y sefyllfa a dy ymateb. Cyfra i 50 os oes angen!
- Cymer anadl ddofn; yna un arall os oes angen (gweler tudalen 133).
- Dychmyga oleuadau traffig: ar goch, mae dy ddicter yn berwi, ac mae angen i ti aros cyn ymateb; ar felyn, mae'r dicter yn llai dwys ac fe elli di ddechrau ystyried sut i ymateb; ar wyrdd, mae'n bosib i ti ymateb yn fwy pwyllog.
- Cerdda i ffwrdd, myn saib, dos i ystafell arall, tynna dy hun allan o'r sefyllfa. Os gelli di, esbonia, "Dwi angen munud neu ddau, alla i ddim siarad yr eiliad hon", er mwyn rhoi cyfle i bobl roi lle i ti.
- Defnyddia strategaeth sadio/gollwng angor (gweler tudalennau 31-2); gwthia dy draed i'r llawr, gwasga dy ddwylo gyda'i gilydd, sefyll i fyny yn syth, canolbwyntia ar angori dy hun wrth roi cynnig ar unrhyw un o'r strategaethau uchod.

Strategaethau Rheoli Dicter

Unwaith mae'r dicter wedi lleddfu o lefel argyfwng, rho gynnig ar y canlynol pan fydd gen ti amser i weithio ar dy ddicter a myfyrio.

1. Mae angen i ti gydnabod ac enwi sut rwyt ti'n teimlo am y sefyllfa ar hyn o bryd. Wyt ti'n ddig, yn gynddeiriog, yn gandryll? Neu wyt ti'n profi annifyrrwch, piwisrwydd, rhwystredigaeth? Mae ymchwil yn dangos bod rhoi enw i emosiwn yn ein helpu i ddelio ag ef yn fwy effeithiol.

2. Ar ôl i ti enwi'r dicter, ceisia dwrio'n ddyfnach a sylwi pa emosiynau sy'n bresennol islaw'r dicter. Wyt ti'n drist, wedi dy frifo, yn siomedig, yn teimlo wedi cael dy fradychu, yn teimlo'n ofnus ac ati? Os wyt ti'n cael trafferth gwneud hyn ar hyn o bryd, rho gynnig arall arni ar ôl cam 4.
3. Wyt ti'n gallu sylwi ble yn dy gorff sy'n cynnal y dicter, y tensiwn, y gynddaredd? Mae'n bosib y bydd o fudd i ti symud o gwmpas, ymestyn, cerdded, ysgwyd dy gorff, rhoi hergwd i'r tensiwn er mwyn ei lacio. Weithiau bydd tynhau ac ymlacio'r cyhyrau yn helpu (er enghraifft, yn dy ddwylo, dy ysgwyddau, dy ên). Mae hyn yn cael ei alw'n ymlacio cynyddol.
4. Anadla'n ddwfn ychydig o weithiau. Mae anadlu tawel a dwfn yn beth mor bwerus. Rydyn ni'n gwybod bod ein system ymladd neu ffoi, sydd wedi'i lleoli yn ein system nerfol sympathetig, yn cael ei sbarduno pan fyddwn ni'n ddig. Ond wrth i ni anadlu'n araf ac yn ddwfn, rydyn ni'n sbarduno rhan arall o'r system nerfol, y system nerfol barasympathetig; dyma lle mae ein system gorffwys, ymlacio a threulio, lle gallwn ni leddfu a thawelu ein hunain. Pan fyddwn ni yn y cyflwr ymladd neu ffoi, rydyn ni'n aflonydd ac ar bigau'r drain; mae anadliadau dwfn yn un ffordd o dawelu'r ymateb corfforol yn y corff. Gweler yr ymarfer anadlu ym Mhennod 5 am fwy o syniadau.
5. Defnyddia ymwybyddiaeth ofalgar i sylwi ar dy feddyliau (ac agweddau eraill ar y broses ddicter). Mae fideo YouTube gwych gan Happify, o'r enw "Why Mindfulness is a Super Power – an animation", sy'n esbonio'r defnydd o ymwybyddiaeth ofalgar wrth deimlo dicter.
6. Ceisia fynd i'r afael â dy feddyliau a'th deimladau. Mae dicter yn aml yn cael ei borthi gan y meddyliau cnoi cil negyddol (tueddol) y soniwyd amdanyn nhw eisoes. Pan fyddi'n barod, treulia ychydig o amser yn nodi beth, yn dy dyb di, sy'n peri bod y sefyllfa yn sbarduno dy ddicter.

CYNDDAREDD, DICTER A RHWYSTREDIGAETH

Beth wyt ti'n ei feddwl amdanat ti dy hun, pobl eraill, dy ddyfodol, dy orffennol, dy blant, dy fywyd? Ceisia nodi hyn i gyd ar ddu a gwyn. Yna ceisia fod yn wironeddol onest a sylwi a oes unrhyw dueddiadau neu wallau yn dy feddylfryd (gweler tudalen 48). Wyt ti'n meddwl yn deg, yn rhesymegol, yn bwyllog am y sefyllfa? Oes yna ffyrdd eraill o edrych ar bethau? Oes yna safbwyntiau eraill i'w cadw mewn cof? Fyddai gan y person arall sy'n rhan o'r sefyllfa esboniadau, safbwyntiau, bwriadau eraill nad wyt ti wedi'u hystyried?

7. Rho amser i ti dy hun. Amser i'r dicter leddfu ac i'r teimladau o dan y dicter bylu. Amser i edrych ar y sefyllfa yn fwy pwyllog. Amser i siarad ag eraill i gael safbwynt tecach neu fwy niwtral.
8. Meddylia am yr hyn rwyt ti eisiau ei ddweud a'i wneud. Meddylia am gyfleu sut rwyt ti'n teimlo o dan y dicter yn hytrach na chyfleu'r dicter. Meddylia am yr arddull cyfathrebu/ymddygiad rwyt ti am ei ddefnyddio, ac a yw'n bwyllog, yn gadarn ac yn rhesymol. Os nad yw hynny'n wir, ystyria a oes angen mwy o amser arnat i dy helpu i gyrraedd y pwynt hwnnw. Meddylia am ganlyniadau posib cyfleu dy ddicter yn ymosodol/oddefol-ymosodol, neu a wyt ti'n cyfathrebu ar sail y meddwl dig, tueddol a allai fod yn bresennol. Rho amser i ti dy hun ystyried hyn oll.
9. Ystyria a fyddai'n help i ti gyfleu dy ddicter gyda'r person/ sefyllfa, neu a fyddai'n well ei rannu ag eraill/mewn therapi/ gweithio drwy bopeth dy hun. Mae'n bwysig siarad am sut rydyn ni'n teimlo, ond mae'n gallu bod yn bwysig penderfynu wrth bwy, sut, ble a pham i siarad hefyd; er mwyn gwneud yn siŵr ei fod yn helpu dy iechyd meddwl ac yn gwella sefyllfaoedd. Gan fod dicter yn emosiwn mor oriog, mae'n bwysig oedi i ystyried ble, gyda phwy a sut i'w fynegi.

10. Cofa nad oes dim byd yn bod ar gyfleu sut rwyt ti'n teimlo, ond ceisia wneud hynny drwy ymateb yn dawel, yn deg ac yn gadarnhaol, yn hytrach nag ymateb yn ddig, yn fyrbwyll, yn ymosodol, yn afresymegol. Defnyddia ddatganiadau person cyntaf: "Roeddwn i'n teimlo'n drist iawn pan wnest ti X", "Fe ges i 'mrifo pan ddigwyddodd X". Mae hyn yn llawer gwell na datganiadau ail berson; er enghraifft, "Fe wnest ti i fi deimlo X", "Fe wnest ti X".
11. Bydd yn barod i glywed safbwynt y person arall. Yn barod i drafod a chyfaddawdu a dod o hyd i ffordd ymlaen. Yn barod i beidio ag aros yn ddig. Yn barod i ddatrys y sefyllfa.
12. Bydd y person mwyaf rhesymol. Yr oedolyn. Yr un pwyllog. Yr un cymedrol. Yr un teg. Bydd yn esiampl i'ch plant o ran sut i fynd ati'n bwyllog i reoli sefyllfaoedd sy'n ennyn loes a dicter.
13. Os wyt ti'n ymateb, mae angen i ti berchnogi dy ddicter – bydd yn atebol. Mae angen cyfleu dy fod yn gwybod dy fod wedi ymateb gyda dicter ac ymddiheuro am hynny.
14. Cofia nad oes unrhyw beth yn bod ar ollwng gafael ar dy ddicter; does dim rhaid adweithio nac ymateb iddo bob tro. Fe elli di ganolbwyntio arnat ti dy hun a sut i ollwng gafael ar y dicter, neu ddysgu ffyrdd o lacio dy afael arno ar ôl cyfathrebu mewn ffordd iach. Pan fyddwn ni'n hel meddyliau, yn tindroi yn ein dicter, yn ei ysgogi, dim ond gwneud drwg i ni'n hunain fyddwn ni. Mae dal dy afael ar ddicter fel rhoi dy dŷ dy hun ar dân: dim ond ti a'r rhai sy'n agos atat ti fydd yn dioddef. Bob tro y byddi'n dychmygu'r tân hwnnw'n cynnau, dychmyga arllwys dŵr drosto a symud ymlaen.
15. Gydag unrhyw sefyllfa anodd, ceisia symud y ffocws o sut roeddet ti'n teimlo (ar ôl i ti gael amser i wneud synnwyr o bethau a gweithio dy ffordd drwyddyn nhw) a chanolbwyntio ar beth gelli di ei ddysgu o hynny.

FFYRDD ERAILL O RYDDHAU, LLEDDFU NEU FFRWYNO DY DDICTER

- Mynd i weld therapydd cyplau, cwnselydd neu seicolegydd.
- Siarad â ffrind neu berthynas, person niwtral y gelli ymddiried ynddo i wrando, i fynegi barn bwyllog a rhesymol ac i fod yn garedig.
- Chwarae dy hoff gerddoriaeth yn uchel iawn – dewis ganeuon i'w canu nerth dy ben, oherwydd gall mynegi dicter drwy ganu fod yn brofiad hynod gathartig.
- Cofnodi dy ddicter ar bapur – popeth rwyt ti'n ei feddwl a'i deimlo. Ysgrifenna mewn priflythrennau mawr, inc coch, sgriblo blêr ar draws y dudalen – beth bynnag rwyt ti'n ei ddymuno. Pan fyddi wedi gorffen, fe elli di ei gadw, ei rwygo'n ddarnau mân, paentio dros y cyfan ac ati. Y cyngor yw peidio â rhannu ysgrifennu mynegiannol o'r fath gyda'r person rwyt ti'n ddig tuag ato. Anaml y mae hynny'n helpu. Mae'r ymarfer hwn ar dy gyfer di a neb arall.
- Gweiddi neu sgrechian i mewn i obennydd, neu tyrd o hyd i rywle yn yr awyr agored lle gelli di sgrechian nerth dy ben.
- Os wyt ti ar dy ben dy hun, defnyddia obennydd fel bag dyrnu. Dydy hon ddim yn strategaeth hirdymor, ond gall fod o fudd yn yr ennyd fel ffordd o ryddhau'r dicter.
- Meddwl am gamp neu weithgaredd lle mae'n bosib i ti waredu unrhyw rwystredigaeth a thensiwn.
- Gan sefyll yn wynebu'r wal, estyn dy freichiau a gwthio yn erbyn y wal; gwthia i mewn i dy ddwylo/freichiau ac i dy draed. Sylwa ar yr holl deimladau yn dy gorff a'r teimlad o wthio'r dicter a'r tensiwn allan.
- Mynd am gawod oer iawn, tafla ddŵr oer ar dy wyneb neu afael mewn ciwbiau iâ. Bydd hyn yn helpu i newid ymateb ffisiolegol y corff i gyflwr mwy pwyllog.

Ffyrdd Cyffredinol o Leihau'r Tebygolrwydd o Ddicter, a/neu ei Ddwyster

- Gofalu amdanat ti dy hun: mynd ati i arfer hunanofal; cysgu; gorffwys; bwyta'n dda; cadw llygad ar yr alcohol rwyt ti'n ei yfed.
- Chwilio am help, a'i dderbyn; paid â cheisio gwneud popeth dy hun. Mae'n bosib na fydd dy gyn-bartner neu dy deulu yn bodloni dy ofynion gofal plant yn llwyr, felly mae angen i ti gydnabod hynny a meddwl am ffynonellau eraill o gymorth.

OS DAW DY DDICTER ALLAN TUAG AT Y PLANT

Fe allai dy ddicter tuag at dy sefyllfa ferwi drosodd wrth i ti fagu dy blant, neu fe allai'r plant sbarduno dy ddicter (yn enwedig os wyt ti'n rhiant i bobl ifanc yn eu harddegau). Mae'r holl strategaethau a nodwyd uchod yn berthnasol, gan mai dy nod pennaf yw canolbwyntio ar gadw'n dawel.

Os wyt ti'n mynd yn ddig gyda'r plant, ceisia gilio oddi wrth y sefyllfa dros dro; os nad yw hynny'n bosib, cymer saib a defnyddio'r strategaethau rheoli mewn argyfwng (gweler tudalen 48) cyn gynted ag y gelli di.

Mae angen i ti gyfleu wrth dy blentyn cyn gynted ag y gelli di nad oeddet ti eisiau mynd yn ddig yn ei gwmni/tuag ato, ei bod hi'n ddrwg gen ti, dy fod yn teimlo'n ddig/trist/blinedig ar hyn o bryd a bod dy ddicter wedi mynd yn drech na thi.

Mae'n iawn gadael iddyn nhw wybod dy fod yn ddynol, dy fod ti'n gwneud camsyniadau, neu'n cael trafferth gyda dy emosiynau ar adegau. Mae cymaint o werth i gydnabod hyn, ac i fod yn agored ac yn onest. Rho wybod iddyn nhw y byddi'n gwneud dy orau glas i beidio ag ymateb mewn dicter, a bod yn esiampl i dy blant er mwyn eu helpu nhw i allu gwneud yr un peth. Does dim rhaid i ti rannu'r manylion llawn am beth bynnag sy'n digwydd; mae'n iawn i ti gadw rhai ffiniau rhwng y berthynas plentyn a rhiant.

SUT I GYDFAGU PLANT HEB I DDICTER WREIDDIO

Mae dicter yn gyffredin iawn mewn perthynas cydfagu plant. Ond mae dod o hyd i ffyrdd o gyfathrebu a chydfagu heb i'r dicter gymryd drosodd yn mynd i fod yn hynod ddefnyddiol yn yr hirdymor, gan na fydd gwrthdaro cyson a byw mewn cyflwr o ddicter a gwylltineb gyda dy gyn-bartner yn gwneud unrhyw les i dy iechyd meddwl di. Fe fydd hefyd yn hynod niweidiol i dy blant weld eu rhieni yn ymladd, gweiddi, sgrechian a dadlau. Waeth faint y credi di fod plant yn cael eu hamddiffyn rhag hyn, dydyn nhw ddim. Mae plant yn sylwi ar awyrgylch anodd, ar ymddygiad annymunol tawel, ac ar y straen a'r tensiwn a'r gwrthdaro, hyd yn oed heb i'r naill neu'r llall ohonoch chi yngan gair. A phan maen nhw'n dyst i ddadleuon a dicter, maen nhw'n cael eu heffeithio – waeth beth fo'u hoedran.

Felly, sut bynnag mae dy bartner yn rhyngweithio â thi, mae'n bwysig i ti wneud dy orau i gynnal perthynas foesgar a chwrtais, ac i beidio ag ymddwyn yn elyniaethus. Fe allai hynny olygu brathu dy dafod ar adegau; neu ffrwyno dy ddicter i'w brosesu gydag anwyliaid neu yn rhywle arall; neu gamu i ffwrdd o sefyllfa ar adegau. Gwna beth bynnag sydd angen i ti ei wneud.

- Parch. Ceisiwch gadw lefel sylfaenol o barch, y naill tuag at y llall, ac os yw hynny'n berthnasol, tuag at bartneriaid. Er nad wyt ti o reidrwydd yn hoffi hynny, mae dy gyn-bartner a dy gyd-riant yn mynd i fod yn rhan o dy fywyd di a dy blentyn. Chi yw'r bobl y bydd eich plant yn eu hystyried yn rhieni, ac maen nhw'n haeddu eich gweld chi'n trin eich gilydd yn iawn, er eu mwyn nhw os nad er eich mwyn chi. Gall cynnal parch helpu i osgoi gwrthdaro posib.

- Doethineb. Paid â chwyno wrth dy blentyn am dy gyn-bartner neu ei bartner newydd. Waeth faint o demtasiwn fydd gwneud hynny, waeth pa mor gandryll wyt ti, neu ba mor rhwystredig rwyt ti'n teimlo – paid. Does yna ddim un plentyn eisiau clywed ei rieni yn lladd ar ei gilydd; ac os yw eich plentyn yn digwydd sôn wrth dy gyn-bartner, fe allai hynny achosi mwy fyth o ddrwgdeimlad, ac fe fydd y plentyn yn y canol rhwng y ddwy ochr. Mae'n werth osgoi hyn ar bob cyfri.

EFFAITH RHIENI CYNHENNUS

Mae ysgariad, gwahanu, perthynas yn chwalu, neu ymladd rhwng rhieni sydd wedi gwahanu i gyd yn cael effaith ar blant, effaith sy'n dal yn amlwg pan fyddan nhw'n dod yn oedolion. Gall plant sy'n profi neu'n dyst i ddicter, ymladd, gwrthdaro, rhieni cynhennus sydd ddim yn siarad â'i gilydd ac ati, brofi gorbryder, problemau dicter, trawma, problemau hunanwerth neu hwyliau isel wrth iddyn nhw dyfu'n hŷn. Wrth gwrs, dydy hyn ddim yn digwydd bob tro, a dydy hyn ddim yn wir i bawb – ond mae'n digwydd yn ddigon aml i ni wybod ei bod hi'n bwysig gwneud dy orau i gadw pethau'n bwyllog, yn gwrtais ac yn barchus.

Dwyt ti ddim yn gyfrifol am ymddygiad dy gyn-bartner – felly paid â theimlo unrhyw reidrwydd i wneud hynny – ond fe elli di ganolbwyntio ar sut rwyt ti'n ymddwyn ac yn ymateb, a dod o hyd i ffyrdd o wneud hynny mor bwyllog a chwrtais â phosib.

CYNDDAREDD, DICTER A RHWYSTREDIGAETH

- Ffiniau. Ceisia bennu ffiniau clir gyda dy gyn-bartner cyn gynted ag y gelli di er mwyn dechrau trafod symud ymlaen i gydfagu'ch plant.
- Cynllun cydfagu plant. Os nad yw'n bosib llunio un gyda'ch gilydd, eisteddwch i lawr gyda pherson niwtral a thrin a thrafod y manylion, fel pryd fydd eich plentyn yn aros gyda ti a phryd bydd yn aros gyda dy gyn-bartner; sut byddi'n delio gyda phenblwyddi a Nadolig; sut byddi'n trafod manylion pwysig fel materion ysgol, salwch ac ati. Fe elli wedyn gadw at y cytundeb hwn a bydd pawb, gan gynnwys dy blentyn (lle y bo hynny'n briodol), yn gwybod beth sy'n digwydd.
- Cyfathrebu. Cytunwch ar ffyrdd o gyfathrebu, boed yn decstio, ffonio, e-bostio ac ati. Ceisiwch gadw ffyrdd uniongyrchol o gyfathrebu, yn hytrach na bod hynny'n digwydd drwy eich plant. Mae hynny'n bwysau anhygoel o niweidiol ar blant, hyd yn oed os ydyn nhw yn eu harddegau neu'n oedolion. Os yw'r dicter a'r gynddaredd yn golygu ei bod yn amhosib cyfathrebu'n bwyllog, ceisia ddod o hyd i rywun sy'n gallu gweithredu fel cyfryngwr niwtral. Mae Amy a'i chyn-bartner yn rhan o grŵp sgwrsio gyda nain eu mab, sy'n gweithio fel cyfryngwr. Mae hi wedi helpu i dawelu'r dyfroedd yn y gorffennol oherwydd ei bod hi'n gallu gweld safbwyntiau'r ddwy ochr a gwneud yn siŵr mai eu mab yw ffocws y sylw bob amser.
- Hyblygrwydd. Dydyn ni ddim yn dweud y dylet ti dderbyn popeth bob tro, ond fe allai ychydig o hyblygrwydd tuag at dy gyn-bartner fod o fudd i ti yn yr hirdymor. Er enghraifft, drwy ddod yn fwy hyblyg o ran casglu a dychwelyd eu mab, mae cyn-bartner Amy wedi dod yn fwy hyblyg hefyd, sy'n rhoi ychydig mwy o ryddid i'r naill ochr a'r llall.

HYBLYGRWYDD SEICOLEGOL

Mae hyblygrwydd seicolegol yn beth iach iawn i'w ddatblygu. Po fwyaf hyblyg ydyn ni, gorau oll y byddwn ni'n gallu derbyn newid ac ymdopi gydag unrhyw anawsterau sy'n codi. Dydy hyn ddim yn golygu bod angen i ti ildio'n ddi-gwestiwn i bob dim neu beidio â bod yn gadarn pan fydd angen hynny. Yr oll mae'n ei olygu yw ymateb drwy ofyn "Alla i fod yn hyblyg am y mater hwn?". Mae dicter a chynddaredd yn ein gwneud ni'n ddiwyro ac yn anhyblyg, felly gall herio ein hunain i ymarfer hyblygrwydd fod o fudd wrth i ni geisio symud i ffwrdd o fod yn gynddeiriog.

GWEITHIO DRWY'R DICTER

Dydyn ni ddim yn esgusodi mân ddial wrth i ti ddelio â ffrwydrad o dymer (ond yn bendant dydyn ni ddim *ddim* yn ei esgusodi). Ar ôl dadl danllyd, cafodd Fflur, mam sengl ers tair blynedd, ychydig o arian ychwanegol gan ei chyn-bartner oherwydd ei bod hi'n ei chael hi'n anodd ymdopi. Dyma Fflur i esbonio mwy: "Fel plentyn bach wedi cael ei sbwylio, mi wnes i wario'r pres ar wisg nofio wallgo' o ddrud, achos, wel, twll ei dîn o! Dydw i ddim hyd yn oed yn nofio. Dwi ddim yn deall. Mae o'n beth mor od bod mor dlawd efo gwisg nofio mor ddrud. Dydw i ddim hyd yn oed yn gallu mynd â hi nôl i'r siop!" Iawn, rydyn ni i gyd wedi gwneud pethau rydyn ni'n difaru mewn dicter ... mae atgof un fam yn ymwneud â thorri clybiau golff, ac atgof un arall yn ymwneud â brwsh dannedd a thoiled ... ond wnawn ni ddim ymhelaethu am hynny heddiw!

Er bod dy ddicter mor ddealladwy, dy flaenoriaeth di – pan fyddi'n barod – yw tawelu'r dicter hwn a delio â phopeth mewn ffordd aeddfed ac iach. Efallai dy fod yn barod i feio dy hun neu eraill am y chwalfa neu am dy sefyllfa fel mam sengl, ond yn y pen draw fe wnei di sylweddoli dy fod yn ddig (ac o dan y dicter hwnnw rwyt ti'n drist, yn brifo, wedi dy siomi, yn poeni ac ati) tuag at y sefyllfa yn ei chrynswth. Yn yr ennyd, mae'n teimlo mor annheg. Fodd bynnag, dyma'r realiti, ac mae angen i ti dreulio peth amser yn myfyrio ar dy ymddygiad dy hun er mwyn dod drwyddi. Unwaith y byddi wedi cael amser i fyfyrio ar dy ddicter, ei achosion sylfaenol, y teimladau oddi tano, a chael cyfle i'w drafod, ei deimlo, ei brosesu a symud drwyddo, fe elli di symud ymlaen heb y dicter wrth dy sodlau i'r un graddau. Fe fydd therapi yn dy helpu i wneud hyn; gall deunyddiau ac ymarferion hunangymorth neu ffrindiau da helpu hefyd.

YDY POB DICTER YN DDILYS?

Cwestiwn da. Ar y naill law, wrth gwrs, yr egwyddor gyffredinol yw bod pob emosiwn yn ddilys. Rwyt ti'n teimlo'r hyn rwyt ti'n ei deimlo, a does gan neb yr hawl i ddweud dim byd yn wahanol. Ar y llaw arall, mae dicter yn cael ei gymell gan system ymladd neu ffoi gyntefig iawn, nad yw'n ddigon soffistigedig i edrych ar yr holl sbardunau a meddyliau y tu ôl i'r dicter a'u hidlo'n dyner i sicrhau ein bod ni'n seilio ein dicter ar ffeithiau dilys a deongliadau cywir.

Er enghraifft, mae disgwyl i dy gyn-bartner gyrraedd i godi'r plant ond wnaeth hi ddim. Rwyt ti'n gynddeiriog. Mae hi'n dy siomi di a'r plant, mae hi'n ymddwyn yn annibynadwy ac yn amharchus, yn ddi-hid amdanat ti a'r plant ac ati. Mae meddyliau'n chwyrlïo o gwmpas dy ben, rwyt ti'n ddig, yn meddwl am yr hyn y byddi'n ei ddweud wrthi pan weli di hi. Rwyt ti'n cael dy demtio i ganslo'r trefniadau gofal plant neu i ddweud wrth y plant pa mor ddiwerth yw eu rhiant arall. Hanner awr yn ddiweddarach, mae hi'n cyrraedd. Mae hi'n ymddiheuro'n fawr, yn esbonio ei bod hi'n sownd mewn ciw traffig oherwydd damwain, bod ei ffôn allan o fatri, ei gwefrwr ddim yn gweithio a hithau'n methu ffonio o ganlyniad. Erbyn hyn, rwyt ti wedi cael clywed fersiwn wahanol o'r hyn a oedd wedi digwydd. Mae rhai o'r meddyliau dig hynny gefaist ti'n gynharach yn gwbl gyfeiliornus. Efallai dy fod dal fymryn yn flin nad oedd hi'n ddigon trefnus i wefru ei ffôn, ond mae'n ddicter tawelach na'r un a sbardunwyd gan dy feddyliau cynharach.

Felly, er y gallwn ni fod yn garedig tuag atom ni ein hunain, a chydnabod ein bod yn teimlo'r hyn rydyn ni'n ei deimlo, mae'n bwysig gofalu ein bod ni wedi deall y sefyllfa yn iawn. Mae angen i ni fod yn siŵr nad yw ein meddyliau yn gogwyddo tuag at y negyddol ac yn cynnig fersiwn unochrog o sefyllfa, a allai fod yn anghywir, yn seiliedig ar un safbwynt rhagfarnllyd, neu nad ydyn ni wedi camddeall rhywbeth cyn penderfynu pa mor ddilys yw ein dicter.

YMLADD DICTER GYDA THOSTURI

> Pan chwalodd fy mherthynas, roedd fy hunan-werth ar ei isaf; roeddwn i'n teimlo'n annheilwng o gariad neu anwyldeb. Mae mor hawdd troi'r dicter o gwmpas a beio ein hunain. Yn hytrach na bod yn ddig tuag ata i fy hun, dwi'n difaru nad oeddwn i'n dosturiol yn lle hynny. Doedd dim angen i fi feio fy hun – roedd yr hyn ddigwyddodd wedi digwydd. Yr hyn oedd angen oedd chwilio am ffordd drwy'r chwalfa heb niweidio fy hun. Ond drwy fod yn hunanfeirniadol – am y ffordd roeddwn i'n edrych a 'mhersonoliaeth – y cyfan oedd yn digwydd oedd 'mod i'n gwneud i fy hun deimlo'n waeth ac yn waeth. **Amy**

Mae tosturi tuag atom ni ein hunain neu bobl eraill yn anrheg anhygoel i ni'n hunain. Mae ymchwil wedi dangos bod pobl sy'n datblygu llais hunandosturiol, yn hytrach na llais hunanfeirniadol a beirniadol, yn llawer mwy tebygol o gyflawni eu

CYNDDAREDD, DICTER A RHWYSTREDIGAETH

nodau yn llwyddiannus a symud ymlaen yn eu bywyd mewn ffordd iach. Dydy hunan-dosturi ddim yn golygu peidio â beio dy hun o gwbl neu beidio â dal dy hun yn atebol; yn hytrach, mae'n golygu bod yn fwy caredig â ti dy hun wrth i ti wneud hynny. Os wyt ti'n hwyr i gasglu'r plant o'r ysgol, does dim rhaid i ti fflangellu dy hun. Fe elli fod yn garedig â ti dy hun: atgoffa dy hun ei fod yn ddiwrnod anodd a dy fod yn ceisio gwneud gormod, neu fod cyfarfod wedi gor-redeg ac nad dy fai di oedd hynny. Dydy hynny ddim yn golygu dy fod yn berson gwael neu'n fam wael. Fodd bynnag, fe elli hefyd annog dy hun yn dyner i ddysgu o'r sefyllfa hon, a chydnabod beth byddet ti'n hoffi ei wneud yn wahanol y tro nesaf i osgoi cyrraedd yn hwyr, os oes ffordd i ti allu rheoli hynny. Os nad yw hynny'n bosib, efallai yr hoffet ti drefnu gofal wrth gefn rhag ofn y bydd hyn yn codi eto yn y dyfodol.

Mae'r ffordd rydyn ni'n siarad â ni ein hunain yn hollbwysig. Nid yn unig mae hi'n bwysig siarad â ti dy hun yn dosturiol er dy fwyn di dy hun, ond mae hefyd mor bwysig i dy blentyn dy weld yn rhoi amser i ti dy hun wella a pheidio â chosbi dy hun am deimlo'n wael. Rydyn ni eisiau i'n plant dyfu i fyny gyda deialog fewnol hunandosturiol, felly mae angen i ni ddangos iddyn nhw ein bod ninnau hefyd yn gallu gwneud hynny. Yn sicr mae hynny'n ddigon o ysgogiad i roi cynnig ar hunan-dosturi, hyd yn oed os wyt ti'n teimlo nad wyt ti'n ei haeddu.

Hunan-dosturi yw:

- Bod yn garedig â ti dy hun
- Peidio â barnu dy hun
- Osgoi bod yn hunan-feirniadol
- Bod yn deg gyda ti dy hun
- Bod yn ymwybyddol ofalgar
- Bod yn atebol ac yn gyfrifol – ond mewn ffordd garedig, dyner a theg

- Cydnabod nad ti yw'r unig un sy'n delio â'r trafferthion sy'n dy wynebu
- Siarad a chefnogi dy hun fel y byddet ti'n ei wneud i ffrind neu anwylyd

Pan fyddi'n ddig gyda ti dy hun, rho gynnig ar y dull tosturiol yma:

1. Sylwa sut rwyt ti'n siarad â ti dy hun.
2. Dychmyga bod dy ffrind agosaf yn dy sefyllfa di.
3. Sut byddet ti'n tywys dy ffrind, yn ei chefnogi, yn ei thrin yn garedig, gan ddangos empathi a thosturi a hefyd yn ei helpu i symud ymlaen?
4. Ceisia siarad â ti dy hun yn yr un modd – yn garedig, yn gefnogol, yn llawn cydymdeimlad, yn amyneddgar, yn deg a rhesymol, gan fod yn atebol ar yr un pryd a dysgu o sefyllfa yn ôl yr angen.
5. Meddylia am y ffordd rwyt ti'n siarad â ti dy hun. Yn hytrach na meddwl, "Dwi mor wirion am ofidio cymaint am y chwalfa", newidia dy feddylfryd i rywbeth tebyg i "Dwi'n gofidio am y chwalfa ond mae hynny'n ymateb iach a normal i'r sefyllfa".

Ymarferion Lles

- Cadw dyddiadur. Rydyn ni'n gwybod nad yw pawb yn mwynhau ysgrifennu. Ond gall hyd yn oed gwneud nodyn bras o dy deimladau – beth wnaeth i ti deimlo'n dda a beth wnaeth i ti deimlo'n wael – dy helpu i gadw trefn ar sut rwyt ti'n teimlo a'i gwneud hi'n llai tebygol i ddicter grynhoi heb i ti sylwi.
- Myfyrio. Mae hyn wedi helpu Amy i newid ei holl agwedd tuag at fywyd. Mae apiau fel *Headspace* yn

cynnig dy dywys drwy fyfyrdodau gwych ar gyfer llawer o sefyllfaoedd, gan gynnwys dicter.

- Ymarfer corff. Ar ôl i berthynas Amy a'i chyn-bartner chwalu, fe drodd hi at godi pwysau fel ffordd o fwrw ei dicter, ac fe roddodd hynny ymdeimlad o'i hunan yn ôl iddi. Er nad yw'r gampfa yn opsiwn i bawb, gall hyd yn oed pethau fel dyrnu gobennydd, dawnsio i gerddoriaeth 'metel-angau' o gwmpas y tŷ, neu fynd am dro dawel helpu.
- Maddau i ti dy hun. Mae dicter yn aml yn tarddu o amau a chwestiynu dy ddewisiadau neu deimlo dy fod wedi methu mewn rhyw ffordd. Ond mae bywyd fel y mae ar hyn o bryd. Rwyt ti'n gwneud dy orau glas. Cadwa'r gorffennol y tu ôl i ti, a bydd yn garedig tuag at dy hun yn yr ennyd hon.

GWAHANU DY HUN YN EMOSIYNOL

Fe fydd yna rai sefyllfaoedd lle bydd dy gyn-bartner a'th gyd-riant yn ymddwyn mewn ffyrdd anodd, ymosodol, rheolaethol neu annymunol, gan yn aml sbarduno dy ddicter, er gwaethaf pob ymdrech gen ti i sicrhau perthynas gwrtais, barchus a chyfeillgar. Pan fyddi wedi ceisio sefydlu cyfathrebu iach, digynnwrf a hynny ddim yn gweithio, mae'n bosib y bydd angen i ti roi cynnig ar ffyrdd eraill o reoli'r sefyllfa. Rhoddodd Amy gynnig ar ddull y graig lwyd, er enghraifft.

Mae'r dull hwn yn tueddu i gael ei ddefnyddio fel adnodd ymdopi wrth ddelio â hunanaddolwyr neu bobl narsisaidd. Y syniad yw eich bod chi'n troi'n anniddorol a diymateb – yn y bôn, rwyt ti'n ymddwyn fel craig lwyd ddiflas – wrth gyfathrebu â'r person hwnnw. Yn y pen draw, mae'n dy atal rhag porthi'r ddrama a'r sylw negyddol, a gall fod yn ffordd ddefnyddiol o dawelu dy hun ac osgoi dadl danllyd. Efallai yr hoffet ti roi cynnig arni os yw sgyrsiau gyda dy gyn-bartner yn tueddu i fynd yn danllyd, neu fel ffordd o osod ffiniau. Felly, wrth siarad â dy gyn-bartner, ceisia wneud y canlynol:

1. Paid â dweud wrthyn nhw dy fod yn ymarfer dull y graig lwyd.
2. Cyfynga ar eich rhyngweithio. Trafodwch faterion sy'n gysylltiedig â'r plant yn unig a chadw unrhyw gyfathrebu'n gryno. Os yw'r sgwrs yn dechrau symud i unrhyw gyfeiriad arall, ymateba yn llugoer.
3. Cadwa at y ffeithiau. Paid â mynegi unrhyw farn bersonol na gwybodaeth ddiangen.
4. Ceisia dynnu dy sylw oddi ar unrhyw emosiynau eithafol a allai godi drwy feddwl am rywbeth hollol wahanol – fel canolbwyntio ar dy anadlu neu'r cymylau yn symud, unrhyw beth sy'n gallu tynnu dy feddwl oddi ar y sbardunau yn y sgwrs.
5. Bydd yn breifat. Does dim angen iddyn nhw wybod unrhyw beth am dy fywyd di erbyn hyn, dim ond bywyd eich plentyn. Mae'n bosib y byddi'n dewis eu dileu o dy gyfryngau cymdeithasol er mwyn cyfyngu ar eu gallu i gael gafael ar unrhyw wybodaeth ychwanegol amdanat ti.

Gollwng Gafael

Penderfyna ollwng dy afael ar unrhyw fater sy'n destun dicter, yn hytrach na gadael iddo ddal unrhyw bŵer drosot ti, dros sut rwyt ti'n meddwl, yn teimlo neu'n ymddwyn, am eiliad yn rhagor. Rho gynnig ar hyn heddiw – nid er mwyn unrhyw un arall, ond er dy fwyn di, dy les a dy iechyd meddwl.

Enghraifft: Sylwodd Menna ei bod hi'n flin pan na wnaeth ei chyn-bartner y peth lleiaf i'w helpu gyda'r plant. I ddechrau, fe fu hi'n cnoi cil am hyn a theipiodd neges flin ato. Yna dyma hi'n oedi, a chymryd cam yn ôl am ychydig. Gofynnodd iddi hi ei hun, "Ydy hyn wir werth o?" Yna dyma hi'n gollwng ei gafael. Dileodd y neges, a bwrw 'mlaen â'i diwrnod. Ac roedd hi'n teimlo'n llawer yn well ar ôl gwneud hynny.

1. Treulia ychydig o amser yn meddwl am unrhyw beth sy'n achosi dicter i ti yn dy fywyd ar hyn o bryd.
2. Gofyn i ti dy hun beth mae dal gafael ar y dicter hwn yn ei gostio i ti. Ydy bod yn ddig/aros yn ddig yn gweithio i ti? Ydy o'n dy helpu di, eich plant, dy sefyllfa?
3. Ystyria beth fyddai'n digwydd pe baet ti'n dewis gollwng dy afael ar y dicter. Gwrthod ysgwyddo'r baich mwyach. Gwybod bod y gallu gen ti i ollwng dy afael arno, os mai dyna wyt ti eisiau ei wneud.
4. Ystyria sut byddai gollwng gafael ar y dicter yn ei deimlo. Pe na bai rhaid i ti feddwl amdano, trafferthu yn ei gylch, hel meddyliau amdano, ymateb iddo mwyach. Cofia siarad â ti dy hun yn garedig. Does dim budd dal dy afael ar hyn.
5. Dewisa i ollwng dy afael. Dychmyga bod y dicter mewn balŵn yn hedfan i ffwrdd. Dychmyga bod y meddyliau yn pasio. Dychmyga, wrth anadlu allan, dy fod yn cael gwared ar yr holl densiwn a straen. Ysgwyd y cyfan ymaith. Cwyd dy ysgwyddau, saf yn dalsyth ac ysgwyd y cyfan ymaith.
6. Mae gen ti'r grym i ollwng dy afael ac i fod yn rhydd. Symud ymlaen. Gollwng dy afael.

3

CYWILYDD

Mewn byd sy'n llawn ystrydebau a naratifau di-fudd amdanom ni'n hunain, mae'r bennod hon yn canolbwyntio ar y cywilydd sy'n gysylltiedig â bod yn fam sengl. Rydyn ni'n codi'r llen ar yr ystrydeb, yn edrych ar sut mae'r naratif cymdeithasol wedi cyfrannu at famau sengl yn teimlo cywilydd, yn clywed gan famau sengl am eu profiadau o gywilydd, ac yn edrych ar ffyrdd i dy helpu i oresgyn y teimladau hynny.

Os wyt ti weithiau'n teimlo cywilydd am fod yn fam sengl, rydyn ni'n deall yn iawn. Nid am fod bod yn fam sengl yn rhywbeth i fod â chywilydd ohono, wrth gwrs, ond rydyn ni wedi cael ein trwytho fel arall drwy gydol ein bywydau. O'r cyfryngau i'r bobl o'n cwmpas, mae bod yn fam sengl wedi cael ei bortreadu i raddau helaeth fel profiad negyddol ac yn ganlyniad i ddewisiadau bywyd gwael, camsyniadau a methiannau.

Fel mae'r elusen rhieni sengl Gingerbread yn ei nodi, cyflwynwyd y Ddeddf Diwygio Cyfraith Teulu yn 1987 i roi'r un hawliau cyfreithiol i blant a anwyd y tu allan i briodas â'r rhai a anwyd mewn priodas. Maen nhw'n mynd ymlaen i ddweud ei bod hi'n anodd credu, tan 1987, bod stigmateiddio teuluoedd rhiant sengl yn rhan o ddeddfwriaeth y wlad hon.

CYWILYDD O'R BRIG

Yn 1994, daeth mamau sengl yn ffocws i bolisi lles Rick Santorum, gwleidydd a chyn-aelod o Senedd yr Unol Daleithiau. Ceisiodd gyflwyno polisi a fyddai'n atal menywod rhag gwneud cais am fudd-daliadau os nad oedden nhw'n enwi tad eu plentyn, ynghyd â llwyth o ofynion chwerthinllyd eraill. Yn ffodus, gwrthododd Cyngres yr Unol Daleithiau gefnogi'i gynlluniau, ond mae'n glir beth oedd barn Santorum am famau sengl: *"What we have is moms raising children in single-parent households simply breeding more criminals."* Barn tu hwnt o sarhaus gan ddyn gwyn mewn grym, sy'n beio rhieni sengl am gyfraddau troseddu uchel, yn hytrach na beio cymdeithas chwilfriw sy'n rhoi'r manteision i'r cyfoethog ac yn craffu ar y tlawd. Wyt ti'n ddig eto? Rydyn ninnau'n ddig hefyd. Ond mae yna fwy – mae gwleidyddion y Deyrnas Unedig wedi bod yn llawn cynddrwg.

Yn 1995, ysgrifennodd Boris Johnson cyn-Brif Weinidog y Deyrnas Unedig golofn ar gyfer cylchgrawn *The Spectator* lle cyfeiriodd at famau sengl fel *"ill-raised, ignorant, aggressive and illegitimate"*, cyn dweud ei bod yn *"outrageous that married couples should pay for the single mother's desire to procreate independently of men"*. Mae'r ffaith bod y dyn hwn yn gallu mynegi safbwyntiau mor ffiaidd, a llwyddo i ddod yn Brif Weinidog, yn siarad cyfrolau o ran faint o waith sydd angen ei wneud o hyd.

Ym mis Hydref 1998, dywedodd Margaret Thatcher, cyn-Brif Weinidog arall, wrth gynulleidfa yn Kentucky, *"We wanted to do our best for them (mamau sengl), and our best was to see that the young mother had a flat of her own, in the town where she lived and also an income to look after that child ... In tackling the situation that way, we were unwittingly multiplying the number of people who had illegitimate children. Now we think it's better to put these children in the hands of a very good religious order, and the mother as well, so that they too will be brought up with family values.*" Mor ddiweddar â 1998, roedd menyw â dylanwad gwleidyddol aruthrol yn dweud wrth y byd nad oedd mamau sengl yn gallu gofalu amdanyn nhw eu hunain, heb sôn am eu plant. Cywilyddio cyhoeddus o'r fath sydd wedi helpu i'n trwytho ni mewn safbwyntiau negyddol.

Diolch byth, mae llawer o elusennau fel Gingerbread, y Cyngor Cenedlaethol ar gyfer Teuluoedd Un Rhiant gynt, yn gweithio'n ddiflino i frwydro yn erbyn y stigma yn erbyn mamau sengl a sicrhau cefnogaeth i aelwydydd un rhiant. Fodd bynnag, er gwaetha'r holl waith sy'n cael ei gyflawni, rydyn ni'n gwybod fod pobl yn dal i brofi llawer o gywilydd ynglŷn â bod yn famau sengl.

BETH YW CYWILYDD?

Mae cywilydd yn emosiwn pwerus a hunanfeirniadol. Mae'n un o'r emosiynau mwyaf heriol oherwydd, yn ôl ei natur, mae'n gwneud i bobl deimlo cywilydd wrth sôn amdano hyd yn oed. Mae'n gwneud i ni deimlo'n anghyfforddus ac yn ofidus, gan ei fod yn canolbwyntio ar y syniad ein bod ni wedi gwneud rhywbeth ofnadwy *a'n* bod ni ein hunain yn ofnadwy. Hunanfarnu beirniadol, yn y bôn.

Mae gwaith ardderchog y seicolegydd clinigol yr Athro Paul Gilbert yn ein helpu i ddeall cywilydd a hunan-dosturi; yn ei lyfr *The Compassionate Mind*, ysgrifennodd:

> "When we feel shame, our attention is on ourselves and how others might see us – i.e. think badly of us. In shame, we feel exposed, and think there's something wrong or flawed about us. We feel anxious, depressed and our hearts sink. We put our heads down and avoid the gaze of others, covering up the things we feel ashamed about. If we become shameful to ourselves we do this

by being self-critical and contemptuous of ourselves. Shame is, therefore, about threats and attacks and how bad or inadequate we feel we are; it's about judging and being judged."

Mae Dr Brené Brown, ysgolhaig, awdur, ymchwilydd a siaradwraig gyhoeddus o'r Unol Daleithiau, wedi disgrifio cywilydd yn y ffyrdd canlynol:

- Cywilydd yw'r teimlad neu brofiad hynod boenus o gredu ein bod ni'n ddiffygiol ac felly yn annheilwng o berthyn a chael ein derbyn.
- Mae menywod yn aml yn profi cywilydd pan maen nhw'n gaeth mewn cwlwm haenog o ddisgwyliadau cymunedol cymdeithasol sy'n gwrthdaro a chystadlu.
- Mae cywilydd yn gwneud i fenywod deimlo'n gaeth, yn ddi-rym ac yn ynysig.
- Mae cywilydd yn creu teimladau o ofn, bai a datgysylltiad.
- Mae cywilydd, o'i adael heb ei ffrwyno, yn gallu dinistrio bywydau.
- Lleia'n byd rwyt ti'n siarad am y peth, mwya'n byd ei effaith. Tri pheth sydd ei angen ar gywilydd i dyfu: cyfrinachedd, distawrwydd a beirniadaeth.

PRYD MAE MENYWOD YN PROFI CYWILYDD FEL MAM SENGL?

Gall menywod brofi cywilydd yn sgil adwaith neu ymateb ffrindiau a pherthnasau; drwy wneud i'w hunain gywilyddio; a gallan nhw hefyd brofi cywilydd drwy ryngweithio â phobl nad ydyn nhw erioed wedi cyfarfod â nhw.

Gall cywilydd amlygu ei hun yn y ffyrdd canlynol (dydy hon ddim yn rhestr gynhwysfawr):

- Sut rwyt ti'n teimlo am fod yn deulu un rhiant
- Sut rwyt ti'n teimlo am y ffaith fod dy berthynas, dy ddyweddïad, dy briodas neu bartneriaeth sifil wedi chwalu; neu sut rwyt ti'n teimlo am fethu llwyddo i'w chynnal
- Sut rwyt ti'n teimlo am fod y person a adawodd, neu a fuodd yn anffyddlon
- Sut rwyt ti'n teimlo am fod wedi cael dy dwyllo
- Pan fyddi'n cael trafferth gyda thasgau fel rhiant sengl
- Pan fydd dy blant yn holi pam nad wyt ti a dy gyn-bartner gyda'ch gilydd
- Pan fydd rhywun yn awgrymu na wnest ti ddigon o ymdrech yn dy berthynas neu dy fod wedi siomi dy blant
- Pan fyddi'n gorfod ceisio cymorth budd-dal fel rhiant sengl
- Pan fyddi'n gorfod ceisio cefnogaeth gan ffrindiau neu berthnasau am na elli di ymdopi ar dy ben dy hun
- Pan nad wyt ti wedi bodloni disgwyliadau cymdeithasol, crefyddol neu ddiwylliannol dy deulu neu gymuned
- Pan fyddi'n meddwl dy fod wedi ymddwyn yn wael neu wedi ymdopi'n wael wrth i'r berthynas chwalu, o bosib wrth ymateb mewn trallod neu ddicter

STRAEON AM GYWILYDD WRTH FYW FEL MAM SENGL

Fe fydd pawb yn cael profiadau gwahanol o gywilydd fel mam sengl. Rydyn ni'n rhannu ambell stori a phrofiad gan famau sengl anhygoel yma. Wrth i ti eu darllen, cofia fod ein cywilydd yn tarddu o'r naratif cymdeithasol hwn sydd wedi'i feithrin dros y blynyddoedd, boed o du'r llywodraeth ac agendâu gwleidyddol, o ddelfrydau cymdeithasol derbyniol neu normau diwylliannol neu grefyddol. Fel y nodwyd ar ddechrau'r bennod, pan fyddwn ni'n tyfu i fyny mewn amgylchedd sy'n coleddu syniadau penodol am sut dylai pethau fod – er enghraifft, os mai'r neges yw y dylech fod yn deulu dau riant, heterorywiol, priod – mae'n hawdd i gywilydd dyfu pan nad wyt ti'n cydweddu â'r disgwyliadau hynny. Ar ben hynny, gall sawl peth ychwanegu at unrhyw synnwyr o gywilydd – yr ymdeimlad o fethiant a'r ensyniad nad wyt ti wedi llwyddo neu wedi gweithio'n ddigon caled i amddiffyn dy berthynas; bod rhywbeth yn bod arnat ti os wyt ti'n dod yn rhiant sengl; neu os nad yw mam sengl yn gallu cynnig cymaint ag aelwyd dau riant.

CYWILYDD O DU FFRINDIAU A PHERTHNASAU

Fe fydd yna adegau ar y daith i fod yn fam sengl, ac wrth fyw fel mam sengl, lle bydd perthnasau a ffrindiau yn ymateb mewn ffyrdd sy'n gwneud i ti deimlo cywilydd. Gall hynny beri gofid mawr, oherwydd ei fod yn atgyfnerthu unrhyw deimladau negyddol sydd eisoes yn creu trafferth, a gall frifo'n arbennig os yw'n dod gan bobl roeddet ti wedi gobeithio fyddai'n dy garu ac yn dy gefnogi di. Mae'r disgwyliadau ar rieni neu ar famau gan ddiwylliant neu grefydd eu magwraeth yn chwarae rhan fawr mewn unrhyw gywilydd sy'n cael ei deimlo. Os mai aelwyd dau riant yw'r disgwyliad cyffredinol o "deulu" llwyddiannus, mae'n bosib y byddi'n teimlo cywilydd os oes awgrym dy fod wedi "methu" sicrhau hyn. Os mai'r disgwyliad cyffredinol yw nad wyt ti'n ysgaru, fe allai gwneud hynny esgor ar gywilydd hefyd.

Pan oedd priodas **Ali** *yn chwalu, a hi a'i phartner wedi gwneud cymaint ag y gallen nhw gyda therapi cyplau, roedd ganddi gywilydd sôn wrth ei theulu. "Roeddwn i a'r gŵr mor anhapus gyda'n gilydd, doedd dim byd i'w weld yn gweithio ac roedd e'n dechrau effeithio ar y plant. Roedden ni'n dau eisiau ysgariad, ond roedd gen i ofn beth fyddai fy nheulu a phobl eraill yn ein cymdeithas yn ei feddwl – rydyn ni'n dod o gefndir crefyddol ac mae ysgariad yn beth difrifol. Pan wnes i fagu'r plwc i ddweud* wrth fy mam, roeddwn i'n lwcus iawn ac fe ymatebodd yn berffaith. Ond dwi'n teimlo bod llawer o bobl eraill yn siarad y tu ôl i 'nghefn i oherwydd hynny."

Weithiau, gall y cywilyddio hwn fod yn gwbl agored, a thithau'n gorfod ymateb i farn gul pobl eraill ynglŷn â'r fam sengl ystrydebol.

Pan feichiogodd **Annest** yn annisgwyl yn 18, roedd hi'n wynebu stigma gan deulu a ffrindiau.

"Pan wnes i feichiogi am y tro cyntaf, mi wnes i gyhoeddiad i berthnasau a ffrindiau yn y dafarn. Daeth ffrind i'r teulu ata i a dweud, 'Gobeithio na fyddi di'n troi'n un o'r mamau tai cyngor yna sy'n byw ar fudd-daliadau.'"

Mae mamau sengl sy'n derbyn cefnogaeth gan y llywodraeth yn wynebu sefyllfa waeth fyth. Yn gyntaf, does dim byd o gwbl yn bod ar fyw mewn tŷ cymdeithasol, ac os yw rhywun yn meddwl hynny, mae'n rhaid ei fod yn hynod freintiedig. Yn ail, mae'r system fudd-daliadau yno i gefnogi pobl mewn angen, ac yn eu plith mae mamau sengl sy'n cael trafferth gweithio oherwydd cyfrifoldebau magu plant, neu ddod o hyd i ofal plant fforddiadwy.

Cafodd nain a thaid **Annest** eu taro'n galed gan y newyddion am ei beichiogrwydd hefyd.

"Fi oedd y gyntaf o'u hwyrion a oedd i fod i fynd i'r brifysgol. Wnaeth nain ddim siarad efo fi nes i fy mab gael ei eni. Wnaeth hi erioed ofyn i fi sut oeddwn i neu sut roedd pethau'n mynd. Mi gymerodd hi sbel iddi dderbyn y sefyllfa, a sbel hirach wedyn i ni adfer ein perthynas."

Weithiau, gall y cywilydd fod yn fwy cynnil. Hyd yn oed pan fydd perthnasau neu ffrindiau yn ceisio bod yn gefnogol, mae arlliw sylfaenol o gywilydd yn bosib, yn fwriadol ai peidio.

> Mae rhieni **Elliw** wedi bod yn gefnogol iawn iddi ers i'w pherthynas chwalu. Fodd bynnag, os bydd rhywun arall sy'n fam sengl neu sydd wedi ysgaru yn codi mewn sgwrs, mae hi wedi sylwi eu bod nhw'n cyfeirio at hynny bob tro.
> "Dwi'n siŵr taw'r bwriad yw fy sicrhau ei fod yn digwydd i lawer o bobl, ond mae'n teimlo fel atgof cyson o'r hunaniaeth newydd hon sydd gen i, nid yn unig o fy rhan i, ond o ran pawb arall hefyd."

> Sylwodd **Menna** ar y negeseuon cynnil hyn yn codi mewn sgyrsiau gyda'i theulu hefyd.
> "Pan wnes i ddweud wrth fy nheulu 'mod i'n gwahanu, mi wnaethon nhw yrru negeseuon ata i yn gofyn a oeddwn i wir wedi meddwl am yr effaith ar y plant, gan y byddai'n niweidiol iawn. Mi oeddwn i'n teimlo'n ofnadwy, roedd yna gymaint i'w ddarllen rhwng y llinellau, a hynny wedyn yn troi'n gywilydd. Wrth gwrs 'mod i wedi ystyried fy mhlant, wrth gwrs doeddwn i heb gymryd y penderfyniad ar chwarae bach, ac wrth gwrs 'mod i'n poeni'n arw am yr effaith arnyn nhw; ond y gwir plaen oedd, mi oeddwn i'n gwybod be' fyddai'n fwy niweidiol iddyn nhw: bod mewn sefyllfa lle'r oedd y ddau riant yn anhygoel o anhapus."

HUNAN-GYWILYDDIO

Yn aml, ni yw ffynhonnell ein cywilydd ein hunain. Fe fyddwn ni'n teimlo cywilydd ein bod ni yn y sefyllfa hon, a ddim eisiau cyhoeddi ein bod ni'n famau sengl neu ein bod ni wedi ysgaru.

Mae llawer ohonom wedi tyfu i fyny yn meddwl mai bod yn briod gyda phlant yw'r sefyllfa ddelfrydol i fod ynddi pan fyddwch chi'n hŷn ... nid *ar dy ben dy hun* gyda phlant. Os oes gen ti gredoau neu werthoedd dy hun am aros mewn perthynas/priodas gyda phlentyn, am wahanu neu ysgariad, am fod yn deulu un rhiant, neu am ffyddlondeb, gall deimlo dy fod wedi mynd yn groes i'r credoau neu werthoedd hynny esgor ar deimladau o gywilydd. Er enghraifft, os yw dy werthoedd craidd yn cynnwys gonestrwydd, ymddiriedaeth, caredigrwydd neu hunanreolaeth ond nad oedd hynny'n amlwg yn dy ymddygiad (wrth i'r berthynas chwalu, mae'n bosib dy fod wedi ymddwyn yn gas, yn ddideimlad, yn gynhennus neu heb ddweud y gwir i gyd wrth ymateb i'r sefyllfa), mae'n bosib y byddi'n profi cywilydd am sut mae dy ymddygiad wedi gwrthdaro â'r gwerthoedd craidd hyn.

Roedd **Elliw** yn teimlo llawer o gywilydd personol.

"Roeddwn i wastad eisiau bod yn briod cyn i fi gael plant er mwyn i bawb rannu'r un cyfenw ac oherwydd 'mod i eisiau magu fy nheulu mewn 'amgylchedd sefydlog' (o, y fath eironi!). Pan ddaeth yn amlwg bod fy mhriodas yn dod i ben a 'mod i'n fam sengl i bob pwrpas, roeddwn i'n cael trafferth derbyn yr hunaniaeth newydd hon. Roedd gen i wastad fywyd delfrydol wedi'i gynllunio yn fy mhen, a doedd bod yn fam sengl ddim yn rhan o hynny o gwbl."

Mae **Fflur** yn fam sengl ifanc, ac mae hi o'r farn mai hi oedd ffynhonnell y rhan fwyaf o'r cywilydd roedd hi'n ei deimlo.

"Mi oeddwn i'n teimlo cymaint o gywilydd am fod yn fam sengl ifanc nes bod profi 'mod i'n gallu bod yn 'fam dda' wedi datblygu'n obsesiwn (fel pe bai yna awgrym neu ofn fod mam ifanc sengl yn siŵr o fod yn fam wael). Mi oeddwn i'n glynu'n dynn at reolau caeth a rhyfedd magu plant, er mwyn ennyn edmygedd menywod hŷn mewn grwpiau babis neu fenywod a fyddai'n eistedd yn agos ata *i yn Costa.* Ond mi wnes i ddechrau mynychu cyfarfodydd lleol efo cymysgedd amrywiol o deuluoedd o grŵp Facebook. Mi wnaeth eistedd yn y parc a thrafod pa mor anodd oedd magu plant a pha mor annifyr y gall ein plant fod yn bendant fy helpu i ymlacio, ac yna mi ddechreuais i allu llacio'r rheolau anhyblyg rhyw fymryn. Erbyn hyn, dydw i'n poeni dim be' mae pobl eraill yn ei feddwl ohona i, a llai fyth am y llais bach mewnol cachlyd sy'n prepian weithiau."

Nododd **Branwen** ei bod yn tueddu i deimlo cywilydd pan oedd yn rhaid iddi ymgymryd â digwyddiadau unigol, fel nosweithiau rhieni a mabolgampau ysgol am y tro cyntaf, neu pan oedd hi allan gyda'r plant ar ei phen ei hun.

"Mi oeddwn i'n teimlo cymaint o gywilydd am fod ar fy mhen fy hun, yn meddwl bod pobl yn fy meirniadu i, yn syllu arna i."

Roedd **Cerys** hefyd yn teimlo cywilydd wrth feddwl nad oedd ei phlant yn tyfu i fyny ar aelwyd dau riant.

"Bob bore am sbel hir ar ôl i fi ddod yn rhiant sengl, mi fyddwn i'n deffro ac mi fyddai'n fy nharo eto. Mi oeddwn i'n rhiant sengl. Mi oedd fy mhlant yn tyfu i fyny mewn cartref heb ddau riant. Mi oeddwn i'n teimlo'n gymaint o fethiant. Roeddwn i wedi siomi fy mhlant. Doeddwn i ddim wedi trio'n ddigon caled. Mi oedd o'n deimlad ofnadwy."

CYWILYDD O DU DIEITHRIAID

Gadewch i ni sôn am gael dy gywilyddio gan ddieithriaid llwyr. Mae pawb eisiau bod y math o berson sydd ddim yn malio'r un iot beth mae dieithriaid yn ei feddwl amdanyn nhw, ond y gwir amdani yw bod yna wastad rhyw deimlad bach nad ydyn ni eisiau i bobl feddwl yn negyddol amdanom ni neu am ein sefyllfa deuluol. Y broblem gyda dieithriaid yw nad ydyn nhw'n gwybod unrhyw beth am dy fywyd, felly dydyn nhw byth yn gallu gwybod dy fod o bosib mewn lle gwell erbyn hyn.

*Pan fydd pobl yn sylweddoli nad yw hi'n briod, mae **Rhian** wedi sylwi eu bod nhw'n teimlo'n flin drosti am na weithiodd pethau allan gyda thad ei mab.*
"Dydw i'n malio'r un botwm corn am hynny achos mae o'n berson slei a threisgar, a dwi mor falch 'mod i wedi llwyddo i ddianc."

Weithiau, mae pobl yn codi cywilydd ar famau sengl mewn ffordd fwy amlwg, yn enwedig o ran dêtio. Mae Anwen a Gwawr ill dwy wedi delio â chymar ar ddêt sydd wedi dangos ei wir liwiau yn sydyn iawn. Cafodd Anwen wybod fod dyn yr oedd ganddi hi ddiddordeb ynddo ddim ond yn dêtio mamau sengl am eu bod nhw'n "hawdd." Waw! Fe fu Gwawr yn dêtio dyn a oedd yn meddwl mai'r unig reswm yr oedd hi'n dêtio oedd am ei bod hi eisiau dyn i'w chadw'n ddiogel. Wrth gwrs, mae'n amlwg yn tydi mai'r unig beth rydyn ni ei eisiau mewn bywyd yw barn batriarchaidd hen ffasiwn a chynnwys waled dyn – wyt ti'n gallu gweld ein llygaid ni'n rowlio?! Fe fyddwn ni'n edrych yn fwy manwl ar fyd dêtio yn nes ymlaen yn y llyfr, ond dydy e ddim yn ddrwg i gyd – addo!

*Aeth **Rhiannon** â'i merch ar wyliau i barc carafanau a threuliodd y noson yn y bar adloniant.*
"Roeddwn i'n eistedd ar fy mhen fy hun pan oedd hi'n chwarae gyda phlant eraill a daeth menyw draw i fenthyg cadair. Gofynnodd a oedd unrhyw un yn mynd i ymuno â fi, ac fe ddwedais i nad oedd. Ymatebodd gyda, 'O iawn, dwi yma gyda 'nheulu, doeddwn i ddim yn disgwyl gweld rhywun ar ei ben ei hun.' Fe wnaeth hynny i fi deimlo mor anghyfforddus oherwydd, wel, dwi'n fam sengl, wnes i

ddim dewis bod yno ar fy mhen fy hun ond, hei, dyna sut y mae hi!"

Yn anffodus, mae rhai pobl yn dweud pethau'n ddifeddwl, ac mae angen i ti ddysgu eu hanwybyddu nhw. Mae'n anodd, ond fe elli di ddysgu i beidio â chymryd unrhyw sylw ohonyn nhw. Dydy'r bobl yma ddim yn dy adnabod di, mae'n bosib eu bod nhw'n siarad heb feddwl, ac yn y pen draw, dydyn nhw ddim yn haeddu cael gormod o bŵer drosot ti a sut rwyt ti'n teimlo. Mae'n rhywbeth y gelli weithio arno fo, ac yn rhywbeth a fydd o fudd mawr i ti yn yr hirdymor, mewn sawl sefyllfa!

Er ein bod ni'n gwneud ein gorau i ddatgymalu barn ddiwylliannol ddofn, mai rhywbeth i fod â chywilydd ohono yw bod yn fam sengl, y peth pwysicaf i feddwl amdano yw sut rwyt ti yn teimlo am dy sefyllfa. Dydyn ni ddim yn mynd i newid barn y byd dros nos, ond fe allwn ni newid sut rydyn ni'n teimlo amdanom ni ein hunain.

SUT I ESGYN UWCHLAW BARN DIEITHRIAID

- Atgoffa dy hun nad yw'r bobl hyn yn werth dy amser; mae'n bosib bod eu geiriau wedi peri gofid i ti neu wedi dy wneud yn anghyfforddus, ond rhywbeth iddyn nhw yw hynny, a dim byd i'w wneud â ti.
- Meddylia am bethau sy'n dy wneud di'n hapus, ac atgoffa dy hun gwaith mor anhygoel rwyt ti'n ei wneud.
- Canolbwyntia ar y sylwadau cadarnhaol rwyt ti wedi'u clywed ers dod yn fam sengl.

YMDOPI FEL MAM SENGL

GORESGYN CYWILYDD A DOD DRWYDDI'N GRYFACH

Perchnogi ein stori a charu ein hunain drwy'r broses honno yw'r peth dewraf y gallwn ni fyth ei wneud.

Brené Brown, *The Gifts of Imperfection*

AWGRYMIADAU YMARFEROL AR ORESGYN CYWILYDD

- Saf yn dalsyth a dathlu dy hun! Rwyt ti'n wych, a phaid â gadael i neb ddweud nad wyt ti.
- Bydd yn garedig i ti dy hun. Rwyt ti'n fod dynol, yn haeddu caredigrwydd, anwyldeb a llawenydd.
- Amgylchyna dy hun â phobl o'r un anian – mae'n ffordd wych o frwydro yn erbyn yr hunan-gywilyddio sy'n codi mor aml.
- Paid â rhoi pwysau ar dy hun i fod y fam "berffaith". Treulia amser gyda mamau eraill a dysga sut i fod yn fodlon â'r ti go iawn!
- Meddylia am yr holl bethau cadarnhaol rwyt ti wedi'u gwneud ers dod yn fam sengl.
- Paid â chymharu dy hun â phwy oeddet ti cyn i'r berthynas chwalu.
- Cofia – mae dod yn fam sengl yn hunaniaeth newydd, ond mae hunaniaeth yn newid yn gyson hefyd, a does dim byd yn bod ar hynny.
- Rho amser *i ti dy hun* – gall hunanofal gyflawni gwyrthiau.
- Meddylia am ba nodau rwyt ti am eu cyflawni yn y blynyddoedd i ddod, a chanolbwyntio arnyn nhw.
- Siarada â dy ffrindiau neu chwilia am grwpiau cymorth i rieni sengl a dos ati i wneud ffrindiau newydd – mae'r ap *Frolo* yn wych yn hyn o beth.

FFYRDD SEICOLEGOL O ORESGYN CYWILYDD

Dechreua gyda'r gosodiad pwysig nad oes rhaid i ti ddal gafael ar gywilydd yn dy fywyd. Dwyt ti ddim yn haeddu dal gafael ar gywilydd yn dy fywyd. Ar unrhyw gyfrif. Unig ddiben cywilydd yw gwneud i ni deimlo'n ddrwg. Fe elli di ddewis gollwng dy afael ar gywilydd a chael gwared arno.

Os yw'n gywilydd sy'n codi ohonot ti dy hun neu sy'n deillio o bobl eraill, fe elli di wneud y canlynol:

- Sylwi ar y cywilydd pan fydd yn ymddangos.
- Ceisio cydnabod beth sydd wedi sbarduno'r cywilydd.
- Sylwi sut mae'n teimlo ac os/ble wyt ti'n ei deimlo yn dy gorff.
- Atgoffa dy hun yn dosturiol ac yn gadarn nad wyt ti'n haeddu dal gafael ar gywilydd yn dy fywyd.
- Os oes angen, bydd yn garedig ac yn dosturiol tuag at dy hun, a maddau i ti dy hun, beth bynnag sydd wedi sbarduno'r cywilydd.
- Os oes angen, gelli ddysgu o'r sefyllfa sydd wedi sbarduno'r cywilydd a gwneud nodyn o sut rwyt ti eisiau bod os bydd sefyllfaoedd tebyg yn codi yn y dyfodol.
- Sylwi a wyt ti'n cael dy ddenu tuag at ymddygiadau di-fudd pan fyddi'n teimlo cywilydd (e.e. cyffuriau, alcohol, gorfwyta neu finjo, sigaréts). Mae'n bosib y cei dy ddenu tuag at strategaethau di-fudd o osgoi neu encilio. Mae'n bosib y cei dy ddenu tuag at hunanfeirniadaeth, hunan-gasineb, hunan-gynddaredd. Os yw hynny'n digwydd, newidia'r ymddygiad. Os wyt ti'n encilio, ceisia wneud y gwrthwyneb. Yn hytrach nac estyn am ddiod, dos allan am dro, cadwa ddyddiadur, tro at ffrind am gymorth. Gofyn am help os oes angen.

Rho gynnig ar siarad â ti dy hun mewn ffordd dosturiol:

- "Dwi'n gwneud fy ngorau."
- "Does dim cywilydd mewn bod yn fam sengl sy'n gwneud ei gorau iddi hi ei hun a'i phlant. Mae yna gryfder a gwytnwch a dewrder."
- "Dyma lle'r ydw i. Does yna neb yn cael ei ddiffinio gan un profiad neu berthynas. Dwi'n fwy nag unrhyw un agwedd ar fy mhrofiad. Dwi'n falch ohona i fy hun am ddod drwy hyn."
- Os wyt ti'n teimlo dy fod wedi gwneud camsyniad, mae angen i ti berchnogi hynny ond gwneud hynny gyda charedigrwydd: "Fe wnes i gamsyniad. Ond mae gen i hawl i gael maddeuant; Dydw i ddim yn berffaith, does yna neb yn berffaith."

Cer ati i addasu naratif bod yn fam sengl ar dy gyfer di. Er enghraifft:

- "Dwi'n fam sengl. Mae bod yn fam sengl yn golygu 'mod i'n gallu gwneud A, B, C."
- "Mae'n golygu 'mod i'n pwyso ar fy nghryfderau, sy'n cynnwys ... (e.e. ymrwymiad, gallu gwneud penderfyniadau, cyfathrebu ac ati)."
- "Mae'n golygu 'mod i'n dysgu sgiliau newydd fel ... (e.e. DIY, coginio, nofio ac ati)."
- "Mae'n golygu y bydda i'n cael rhyddid i ddewis (bwyd, hobïau, rhaglenni teledu ac ati)."
- "Nid dyma sy'n fy niffinio i – dwi hefyd yn ... (rhestra bethau pwysig eraill amdanat ti a dy fywyd: ffrind, modryb, athrawes ioga, rhedwraig, hanesydd ac ati)."

Nawr gollwng dy afael ar y cywilydd. Ysgwyd y cywilydd yn dyner i'w lacio. Neu lapia dy hun mewn caredigrwydd a thosturi. Fe elli di ddweud wrth y cywilydd y caiff adael nawr. Mae'n bosib y bydd yn cilio'n raddol neu'n loetran am ychydig.

Mae angen i ti ymarfer sylwi arno ond peidio â chael dy lyncu ganddo neu gredu ynddo.

Rho gynnig ar yr ymarfer dwylo caredig (isod) i anfon cariad a thosturi at dy hun.

Dwylo Caredig

1. Pan fyddi'n teimlo cywilydd, sylwa ble rwyt ti'n teimlo hyn yn dy gorff.
2. Rho dy law ar y fan lle rwyt ti'n teimlo'r cywilydd.
3. Dychmyga bod dy law yn gafael yn yr holl weithredoedd caredig rwyt ti wedi'u gwneud yn ystod dy fywyd – magu dy fabi, cofleidio ffrind, mwytho anifail anwes, helpu cymydog ac ati.
4. Dychmyga anfon yr holl gynhesrwydd a charedigrwydd yna atat ti dy hun nawr.
5. Teimla gynhesrwydd dy law yn pelydru i mewn i dy groen, i dy gorff, i'r fan lle rwyt ti'n teimlo'r cywilydd, y boen, y loes.
6. Anfon gariad, caredigrwydd a chynhesrwydd atat ti dy hun.
7. Anadla a gadael i'r cynhesrwydd lifo o dy gwmpas.

Addasiad o waith Dr Russ Harris.

Wrth i gywilydd dyfu drwy gyfrinachedd, distawrwydd a hunanfarnu, un o'r ffyrdd mwyaf effeithiol o oresgyn cywilydd yw siarad am hyn gyda rhywun sy'n gallu cynnig empathi, dealltwriaeth a chefnogaeth. Hyd yn oed os oes yna ambell ffrind neu berthynas wedi gwneud sylwadau sydd wedi gwneud i ti deimlo cywilydd, fe fydd yna eraill sy'n ddigon goleuedig i allu cynnig cefnogaeth a charedigrwydd i ti. Mae angen i ti ymddiried yn y bobl sy'n gallu cynnig hynny. Bydd yn ddewr wrth rannu sut rwyt ti'n teimlo. Rwyt ti'n haeddu'r gefnogaeth hon. Paid â gadael i gywilydd dyfu mewn tawelwch. Siarada â therapydd os wyt ti'n teimlo na elli di siarad â ffrindiau neu berthnasau, neu os wyt ti'n cael trafferth gollwng dy afael ar y cywilydd.

FFYRDD CORFFOROL O ORESGYN CYWILYDD

Dal dy ben yn uchel – yn llythrennol. Mae cywilydd yn gwneud i ni grebachu'n gorfforol a chilio i ni ein hunain. Ymateba i hynny drwy newid ystum dy gorff. Dal dy ben yn uchel. Symud dy ysgwyddau yn ôl. Edrych ar bobl ym myw eu llygaid. Mae ymchwil wedi dangos y gall newid ystum ein corff newid ein hwyliau a'r ffordd rydyn ni'n meddwl. Dychmyga dy hun yn sefyll yn dalsyth fel llew, yn falch ac yn gryf. Hyd yn oed os nad ydyn ni'n teimlo'n falch ac yn gryf, os ydyn ni'n ymddwyn felly, gallwn dynnu'r cryfder sydd ei angen arnom efallai o hyn, a gall newid y ffordd rydyn ni'n teimlo.

Defnyddia'r dull hwn pan fyddi'n cerdded i mewn i sefyllfa anodd lle rwyt ti'n gwybod y gallai cywilydd godi ei ben. Fe elli di ddewis pa ddelwedd neu drosiad bynnag er mwyn dychmygu dy fod yn teimlo'n gryf, yn ddewr ac yn bwerus (dychmyga gerdded fel llew, yn gryf ac yn falch, i mewn i'r ystafell).

Ymarfer Ymarferol a Myfyriol i Oresgyn Cywilydd

Mae'r ymarfer myfyriol hwn wedi'i fenthyg a'i addasu o waith arloeswr ym maes Therapi Derbyn ac Ymrwymo, Dr Russ Harris.

1. Pe na bai cywilydd yn broblem i ti rhagor:
- Beth fyddet ti'n rhoi'r gorau i'w wneud, yn dechrau ei wneud, neu'n gwneud mwy neu lai ohono?

- Sut byddet ti'n trin dy hun, pobl eraill, bywyd a'r byd yn wahanol?
- Pa nodau fyddet ti'n eu rhoi i ti dy hun?
- Pa weithgareddau fyddet ti'n eu dechrau neu'n eu hailddechrau?
- Pa bobl, llefydd, digwyddiadau, gweithgareddau, heriau fyddet ti'n mynd i'r afael â nhw, yn eu dechrau, yn eu hailddechrau neu'n troi tuag atyn nhw – yn hytrach nag osgoi neu gilio oddi wrthyn nhw?

2. Ar ôl i ti ateb y cwestiynau hyn, treulia ychydig amser yn meddwl am yr atebion rwyt ti wedi'u rhoi a gofyn i ti dy hun:

- Ydw i'n gallu dechrau gweithio tuag atyn nhw nawr?
- Ydw i'n gallu trin fy hun gyda charedigrwydd, empathi a thosturi a chaniatáu i fi fy hun gymryd camau tuag at y bywyd dwi wedi'i ddisgrifio?
- Ydw i'n gallu rhoi gwybod i fi fy hun ei bod yn iawn i wneud hyn, ac na fydda i'n cael fy llethu neu fy rhwystro gan gywilydd?

Ffynhonnell: Working with Shame: Practical tips for ACT therapists. Dr Russ Harris. 2017. www.imlearningact.com

4

EUOGRWYDD

Mae euogrwydd wrth ei fodd yn gwthio ei drwyn i mewn i fyd magu plant, o euogrwydd dros adael dy fabi am y tro cyntaf i euogrwydd pan fydd yn cwympo oddi ar y soffa a thithau i fod yn cadw llygad arno. A dydy pethau'n gwella dim pan fyddi'n dod yn rhiant sengl. Fe allet ti deimlo'n euog am bob math o resymau – oherwydd mai ti yw'r un a ddaeth â'r berthynas i ben, oherwydd bod yn rhaid i'ch plentyn rannu ei amser rhwng dau riant, neu oherwydd dy fod yn teimlo y gallet ti fod wedi gwneud pethau'n wahanol. Efallai bod dy euogrwydd yn deillio o ddibynnu ar gefnogaeth teulu neu ffrindiau. Mae euogrwydd yn deimlad ofnadwy, a gall cywilydd, gorbryder a dicter ddod yn ei sgil.

BETH YW EUOGRWYDD?

Mae euogrwydd yn emosiwn rydyn ni'n ei brofi pan fyddwn ni'n credu ein bod ni wedi gwneud rhywbeth o'i le. Mae'n cael ei sbarduno drwy wneud rhywbeth rydyn ni'n ei dybio sy'n "ddrwg" neu'n "anghywir", ond gall hefyd gael ei sbarduno os ydyn ni'n meddwl ein bod ni wedi methu gwneud rhywbeth neu os ydyn ni wedi brifo neu achosi loes i rywun arall. Mae euogrwydd yn aml yn cynnwys beio ein hunain, dal ein hunain yn gyfrifol, neu fod yn hunan-feirniadol. Mae cysylltiad agos iawn rhyngddo â

EUOGRWYDD

chywilydd. Fodd bynnag, mae'n bosib gwahaniaethu rhwng yr emosiynau hyn yn syml iawn, gan fod cywilydd yn tueddu i fod yn fwy treiddiol gyda ffocws ar "Dwi yn ddrwg", gyda euogrwydd yn tueddu i fod yn fwy penodol i rai digwyddiadau neu ymddygiadau gyda ffocws ar "Dwi wedi gwneud rhywbeth drwg".

Gall euogrwydd godi oherwydd un o ddau ffactor:

1. Rydyn ni (yn wrthrychol) wedi gwneud camsyniad neu ymddwyn yn fwriadol mewn ffordd y byddai cymdeithas yn gyffredinol yn ei alw'n gyfreithiol, yn foesegol neu'n foesol "anghywir" (er noder mai lluniad cymdeithasol yw'r cysyniad hwn a gall newid dros amser), ac rydyn ni bellach yn dal ein hunain yn gyfrifol ac yn teimlo'n euog am yr ymddygiad hwn. Yn y rhan fwyaf o ddiwylliannau, er enghraifft, mae anffyddlondeb yn cael ei ystyried yn ymddygiad annerbyniol mewn cymdeithas yn gyffredinol, a gall rhywun sy'n anffyddlon deimlo'n euog am yr ymddygiad hwn neu effaith yr ymddygiad hwn.

2. Rydyn ni'n credu (persbectif) ein bod ni wedi gwneud rhywbeth o'i le neu wedi methu mewn rhyw ffordd, ac yn ystyried ein hunain ar fai ac felly yn teimlo'n euog (mae hyn yn ymwneud â'n canfyddiad o gamwedd yn hytrach na chamwedd wironeddol wrthrychol). Er enghraifft, mae "Dwi'n teimlo'n euog oherwydd i fi fethu ag atal chwalfa fy mhriodas" yn gred neu'n bersbectif o'r sefyllfa, ond mae hi'n debygol fod yna ffactorau mwy cymhleth ar waith sydd wedi effeithio ar gyflwr y briodas; y gwir amdani yw mai rhyngweithio rhwng dau berson yw priodas, a bod gan y ddau gyfrifoldeb i gyfrannu at wneud i'r briodas weithio, a dan rai amgylchiadau elli di ddim achub y sefyllfa waeth pa mor galed y byddi'n trio.

SUT MAE EUOGRWYDD YN TEIMLO?

A bod yn blwmp ac yn blaen, mae teimlo'n euog yn deimlad cachu. Yn debyg i gywilydd, gall euogrwydd fod yn emosiwn anhygoel o anodd i'w brofi; gall dy lethu'n llwyr, ac weithiau gall deimlo fel pe bai'n dy lyncu'n gyfan gwbl neu'n meddiannu dy fywyd. Hyd yn oed os wyt ti'n gwybod yn dy galon mai dyma'r opsiwn gorau i dy deulu, dydy hynny ddim yn gwneud delio â'r teimlad hwn yn ddim haws.

Gall euogrwydd wneud i ti deimlo ar bigau'r drain, yn flin neu'n orbryderus; gall hefyd achosi symptomau corfforol fel cur pen, insomnia a phroblemau stumog. Os bydd dy broblemau gydag euogrwydd yn troi'n gronig, mae'n bosib y byddi'n datblygu problemau iechyd meddwl eraill, fel gorbryder neu iselder (gweler y penodau diweddarach). Yn anffodus, fel gyda phob emosiwn, does yna ddim ffordd hudol o gael gwared ar euogrwydd; fodd bynnag, mae yna ffyrdd i ddelio ag euogrwydd i'w atal rhag meddiannu ein bywydau.

> Y peth oedd yn gwneud i fi deimlo'n fwyaf euog oedd na fyddai gan fy mab ddau riant mewn perthynas gariadus. Roedd hynny'n fy ngwneud i'n drist, ac fe fyddwn i'n dioddef insomnia. Wrth i amser fynd rhagddo, dwi wedi dysgu delio â'r euogrwydd hwn drwy ddadansoddi pam dwi'n teimlo'n euog am fethu cynnig cartref dau riant i'r mab. Dros amser (ac mae'n aml yn cymryd amser), dwi wedi dod i delerau â'r ffaith nad yw ei dad a finnau bellach mewn perthynas, felly dydw i ddim yn gallu cynnig aelwyd dau oedolyn iddo fe. Roedd yr euogrwydd yn tarddu o'r syniad oedd gen i am beth fyddai orau i fy mab. Credu y dylai fod mewn cartref dau riant oedd hynny, felly roedd angen i fi ddadansoddi pam 'mod i'n credu mai'r drefn honno fyddai'r opsiwn gorau iddo. Yr ateb oedd edrych ar realiti'r sefyllfa, sef nad

> oedd ei dad a finnau mewn perthynas dda, ac y gallai dal gafael arni fod wedi achosi mwy o broblemau i ni'n tri yn yr hirdymor. Mae ei dad yn gallu cynnig cartref dau riant iddo gyda'i gariad ar hyn o bryd, ac mae'n bosib y galla i wneud yr un peth rhyw ddiwrnod; ond fel y mae hi, mae cartref un rhiant yn teimlo'n berffaith i ni ar hyn o bryd **Amy**

STRAEON AM EUOGRWYDD WRTH FYW FEL MAM SENGL

Isod mae rhestr o brofiadau cyffredin o euogrwydd sy'n taro mamau sengl; fodd bynnag, er bod y rhain yn sefyllfaoedd cyffredin lle mae pobl yn sôn am *deimlo'n* euog, dydy hynny *ddim* yn golygu eu *bod* nhw'n rhesymau i deimlo'n euog.

- Pan fydd yn rhaid sôn wrth eich plant eich bod chi'n gwahanu
- Pan nad wyt ti'n darparu aelwyd dau riant/"teulu" nodweddiadol i'r plentyn/plant
- Pan nad wyt ti'n gallu gwneud gweithgareddau dau riant/teulu, gwyliau, Nadolig
- Oherwydd mai ti adawodd y berthynas
- Oherwydd dy fod yn meddwl na wnest ti ddigon o ymdrech i achub y berthynas
- Oherwydd dy fod yn beio dy hun mewn rhyw ffordd am y sefyllfa
- Oherwydd dy fod yn meddwl na wnest ti wneud "dewis da" o ran rhiant y plentyn
- Oherwydd nad wyt ti'n ymdopi
- Oherwydd dy fod yn poeni am effaith y berthynas yn chwalu ar y plant
- Oherwydd dy fod yn flinedig neu'n bigog gyda'r plant

- Oherwydd dy fod yn teimlo nad wyt ti'n gwneud digon gyda'r plant (amser chwarae, straeon amser gwely, sylw cadarnhaol, gwaith ysgol, hobïau)
- Oherwydd dy fod yn teimlo'n bigog gyda ffrindiau pan nad ydyn nhw'n deall y pwysau ar riant sengl
- Oherwydd na elli fynychu digwyddiadau i'r plant; er enghraifft, digwyddiadau ysgol, oherwydd ymrwymiadau gwaith
- Os yw dy blentyn yn cael ei fwlio am fod o deulu un rhiant
- Oherwydd nad wyt ti'n gallu cynnal dy blant yn ariannol yn yr un ffordd ag y gwnest ti pan oedd incwm dau riant
- Oherwydd bod yn rhaid i ti ddibynnu ar bobl eraill am help, cymorth neu gyllid
- Pan fyddi'n mynd allan ac yn gwneud pethau er dy fwyn di, neu'n rhoi dy hun yn gyntaf
- Am beidio â mwynhau "amser rhydd" neu am gael hynny'n anodd

EUOGRWYDD OHERWYDD PETHAU MAE'R PLANT YN EU DWEUD

Gyda newid mor fawr i'r drefn deuluol, mae'n siŵr y bydd gan dy blentyn rai cwestiynau anodd i ti. Fe allai hefyd ddweud neu wneud sylwadau diniwed am bethau sy'n dy daro di ar unwaith gydag euogrwydd a thristwch aruthrol. Os ydyn nhw'n ifanc, dydy blant ddim yn mynd i ddeall natur gymhleth perthnasoedd oedolion, a'r cyfan maen nhw'n ei weld yw nad yw eu rhieni gyda'i gilydd mwyach. Mae'r hyn maen nhw wedi arfer ag e dros y blynyddoedd yn newid yn sydyn, ac mae'n frawychus neu'n ddryslyd iddyn nhw, felly maen nhw'n siŵr o ofyn cwestiynau neu siarad am y peth er mwyn ceisio deall beth maen nhw'n ei weld a'i brofi. Y cwestiynau neu'r datganiadau hyn fydd eu ffordd nhw o fynegi sut maen nhw'n teimlo – *anaml y bydd hyn yn enghraifft o dy blentyn yn ceisio gwneud i ti deimlo'n euog*. Fodd bynnag, mae'n hawdd teimlo'n euog iawn.

EUOGRWYDD

Chwalodd perthynas **Tanwen** yn ddiweddar iawn.
"Does dim byd yn torri 'nghalon i'n fwy na gweld y dagrau yn ei lygaid wrth iddo ddweud ei fod e'n colli Dad pan mae e yma ac yn fy ngholli i pan mae e gyda'i dad. Dwi'n casáu'r syniad o chwalu ei fywyd, ein bod ni wedi rhwygo'i fyd bach e'n ddau."

Mae euogrwydd Tanwen yn teimlo mor real – ac mae'n ddigon dealladwy i ryw raddau. Mae teimladau ei phlentyn o dristwch a cholled yn ddilys ac yn real, wrth gwrs – ond mae'r teimladau hyn ar wahân i deimladau Tegan o euogrwydd, sef y teimladau mae hi'n eu cyfrannu i'r sefyllfa. Does dim angen i Tegan gario baich emosiynol euogrwydd. Serch hynny, un ffordd sydd yna i roi'r gorau i gario'r euogrwydd hwnnw, a honno'n ffordd anodd ond yn sydd *yn* angenrheidiol – mae angen i ti dreulio amser gyda meddyliau a loes dy blentyn heb droi'r geiriau hynny yn deimladau o euogrwydd. Fe fyddwn ni'n trafod sut i wneud hyn nes ymlaen yn y bennod.

Roedd **Cerys** yn teimlo'n euog pan fyddai ei phlant yn siarad am y gwahanu neu am yr hyn roedden nhw'n ei golli.
"Mi fyddai fy mhlant yn dweud pethau fel 'Pam nad wyt ti a dad efo'ch gilydd rŵan?', neu 'Dwi'n gweld colli fy hen lofft, mi oedd hi gymaint mwy'. Ar un adeg, mi wnaeth fy mhlentyn hynaf dynnu llun calon yn y stêm ar y gawod, a sgwennu 'Mami' a 'Dadi' yn ei chanol hi. Doedd o ddim yn siaradwr mawr, ac weithiau mi oedd fy euogrwydd i'n tarddu o'r hyn nad oedd o'n ei ddweud. Mi oeddwn i'n poeni'n gyson am yr hyn nad oedd yn ei ddweud am y gwahanu ond o bosib yn ei feddwl, wedyn yn teimlo'n euog am hynny."

Fy fydd yna adegau pan fydd dy blentyn fel pe bai'n ceisio gwneud i ti deimlo'n euog yn fwriadol. Er na allwn gyffredinoli am bob sefyllfa a phob plentyn, gall fod yn ddefnyddiol cadw hyn mewn cof: er y gall deimlo fel hyn, efallai nad dyna'n union beth sy'n digwydd. Mae'n bosib y bydd plentyn yn ddig, wedi ei frifo, yn ofnus a mwy yn ystod y trawsnewid o fod yn deulu dau riant i fod yn deulu un rhiant. Yn dibynnu ar eu hoedran a'u dealltwriaeth, mae'n bosib y byddan nhw'n dygymod â'u galar a'u colled eu hunain, ar eu lefel ddatblygiadol, sy'n golygu y bydd eu dealltwriaeth o'r sefyllfa neu'r emosiynau sy'n codi yn gyfyngedig. Fel rhan o hynny hefyd, fe fydd rhai plant yn ymddwyn yn ymosodol oherwydd dicter a loes, ac yn dweud pethau sy'n gwneud i ti deimlo'n ofnadwy o euog. Mae'n bosib nad dyna yw eu bwriad go iawn, ond eu bod nhw'n brifo i'r byw a dy fod yn darged diogel i'w llid.

Fodd bynnag, gall datganiadau fel "Dy fai di yw hyn. Dy fai di yw hi fod Dad wedi gadael achos bod ti ddim yn neis iddo fo", neu "Mae Mam yn dweud bod gen ti gariad newydd a dyna pam dydy Mam ddim yn gallu bod yma", neu eiriau tebyg, fod yn wirioneddol ofidus i'w clywed. Maen nhw'n waeth fyth os yw'r berthynas gyda dy gyn-bartner wedi dirywio i'r pwynt lle nad yw'n gyfeillgar neu'n gwrtais, a dy fod ti neu dy gyn-bartner wedi dweud pethau annheg am eich gilydd o flaen eich plentyn, bod anffyddlondeb wedi codi ei ben ac ati. Neu efallai bod dy blentyn wedi clywed rhywbeth yn ystod ffrae, a naill ai wedi rhoi dau a dau at ei gilydd neu wedi camddeall beth mae wedi'i glywed.

Beth bynnag yw'r sefyllfa, a hyd yn oed os yw dy blentyn yn ceisio gwneud i ti deimlo'n euog (ac mae angen lefel ddatblygiadol uwch i wneud hynny nag sydd gan y rhan fwyaf o blant iau), mae'n rhaid bod dy blentyn yn dioddef cyn iddo ymateb felly, ac mae'n bwysig cofio hynny. Ceisia roi amser a lle i eistedd gyda dy blentyn, gwrando ar ei emosiynau a'i feddyliau a'u dilysu, a rhoi digon o gyfle iddo drafod a phrosesu sut mae'n teimlo.

Delio â Chwestiynau Anodd

Mae plant yn ddi-ddal ac yn gofyn cwestiynau anodd o bryd i'w gilydd, fel pam na all dau riant ddod yn ôl at ei gilydd. Gall y cwestiynau hynny dy daro yn gwbl ddirybudd, ond dyma rai ffyrdd o ymateb iddyn nhw.

- C: Mam, pam na elli di a Dad fyw efo'ch gilydd eto?
- A: Mi oedd Mam a Dad yn byw efo'n gilydd pan oedden ni mewn perthynas, ond dydyn ni ddim mwyach, felly mi ydyn ni'n byw mewn tai gwahanol rŵan.
- C: Pam wnest ti a Dad wahanu?
- A: Fe wnaeth Dad a fi benderfynu nad oedden ni eisiau bod mewn perthynas mwyach. Weithiau mae pobl yn penderfynu ei bod yn well bod yn ffrindiau, neu eu bod nhw'n gwneud ei gilydd ychydig yn drist ac yn flin, felly mae'n well iddyn nhw fod ar wahân yn lle hynny.
- C: Wyt ti'n meddwl y byddi di a Dadi byth gyda'ch gilydd eto?
- A: Na, fyddwn ni ddim, mae'n ddrwg gen i.
- C: Dwi eisiau i ti a Dad ddod yn ôl at eich gilydd.
- A: Mae gen i ofn na fyddai hynny'n gweithio i ni, ond dwi'n deall dy fod ti eisiau hynny. Wyt ti eisiau siarad mwy am bethau? (Gwranda arno, a bydd yn empathig a chefnogol.)

EUOGRWYDD OHERWYDD YR EFFAITH AR Y PLANT

Mae'n gyffredin profi euogrwydd pan fyddi'n meddwl am sut gall gwahanu a bywyd un rhiant effeithio ar y plant. Fe allet ti deimlo hyn os yw dy blant yn ymddangos yn iawn ai peidio.

Dyma **Menna** *yn esbonio sut y byddai'n meddwl am y ffordd fyddai'r gwahanu yn newid bywydau ei phlant, a'r teimladau o euogrwydd roedd hynny'n eu sbarduno ynddi.*

"Mi fyddwn i'n poeni (ac yna'n teimlo mor euog) a fydden nhw'n dioddef yn seicolegol wrth dyfu i fyny mewn cartref un rhiant, drwy weld eu tad yn llai aml, neu drwy orfod ymdopi efo byw mewn dau dŷ ac efo llysdeuluoedd ac ati. Mi fyddwn i'n meddwl sut byddai'n effeithio ar eu gallu i gael perthynas yn eu dyfodol. Mi fyddwn i'n meddwl am y ffaith fod yn rhaid iddyn nhw ddelio â hyn yn y lle cyntaf ac yn beio fy hun. Mi fyddwn i'n sylwi ar yr holl feddyliau a theimladau hyn yn codi pan oedd yna ddigwyddiadau cymdeithasol a nhw oedd yr unig blant heb ddau riant yno. Ac, i fod yn onest, mi oedd yr holl feddyliau a theimladau hyn yn codi er bod fy mhlant yn rhoi'r argraff eu bod nhw'n ymdopi'n dda iawn!"

EUOGRWYDD WRTH WELD AELWYDYDD DAU RIANT

Wrth i blant ifanc dyfu i fyny a gweld mwy a mwy o aelwydydd dau riant. Mae'n bosib y byddan nhw'n teimlo'n drist neu'n ddryslyd am nad oes ganddyn nhw hynny, ac fe allai achosi gofid, gyda hynny'n gwneud i ti deimlo'n euog. Fe allai gweld aelwydydd dau riant wneud i ti deimlo'n euog hefyd, wrth i hynny dy atgoffa o'r hyn nad oes gan dy blentyn mwyach.

Mae **Annest** yn teimlo'n euog pan mae hi a'i mab yn gweld teuluoedd gyda'i gilydd.

"Yn aml, fi ydy'r unig fam yn sesiynau pêl-droed fy mab. Yn ystod un gêm, mi wnaeth o ofyn pam mai fi oedd yr unig riant ar yr ystlys tra bod tadau pawb arall yna."

Er nad yw Annest yn haeddu teimlo'r euogrwydd hwn, dyna yw ei hymateb naturiol pan fydd ei mab yn gofidio am rywbeth a hithau'n methu dod o hyd i ffordd o leddfu hynny neu wneud iddo deimlo'n well.

EUOGRWYDD AM GAEL "AMSER RHYDD"

Yn ogystal â'r euogrwydd sy'n gallu codi ei ben pan fydd dy blentyn yn gorfod mynd i gartref y rhiant arall neu ddygymod â bywyd ar ddwy aelwyd, mae yna euogrwydd yn codi hefyd sy'n gysylltiedig â'r "amser rhydd" sydd ar gael i ti'n sydyn iawn.

Euogrwydd am fod yr amser rhydd hwn ddim ond ar gael oherwydd dy fod ti wedi gwahanu, neu euogrwydd ynglŷn â defnyddio'r amser yn ddoeth, neu am ei fwynhau neu ei werthfawrogi ddigon. Mae hyd yn oed yn bosib i ti deimlo'n euog am nad yw'r amser rhydd hwn ar gael i famau eraill rwyt ti'n eu hadnabod sy'n byw ar aelwydydd dau riant!

Mae'n bwysig cofio nad "amser rhydd" yw hwn, yn union fel nad "gwyliau" yw bod ar absenoldeb mamolaeth. Amser heb eich plant yw hwn, wrth iddyn nhw dreulio amser gyda'u rhiant arall oherwydd eich bod chi bellach wedi gwahanu; nid amser rhydd haeddiannol i ti ofyn amdano, er bod modd i ti ddysgu ei fwynhau a'i werthfawrogi gydag amser.

*Mae **Elliw** yn cael trafferth ymdopi pan fydd ei phlentyn yn aros yn nhŷ ei thad.*

"Mae ffrindiau sydd ddim yn rhieni sengl yn tynnu sylw at y ffaith 'mod i'n cael amser i ffwrdd bob wythnos, sy'n gwneud i fi deimlo'n euog am beidio â'i fwynhau, ond i fi, y cyfan yw'r amser hwnnw yw'r adeg pan mae fy merch yn mynd i chwarae tŷ bach twt gyda'i thad a rhywun sydd ddim yn fam iddi hi. Wnes i ddim dewis bod yn fam ran-amser na dewis rhannu fy mhlentyn gyda llys-fam. Y gwir yw, dwi'n cysgu'n llawer gwaeth pan mae hi i ffwrdd na phan mae hi yma gyda fi!"

Er bod teimlo'n euog bod dy blentyn yn treulio amser mewn tŷ gwahanol yn ddigon cyffredin, mae hefyd yn torri i mewn i'r amser sydd ar gael i ti ofalu amdanat ti dy hun a gwneud pethau ar dy gyfer di. Yn ddelfrydol, fe fyddai'r amser hwn yn cael ei dreulio yn rhoi seibiant haeddiannol i ti dy hun – cyfle am adferiad corfforol a meddyliol.

Dyma ddisgrifiad **Cerys** o'i phrofiad hi:
"Mi wnes i ddechrau casáu'r 'amser i ffwrdd' pan oedd y plant yn eu cartref arall. Mi oeddwn i'n teimlo'n euog am beidio â'i fwynhau'n iawn, ac yn euog fod fy mhlant yn gorfod treulio eu penwythnosau mewn gwahanol gartrefi. Dros amser, mi wnes i ddod i arfer efo hynny a dechrau bod yn dda am wneud cynlluniau a defnyddio'r amser i fi fy hun. Ond wedyn mi fyddwn i'n teimlo'n euog pan fyddai digwyddiad i'r plant yn codi yn ystod fy 'amser i ffwrdd' pan oedd gen i gynlluniau, felly mi fyddai yna wrthdaro rhwng penderfynu a ddylwn i ganslo fy nghynlluniau i neu gario 'mlaen, gan wybod bod eu rhiant arall efo nhw, a bod hynny'n iawn. Yn rhesymegol, mi oeddwn i'n gwybod nad oedd dim byd yn bod ar beidio â chanslo, ond mi fyddwn i hefyd yn teimlo'n ofnadwy o euog pe na bawn i'n penderfynu gwneud hynny."

EUOGRWYDD AM JYGLO

Yna mae'r frwydr oesol o jyglo dy amser rhwng gwahanol bobl. Yn enwedig os wyt ti'n dechrau perthynas newydd gyda rhywun. Rydyn ni'n aml yn ceisio cadw cymaint o wahanol blatiau yn troi ar yr un pryd, fel magu plant, gweithio, glanhau, cymdeithasu a hyd yn oed dêtio. Weithiau, mae'r cyfan yn mynd yn ormod, a ninnau'n teimlo wedi ein llethu.

Pan fyddai **Anwen** yn dechrau perthynas, roedd hi'n aml yn teimlo fel pe bai hi'n siomi rhywun.
"Pan oeddwn i gydag Esme, fy nghariad ar y pryd, roeddwn i'n cael fy rhwygo'n gyson rhwng fy mherthynas â hi a fy mhlant. Yn teimlo na allwn i roi fy ngorau iddi hi ac iddyn nhw. Os oeddwn i'n treulio gormod o amser gydag Esme,

roeddwn i'n gwneud tro gwael â'r plant, ac os oeddwn i'n treulio llawer o amser gyda'r plant, fe fyddai Esme yn cwyno nad oeddwn i'n rhoi sylw iddi hi."

Mae cael trafferth i gydbwyso dy berthynas â dy bartner a'r berthynas â dy blant yn cysylltu â theimladau o euogrwydd a dy fod byth a hefyd yn siomi rhywun. Ddylet ti byth orfod teimlo bod yn rhaid i ti ddewis rhwng dy blant a rhywun arall; os yw hyn yn digwydd, mae angen i ti feddwl eto am y bobl rwyt ti'n treulio amser yn eu cwmni, a cheisio deall ydy'r rhain yn berthnasoedd gwerth eu cadw.

EUOGRWYDD AM DDEWIS Y PERSON ANGHYWIR I RANNU DY FYWYD

Fe allai dy euogrwydd fod wedi deillio o dy benderfyniadau di dy hun. Os oeddet ti mewn perthynas wael, fe allet ti deimlo'n euog am ddewis y person hwnnw i ddechrau teulu gydag e. Yn anffodus, rydyn ni'n dda iawn am feio'n hunain! Wrth gwrs, ti sy'n gyfrifol am dy weithredoedd dy hun, ond dwyt ti ddim yn gyfrifol am sut mae rhywun arall yn ymddwyn o gwbl. Os dechreuest ti berthynas â rhywun wnaeth ymddwyn yn wael maes o law, wnest ti ddim dewis iddyn nhw dy drin yn wael, wnest ti ddim dewis iddyn nhw dy dwyllo di, wnest ti ddim dewis anhapusrwydd a dwyt ti ddim yn gyfrifol am eu hymddygiad. Yr hyn wnest ti ei ddewis oedd troi cefn ar y berthynas honno. Waeth a lwyddaist ti i adael yn gyflym neu dy fod yn teimlo dy fod wedi aros yn rhy hir (wrth edrych yn ôl), ddylai hynny ddim effeithio ar sut rwyt ti'n teimlo amdanat ti dy hun, oherwydd yr un yw'r canlyniad. Mae'r berthynas y tu ôl i ti! Da iawn ti!

*Roedd **Glesni** mewn perthynas gamdriniol, ac er ei bod hi'n cael trafferth gydag euogrwydd, nid y ffaith ei bod hi bellach yn fam sengl oedd i gyfrif am hynny, ond y ffaith ei bod hi'n teimlo ei bod wedi aros yn y berthynas honno yn rhy hir.*

"Dwi'n teimlo'n euog 'mod i wedi dewis dyn drwg i dreulio cymaint o fy mywyd mewn perthynas efo fo, am beidio â chymryd y rhybuddion o ddifri, am fethu sefyll yn gadarn. Dwi'n dal i gael fy mhlagio wrth feddwl am rai o'r adegau pan ddylwn i fod wedi bod â mwy o ffydd ynof fi fy hun – neu ddal fy nhir – yn enwedig ar ddiwrnodau pan mae fy hwyliau'n isel neu os yw fy hunanwerth wedi dioddef."

EUOGRWYDD AM BEIDIO Â CHAEL PLENTYN ARALL

Rheswm arall dros deimlo'n euog yw'r teimlad nad wyt ti mewn sefyllfa i roi brawd neu chwaer i dy blentyn. Er ein bod ni wedi cyffwrdd â'r pwnc hwn yn y bennod ar alar, mae hefyd yn berthnasol iawn yma. Anaml y bydd bywyd yn dilyn unrhyw gynllun a oedd gennym yn ein pen – pan oedden ni'n iau, doedd dim llawer ohonon ni wedi disgwyl dod yn famau sengl! Mae'n bosib y byddi'n teimlo'n anhapus wrth feddwl y bydd dy blentyn yn unig blentyn am byth, neu fod dy blentyn yn mynd i fod yn treulio amser gyda theulu arall am gyfran o'r blynyddoedd i ddod.

*Mae **Fflur** yn teimlo'n debyg.*

"Mae'n gas gen i ei fod o'n unig blentyn, ac o feddwl, pe bai yna fwy o blant yn y dyfodol, y byddai o'n symud rhwng dwy aelwyd, yn wahanol i unrhyw blant eraill fyddai yma. Mae yna lot o euogrwydd, ond dwi'n ceisio ei fygu achos mi fyddai bywyd yn llawer gwaeth pe bawn i wedi aros efo fy nghyn-bartner."

Mae'r ffaith fod Fflur yn gallu gweld ei heuogrwydd am beth ydy o, a sylweddoli bod ei bywyd yn llawer gwell heb y berthynas honno, yn help iddi symud ymlaen. Drwy feddwl am yr hyn sy'n gwneud i ni deimlo'n euog a pham, gallwn ddechrau gweithio drwy'r euogrwydd. Fodd bynnag, fe fyddai'n wych pe bai Fflur yn rhoi'r gorau i fygu ei heuogrwydd, neu *unrhyw* emosiwn arall, a'i bod yn lle hynny yn dod o hyd i ffyrdd i'w brosesu a gollwng gafael arno.

Euogrwydd pennaf **Rhiannon** *yw na all roi brawd neu chwaer i'w merch.*

"Doeddwn i erioed eisiau unig blentyn, ond dwi'n 43 ac yn sengl, a dyw hynny byth yn mynd i ddigwydd nawr. Fe fyddwn i wir wedi hoffi gwneud pethau ychydig yn wahanol (fel bod mewn perthynas hapus) a chael mwy o blant."

EUOGRWYDD AM DDIBYNNU AR GEFNOGAETH

Beth bynnag oedd yr amgylchiadau a arweiniodd at ddod yn fam sengl, gall gofyn am gefnogaeth fod yn anodd. Mae'n bosib y byddi'n teimlo mai dy gyfrifoldeb di yw dy blentyn di, ac na ddylai neb arall deimlo'r angen i helpu.

A hithau'n feichiog yn 18 oed a ddim mewn perthynas â'r tad, roedd angen cefnogaeth ar **Annest** *o'r eiliad y cafodd ei mab ei eni.*

"Pan gafodd ei eni, roeddwn i'n teimlo mor euog yn gofyn i Mam neu fy chwaer i warchod. Mi oeddwn i'n teimlo mor euog, a doeddwn i ddim hyd yn oed yn gallu mwynhau'r amser hwnnw ar fy mhen fy hun."

Er bod Annest yn teimlo na ddylai orfod gofyn i eraill ei helpu, roedd ei theulu hi i gyd yn barod ac yn falch iawn o allu gwneud hynny.

EUOGRWYDD AM ORFOD GWEITHIO

Waeth a wyt ti'n gweithio am resymau gyrfaol neu ariannol, neu ddim ond er mwyn cael ychydig o amser i ti dy hun, i wneud y pethau sy'n gwneud i ti deimlo fel ti, rydyn ni'n dal i lwyddo i wneud i'n hunain deimlo'n euog! Er y byddai'n wych gallu treulio llawer o amser gyda'n plant, mae'n rhaid i ni ennill ein bara menyn i'w cynnal nhw. Dydy teimlo'n euog oherwydd bod rhaid i ni fynd allan i weithio o ddim lles i'n hiechyd meddwl. Gall arian fod yn dynn wrth newid o fod yn aelwyd dau riant i fod yn aelwyd un rhiant, ac mae'n bosib y bydd angen i ti weithio oriau hwy neu fanteisio ar y system budd-daliadau. Ond beth bynnag wnawn ni, byddwn yn dal i deimlo'n euog am hynny!

Mae **Rhian** yn uwch-ffisiotherapydd amser llawn mewn uned gofal dwys brysur.

"Mi wnes i weithio drwy'r cyfnod clo, dwi'n gweithio shifftiau ar alwad dros nos a dwi'n gweithio wythnosau hir. Dwi'n llwyr ddibynnol ar fy rhieni am ofal plant y tu allan i oriau ysgol, a dwi'n teimlo'n ofnadwy os ydw i'n colli rhywbeth sy'n gysylltiedig â'r ysgol neu'n colli cyfle i wneud rhyw weithgaredd hwyliog efo fo. Dwi'n teimlo'n euog 100 y cant o'r amser."

Mae **Rhiannon** yn dweud bod esbonio'r sefyllfa ariannol mewn termau syml i'w merch yn helpu.

"Mae'n anodd bod yn rhiant sengl o ran arian ac amser ... ond dwi wastad yn dweud wrth fy merch bod yn rhaid i fi weithio er mwyn i ni allu gwneud pethau neis, ac mae fel pe bai'n hapus gyda hynny."

Mae **Anwen** hefyd yn cael trafferth jyglo gwaith o amgylch gofal plant.

"Dwi gartref achos does gen i ddim gofal plant ar hyn o bryd, felly mae'n rhaid i fi wneud fy ngwaith o gartref.

EUOGRWYDD

Ond pan mae gen i ofal plant, dwi'n teimlo'n euog am ei ddefnyddio! Fe wnes i glywed rhywun yn holi unwaith, pam mae pobl yn cael plant os ydyn nhw'n cael rhywun arall i ofalu amdanyn nhw drwy'r amser. Does dim ennill i'w gael gydag euogrwydd!"

Fe fyddai'n braf meddwl nad oes llawer yn rhannu'r farn na ddylet ti gael plant os wyt ti'n gorfod trefnu gofal ar eu cyfer; rydyn ni'n tybio bod gan bobl sy'n meddwl felly bwll diwaelod o arian ac nad ydyn nhw erioed wedi gorfod ennill cyflog i gynnal eu teulu. Lwcus iawn, ynte?

EUOGRWYDD AM ARIAN

Mae'n gallu bod yn anodd peidio â theimlo'n euog wrth weld teuluoedd eraill yn mwynhau teithiau a gweithgareddau drud. Mae llawer llai o bethau'n bosib i gartref un incwm eu gwneud, a holl dreuliau byw o ddydd i ddydd yn golygu nad oes dim ar ôl i'w wario ar wyliau neu brofiadau teuluol. Gall hefyd frifo i'r byw pan fydd dy blentyn yn gallu gwneud pethau hwyliog gyda'i riant arall, ond nid gyda ti.

> Dyma **Elliw** i esbonio:
> "Mae'n fy nharo i taw fi sy'n gwneud y gwaith magu plant caled, wedyn mae 'Dad Disneyland' yn troi lan gyda thegan newydd neu'n mynd â hi i rywle difyr am y dydd, ac mae hi'n edrych arno fe fel tase fe'n rhyw fachan anhygoel."

Os nad wyt ti'n gyfarwydd â'r ymadrodd, mae 'rhiant Disneyland' yn cyfeirio at riant sy'n rhoi llawer o anrhegion, gwyliau a theithiau hwyliog i'r plentyn wrth i'r rhiant arall orfod delio â'r gwaith o fagu plant o ddydd i ddydd a phethau mwy cyffredin fel disgyblaeth a gwaith cartref. Mae'n rhaid i ti ymatal rhag cystwyo dy hun. Waeth pam wyt ti'n teimlo'n euog, dwyt ti ddim yn haeddu cael dy gosbi am hynny. Rwyt ti'n gwneud dy orau glas mewn sefyllfa anodd, ac mae dy orau glas yn mynd i fod yn fwy na digon.

EUOGRWYDD AM GAEL TRAFFERTH GYDA MAGU PLANT

Fel mam sengl, mae'n bosib y byddi'n lluddedig, yn cael dy orweithio, dan straen, wedi ymlâdd neu byth â digon o oriau yn y dydd. Gall hynny effeithio ar sut byddi'n magu dy blant. Efallai y byddi'n gysglyd, yn biwis, a heb ddigon o amser i eistedd i lawr a chwarae gêm neu wylio'r teledu gyda'ch gilydd. Efallai y byddi'n dewis mwy o brydau parod neu brydau tecawê nag y byddet yn ei ddymuno. Efallai na fyddi'n gallu helpu gyda gwaith cartref neu ddarllen gyda dy blentyn oherwydd dy fod mor, mor flinedig. Gall hyn oll arwain at deimlo'n euog: "Dydw i ddim yn magu fy mhlentyn yn iawn", "Dydw i ddim yn gwneud hyn yn ddigon da".

> Dyma oedd gan **Cerys** i'w ddweud am hynny:
> "Mi oeddwn i'n aml yn rhuthro o gwmpas fin nos, yn gwneud cant a mil o dasgau, neu'n ceisio ymateb i negeseuon. Doeddwn i ddim yn teimlo 'mod i'n rhoi unrhyw amser o safon i'r plant, ac mi fyddwn i mor flinedig erbyn amser gwely fel bod darllen stori yn mynd i'r gwellt ac mi fyddwn i'n mynd i'r gwely yn teimlo mor euog."

BETH YW DIBEN EUOGRWYDD?

Os ydyn ni'n meddwl am swyddogaeth euogrwydd o ran esblygiad, pam ydyn ni'n profi euogrwydd a sut mae'n ein helpu ni?

Drwy wneud i ni deimlo'n wael, mae euogrwydd yn tynnu sylw at ymddygiad problemus neu sefyllfa sydd wedi

EUOGRWYDD

digwydd, ac yn ein gwneud ni'n ymwybodol y gallwn ni wneud rhywbeth i wella'r sefyllfa, ei datrys neu wneud yn siŵr nad yw'n digwydd eto. Os ydyn ni'n gweithredu ar yr ymwybyddiaeth hon, gall fod o fudd i ni ac i eraill, a'n helpu nid yn unig i ddatrys neu wella sefyllfaoedd problemus ond hefyd i ddatrys yr euogrwydd. Ond os ydyn ni'n caniatáu i euogrwydd fod yn bresennol heb ei reoli a'i herio, y cyfan sy'n digwydd yw ei fod yn cronni a'n bwyta ni'n fyw, ac yn effeithio ar ein hiechyd meddwl. Dydy euogrwydd ddim wedi'i gynllunio i fod yno am byth. Mae wedi'i gynllunio i fod yn bresennol, i'n helpu ni ac i ni ollwng ein gafael arno.

Euogrwydd Cyfeiliornus

Gall euogrwydd cyfeiliornus ddigwydd pan fyddwn ni'n profi euogrwydd mewn ffordd sy'n anghymesur â'r sefyllfa, neu pan fydd gennym ymdeimlad gormodol o gyfrifoldeb neu fai am y sefyllfa sy'n arwain at yr euogrwydd. Euogrwydd cyfeiliornus yw llawer o'r euogrwydd sy'n cael ei brofi gan famau sengl.

SUT I REOLI A GORESGYN EUOGRWYDD

Mae euogrwydd, fel cywilydd, yn emosiwn anodd i'w brosesu, ei ryddhau ac i ollwng gafael arno. Fodd bynnag, mae yna adnoddau a strategaethau sy'n gallu helpu.

SYLWI

Dysga sylwi pan fydd euogrwydd yn codi ei ben; rho enw i'r emosiwn, a nodi lle yn dy gorff rwyt ti'n ei deimlo a sut mae'n gwneud i ti fod eisiau cyfathrebu ac ymddwyn. Pan fyddi'n sylwi arno, bydd hynny'n dy helpu i wneud dewisiadau ynglŷn â sut rwyt ti am ymateb i'r euogrwydd a sut i'w ffrwyno a'i reoli.

Sylwa ar beth sy'n sbarduno dy euogrwydd, h.y. y sefyllfaoedd sy'n aml yn gwneud i ti deimlo'n euog, a chyfarwyddo â nhw. Os wyt ti'n ymwybodol ohonyn nhw, fe fydd hyn yn dy helpu i fod yn barod i ddefnyddio strategaethau i leddfu'r teimladau hynny wrth iddyn nhw ymddangos.

DEALL

Treulia ychydig o amser yn ceisio deall dy euogrwydd. Am beth wyt ti'n teimlo'n euog? Pa feddyliau sy'n gwibio trwy dy feddwl am dy hun, dy blant, dy orffennol, dy ddyfodol, dy bresennol? Pa agweddau ar y sefyllfa sy'n gwneud i ti deimlo'n euog? O ble mae'r euogrwydd hwn yn dod – ai o dy safbwyntiau di, neu o safbwyntiau (tybiedig neu go iawn) pobl eraill? Rho nhw ar bapur os gelli di. Bydd cofnodi'r meddyliau yn help mawr i ti fynd i'r afael â nhw'n fwy effeithiol.

CWESTIYNU

Cwestiyna neu ystyria dy feddyliau mewn ffyrdd newydd, gan gofio'r meddyliau â thuedd o dudalen 48. Gofyn i ti dy hun:

- "Ydy'r meddyliau a'r rhesymau sydd wrth wraidd yr euogrwydd yn deg, yn ddilys ac yn rhesymol? Neu ydw i'n neidio i gasgliadau, yn meddwl mewn ffordd ddu a gwyn, yn tybio bod pethau'n wir am y sefyllfa?"
- "Ai fi sydd ar fai/yn gyfrifol am y sefyllfa hon go iawn? Neu ydw i'n bod yn rhy llym, beirniadol a hunanfeirniadol?"
- "Ydy faint o euogrwydd dwi'n ei deimlo wir yn briodol ar gyfer y sefyllfa?"
- "Efallai 'mod i'n teimlo'n gyfrifol, ond ydw i'n gyfrifol go iawn? Wnes i fynd ati'n fwriadol i achosi'r sefyllfa hon?"
- "Pwy arall sy'n ymwneud â'r sefyllfa hon? Faint o gyfrifoldeb sydd ganddyn nhw?"

EUOGRWYDD

- "Ydy hi'n gwneud lles i fi ddal gafael ar yr euogrwydd hwn? Neu ydy hynny'n fy nal i'n sownd ac yn gwneud i fi deimlo'n ofnadwy?"
- "Alla i feddwl yn fwy rhesymol, teg a dilys am y sefyllfa?"
- "Alla i faddau i fi fy hun a thrin fy hun gyda thosturi?"

GWEITHREDU

Ar ôl cwestiynu dy hun, beth mae hyn yn ei ddweud wrthyt ti am dy lefel go iawn o fai neu gyfrifoldeb? Os wyt ti'n teimlo bod angen i ti wneud iawn/ymddiheuro/gweithredu mewn perthynas â'r sefyllfa sy'n achosi'r euogrwydd, treulia ychydig o amser yn meddwl beth gelli di ei wneud.

Os wyt ti'n gyfrifol, mae'n werth i ti gydnabod hyn mewn ffordd mor wrthrychol â phosib a chanolbwyntio ar beth gelli di ei ddysgu o'r sefyllfa. Beth byddet ti'n hoffi ei wneud yn wahanol yn y dyfodol? Sut gallet ti osgoi gwneud y camsyniad hwn neu weithredu mewn ffordd benodol eto yn y dyfodol? Mae dysgu o'n camsyniadau yn strategaeth llawer mwy effeithiol na gwneud i'n hunain deimlo'n euog heb weithredu.

Wyt ti'n gallu gwahanu'r ymddygiad (beth ddigwyddodd) oddi wrth yr emosiwn (yr euogrwydd)? Mae'r ymddygiad neu'r sefyllfa wedi digwydd, a does dim modd ei newid; dydy'r euogrwydd yn gwneud dim byd bellach heblaw gwneud i ti deimlo'n wael. Fe elli di ddysgu o'r euogrwydd a/neu ganiatáu i ti dy hun gael maddeuant, a/neu fe elli di gydnabod bod yr euogrwydd hwn yn gyfeiliornus, neu'n anghymesur, neu'n ddiangen o lym ac yn ddi-fudd yn y pen draw.

Er mwyn maddau i ti dy hun, mae angen i ti drin dy hun yn hunan-dosturiol ac yn garedig wrth ystyried unrhyw gamsyniadau rwyt ti o bosib wedi eu gwneud, yn fwriadol neu fel arall. Atgoffa dy hun nad oes unrhyw ddiben i ti adael i euogrwydd fod yn bresennol heb ei herio neu heb weithredu ystyrlon. Dwyt ti ddim yn haeddu byw o dan gwmwl euogrwydd am byth. Does dim byd yn bod ar faddau i ti dy hun.

GOLLWNG GAFAEL AR EUOGRWYDD

Ar ôl i ti sylwi, deall a gweithredu i fynd i'r afael â dy euogrwydd, mae angen i ti ddod i'r casgliad ei bod hi'n iawn ac yn hen bryd i ti ollwng gafael arno. Mae caniatáu i ti dy hun wneud hynny yn rhan hanfodol o'r broses. Fe fydd hi'n anodd gwneud hynny os wyt ti'n dal i feddwl yn dawel bach dy fod yn haeddu hyn, y dylet ti fod yn teimlo'n euog, bod angen i ti deimlo'n euog. Felly hola ti dy hun – oes yna unrhyw beth sy'n dy rwystro rhag gollwng gafael ar yr euogrwydd? Oes yna unrhyw beth sy'n dy atal di? Os felly, dos yn ôl trwy'r camau uchod.

Gollwng gafael: Dyma'r nod – bod tro byddi di'n sylwi ar yr euogrwydd yn codi ei ben, dwed rhywbeth tebyg i hyn: "Dyma fo'r euogrwydd yn codi ei ben. Dwi'n gwybod ei bod hi'n hen bryd i fi ollwng fy ngafael arno fo, dydy o ddim yn fy helpu, a'r cyfan mae o'n ei wneud ydy gwneud i fi ddal ati i deimlo'n ddigalon ac yn sownd. Mae'n bryd gollwng gafael arno fo a rhoi'r gorau i gosbi fy hun." Yna dychmyga dy fod ti wir yn gollwng gafael ar yr euogrwydd – efallai yr hoffet ti ysgwyd dy hun yn dyner er mwyn cael gwared arno, neu ddychmygu ei weld yn cilio'n araf i'r awyr fel cwmwl. Paid â phoeni os nad yw'n diflannu'n llwyr – fe allai loetran am ychydig, ac mae hynny'n ddigon cyffredin. Y cyfan sy'n bwysig yw nad yw'n faich arnat ti. Mae eisiau i ti gydnabod ei fod yno a chanolbwyntio o'r newydd arnat ti, dy blant, dy fywyd, a'r peth ystyrlon nesaf rwyt ti am ei wneud.

Dros amser, mae'n bosib y bydd rhyw euogrwydd newydd yn codi ei ben a bydd angen i ti fynd drwy'r un camau eto. Mae hynny'n iawn. Gweithia drwy'r cyfan eto. Os yw dy euogrwydd yn dal i fod yn llethol, dwys a phroblemus er gwaetha'r camau uchod, mae'n syniad i ti geisio cymorth a chefnogaeth gan gwnselydd, seicolegydd clinigol neu gwnsela neu therapydd cyplau/teulu.

SUT I DREULIO AMSER GYDA PHOEN A CHOLLED DY BLANT HEB YSGWYDDO'R EUOGRWYDD EMOSIYNOL

Pan fydd dy blentyn yn dweud neu'n gwneud rhywbeth sy'n sbarduno dy deimladau o euogrwydd, anadla'n ddwfn a rho gynnig ar y strategaethau canlynol.

SYLWI
Sylwa ar yr euogrwydd sydd newydd godi ei ben, a'i gydnabod.

DEALL
Atgoffa dy hun yn dyner ac yn garedig ei bod hi'n iawn i dy blant deimlo emosiynau gwahanol ac anodd. Gall bod yn rhan o deulu rhiant sengl fod yn brofiad anodd iddyn nhw. A hyd yn oed pe na bai'r profiad anodd hwn yn eu bywyd, y gwir amdani yw y byddai pethau anodd eraill yn dod i'w rhan. Allwn ni ddim rheoli'r heriau a ddaw o bosib i fywydau ein plant, ond gallwn eu helpu i dyfu trwy'r heriau hynny a'u cefnogi i fod yn hyblyg yn emosiynol, yn wydn, yn ymatebol ac yn hunandosturiol – gallwn eu helpu i ddeall sut maen nhw'n meddwl ac yn teimlo a dysgu sgiliau iddyn nhw ar gyfer rheoli hyn.

Atgoffa dy hun yn dyner ac yn garedig na elli di wella'r sefyllfa i dy blentyn, yn yr ystyr nad oes yna hudlath a fydd yn dy ddychwelyd i aelwyd dau riant, ac y byddan nhw'n profi emosiynau anodd yn ystod cyfnodau anodd. Ond fe elli di eu helpu drwy hyn, eu cefnogi gyda'u hemosiynau, heb "drwsio" pethau neu gymryd euogrwydd eu hemosiynau dy hun.

CANOLBWYNTIO AR DY BLENTYN
Anadla'n ddwfn eto, ac wrth wneud hynny, dychmyga dy fod yn creu lle rhyngot ti a'r euogrwydd er mwyn gallu canolbwyntio ar yr hyn mae dy blentyn newydd ei ddweud neu ei wneud a bod yno i wrando a chydnabod ei deimladau. Dychmyga bod

euogrwydd fel rhyw goblyn bach; mae'n gallu eistedd yno tra byddi'n siarad â dy blentyn, ond does dim angen i ti gael dy lyncu'n llwyr gan ei bresenoldeb yr eiliad hon. Canolbwyntia ar y sgwrs hon gyda dy blentyn, ei helpu i sylwi ac enwi sut mae'n teimlo, a gadael iddo siarad os yw am wneud hynny. Ceisia ddefnyddio datganiadau tebyg i'r rhai isod.

- "Dwi'n gallu clywed dy fod ti'n teimlo'n drist am hyn ..."
- "Mae'n swnio fel dy fod ti'n gweld colli Mam/Dad heddiw."
- "Dwi'n deall bod hyn yn teimlo'n anodd iawn."
- "Diolch am rannu hynny, sut wyt ti'n teimlo nawr?"

Cofia gynnig cysur corfforol hefyd os yw eisiau hynny – cofleidio, dal dwylo, mwytho ei wallt.

Os yw'n briodol, dos ati i gydnabod sut mae'r sefyllfa'n gwneud i ti deimlo hefyd – cydnabod pan fydd sefyllfa'n anodd neu'n drist i tithau hefyd; er enghraifft, fe allet ti ddweud rhywbeth fel, "Dwi'n gallu clywed bod hyn yn gwneud i ti deimlo'n drist. Mae'n gwneud i fi deimlo'n drist hefyd weithiau." Ond paid â rhannu dy deimladau o euogrwydd, gan nad baich i dy blentyn yw'r baich hwnnw, ond rhywbeth i ti fel oedolyn weithio drwyddo yn dy ofod dy hun.

Rho wybod i'r plant ei bod yn normal ac yn ddealladwy iddyn nhw deimlo'r hyn maen nhw'n ei deimlo neu i fod eisiau holi'r cwestiynau sydd ganddyn nhw. Rho wybod iddyn nhw ei bod hi'n iawn siarad â ti neu ofyn cwestiynau – fyddi di ddim yn gallu eu hateb nhw i gyd, ond fe fyddi'n gwneud dy orau. Ceisiwch beidio ag osgoi unrhyw bwnc yn fwriadol. Ar yr un pryd, os yw'r sgwrs yn dy lethu di, rho gynnig ar strategaethau fel anadlu dwfn, sadio ac atgoffa dy hun y byddi'n iawn, bod hyn yn anodd ond y gelli di wneud hyn. Os yw'r sgwrs yn dal i deimlo'n llethol iawn, dywed hynny wrthyn nhw mewn ffordd dyner sy'n addas i'w hoedran; er enghraifft, "O, mae Mami'n teimlo tipyn bach yn drist ar hyn o bryd. Beth am gael cwtsh? Neu wrando ar gân rydyn ni'n dau/dwy yn ei hoffi, yna cael munud o amser tawel a siarad ychydig bach eto?" Cofia na fydd dy blentyn o reidrwydd eisiau trafod pethau ar hyn o bryd – gad iddo wybod bod hynny'n iawn, ond dy fod yno pan neu os bydd am wneud hynny.

Ar ôl i ti wrando, dilysu, cefnogi, cysuro, ceisia weld a elli di gynnig unrhyw gymorth ymarferol; er enghraifft, "Pan fydda i'n teimlo fel hyn, mae yna rai pethau'n helpu. Wyt ti eisiau i fi ddangos i ti?" neu "Wyt ti eisiau i ni feddwl am unrhyw beth hoffet ti ei wneud i helpu gyda hyn?" Mae'n bosib y byddan nhw eisiau edrych ar luniau a siarad amdanyn nhw, neu ffonio'r rhiant arall; fe allai fod yn wneud gwaith celf, neu ysgrifennu, neu chwarae gêm wirion.

Ar ôl i ti fynd drwy hyn i gyd a dy blentyn bellach yn ddiddig ac yn brysur, a thithau'n teimlo'r angen, treulia ychydig o amser yn mynd drwy'r strategaethau uchod i helpu dy hun.

DATGANIADAU HUNAN-DOSTURIOL I GAEL GWARED AR EUOGRWYDD

- "Dwi'n fam sengl a dwi a fy mhlentyn yn mynd i orfod gweithio'n ffordd drwy rai sefyllfaoedd newydd. Fe fydd rhai yn gadarnhaol; a gall eraill fod yn anodd. Ond fe allwn ni wneud hyn a dal ein pennau i fyny yn uchel wrth i ni wneud hynny."
- "Doeddwn i (neu doedden ni, os ydyn ni'n cynnwys cyn-bartner) ddim yn bwriadu bod yn y sefyllfa hon. Ond dyma fel mae hi, a'r cyfan gallwn ni ei wneud yw canolbwyntio ar wneud hyn cystal ag y gallwn ni i bawb."
- "Mi fu'n rhaid i fi wneud ambell benderfyniad anodd er fy mwyn i, fy iechyd meddwl a fy nheulu. Waeth pa mor

anodd ydy hi, dwi'n gallu cofio 'mod i wedi trio gwneud y peth iawn."
- "Mae yna bob math o deuluoedd gwahanol. Mae yna fwy nag un ffordd o fod yn deulu mwyach. Fel rhiant sengl ac fel rhiant sy'n cydfagu plant, dwi'n dal i allu cynnig cartref cariadus i fy mhlentyn a'i helpu i deimlo'n ddiogel ac yn sicr a deall ei fod yn cael ei garu."
- "Dydy bywyd ddim fel roedden ni'n wedi'i ragweld bob tro. Nid am hyn roeddwn i wedi'i ddyheu ac wedi gobeithio amdano, ond fy mywyd i ydy o, ac mi wna i'r gorau ohono. Gall fod yn anodd weithiau, ond mi alla i ddysgu cryfder a gwytnwch i fi fy hun ac i fy mhlentyn."

Deall dy Brofiad o Euogrwydd

Er mwyn deall dy berthynas gydag euogrwydd yn well, rho gynnig ar yr ymarfer myfyriol canlynol yn ôl yr angen, a chadwa'r nodiadau hyn yn ddiogel i dy atgoffa ohono pan fydd pethau'n mynd yn anodd.

1. Noda faes neu sefyllfa sy'n amlwg yn sbarduno dy euogrwydd.
2. I dy helpu i greu dealltwriaeth gliriach o'r euogrwydd a sut i ymateb iddo, gweithia drwy'r strategaethau a nodir ar dudalennau 107-10:
Sylwi
Deall
Cwestiynu
Gweithredu
Gollwng gafael

EUOGRWYDD

3. Treulia ychydig amser yn sylwi ar sut mae'r ymarfer hwn yn gwneud i ti deimlo.
4. Sut mae'n teimlo i ystyried caniatáu i ti dy hun ollwng gafael ar yr euogrwydd?
5. Sut gallai pethau fod yn wahanol pe byddet ti'n teimlo'n llai euog? Beth gallet ti ei wneud yn wahanol, a sut byddai hynny'n gallu cael effaith gadarnhaol arnat ti?

5

GORBRYDER, PANIG A GORLETHU

I unrhyw un sy'n dueddol o ddioddef gorbryder, gall waethygu wrth wynebu bod yn fam sengl. Ar y llaw arall, mae'n bosib mai dyma fydd y tro cyntaf i ti ei brofi, ac os felly, gall fod yn frawychus. Mae'r bennod hon yn rhoi cipolwg ar sut beth yw byw gyda gorbryder fel mam sengl, o gynnydd mewn pryder, i'r insomnia sy'n dod yn sgil gorbryder oherwydd yr ofn o ddisgyn i gysgu a byth yn deffro, i byliau o banig llwyr pan fydd dy blentyn yn aros yn nhŷ ei riant arall.

Mae gorbryder yn ymateb hollol normal i rywbeth sy'n ennyn pryder neu annifyrrwch; fodd bynnag, mae'n broblem go iawn pan fydd yn digwydd yn rheolaidd ac yn effeithio ar dy fywyd, ac fe fydd angen i ti ddod o hyd i ffyrdd o'i reoli, naill ai ar dy ben dy hun neu gyda chymorth a chefnogaeth.

BETH YW GORBRYDER?

Mae gorbryder yn emosiwn naturiol sy'n cael ei brofi gan bawb. Gall fod yn fuddiol, yn iach ac, ar adegau, yn gwbl briodol. Mae'n ymateb cyntefig, wedi'i fwriadu ar gyfer hunanamddiffyn. Pan fyddwn ni'n teimlo'n bryderus, mae ein hymwybyddiaeth o risg neu fygythiad posib yn cynyddu, ac yn gwneud i ni ystyried beth sydd angen i ni ei wneud i amddiffyn ein hunain neu eraill er mwyn cadw'n ddiogel. Er enghraifft, os yw dy blentyn yn datblygu tymheredd uchel, fe fydd dy orbryder/pryder yn codi ei ben ac yn dy helpu i gymryd camau i wirio ei dymheredd, rhoi meddyginiaeth iddo, holi am gyngor meddygol ac ati, a bydd hynny'n helpu i amddiffyn pawb.

Fel unigolion, fe fyddwn ni i gyd yn profi sefyllfaoedd sy'n sbarduno ein gorbryder, ac mae yna adegau yn siŵr o godi pan fyddwn ni'n profi gorbryder fel rhiant ac, wrth gwrs, fel rhiant sengl. Gan ein bod ni i gyd yn wahanol, dydy rhywbeth sy'n sbarduno gorbryder i un person ddim yn gwneud hynny i berson arall. Mae'n bwysig nodi hyn, gan ei fod yn gymorth i ni ddeall nad y *sefyllfa* sydd weithiau'n penderfynu a ydyn ni'n teimlo'n bryderus ai peidio, ond *ein hymateb personol ni* i'r sefyllfa. Er enghraifft, mae dau blentyn yn hongian oddi ar y bariau uchel yn y parc; mae un fam fel iâr ar daranau yn ceisio cael ei phlentyn i lawr, gan roi cyngor a chyfarwyddiadau iddo ar sut i ddod i lawr yn ddiogel; mae'r fam arall yn eistedd yn ôl yn gwylio ei phlentyn, gan ei gynghori bob yn hyn a hyn i afael yn dynn neu i beidio â dringo yn y fan yna, ond fel arall mae'n gadael i'w phlentyn ddygymod â'r sefyllfa ei hun. Yr un yw'r sefyllfa, ond mae ymateb y ddwy fam yn wahanol iawn gan fod eu lefelau gorbryder yn cael eu sbarduno'n wahanol.

Yn gryno, mae'n bosib rheoli pyliau byr o orbryder. Fodd bynnag, mae yna adegau pan ddaw gorbryder i'r amlwg mewn ton gref, gan ein rhybuddio am fygythiad yn ddiangen neu'n ddi-fudd, a hynny dro ar ôl tro. Gall gorbryder wneud i ni feddwl bod y bygythiad neu'r tebygolrwydd o berygl yn waeth nag yw. Gall ddechrau bod yn rhan o dy fywyd am oriau, dyddiau, wythnosau, gan efallai gynyddu a phylu, ond gan gripian i dy feddyliau a dy deimladau yn amlach na pheidio. Dyma pryd mae'n dechrau dod yn broblem a throi'n broblem iechyd meddwl, a phan fydd cymorth a chefnogaeth o bosib o fudd i ti.

Os oes angen, mae'n bosib cael diagnosis o orbryder fel cyflwr iechyd meddwl gan dy feddyg, seiciatrydd neu weithiwr iechyd meddwl proffesiynol gyda'r hyfforddiant priodol. Anhwylder Gorbryder Cyffredinol (GAD) yw un o'r mathau mwyaf cyffredin o ddiagnosis. Mae'n gyflwr lle mae unigolion yn profi pryder a gorbryder yn eu bywydau bob dydd ac yn ei chael hi'n anodd peidio â phoeni a theimlo'n bryderus am bob math o wahanol faterion neu sefyllfaoedd. Mae'r gorbryder hwn yn effeithio ar eu gwaith, sut maen nhw'n magu eu plant ac ar eu bywyd cymdeithasol.

Mae yna sawl cyflwr neu ddiagnosis arall sy'n rhan o orbryder fel cyflwr, megis gorbryder iechyd, anhwylder obsesiynol gorfodaethol (OCD), anhwylder panig a ffobiâu. Os wyt ti wedi profi unrhyw un o'r cyflyrau gorbryder hyn o'r blaen, ac yn mynd drwy brofiad llawn straen, fel chwalfa perthynas, ysgariad, gwahanu, dod yn rhiant sengl, a'r holl heriau sy'n dod law yn llaw â hynny, yna mae'n hawdd i'r straen sbarduno neu waethygu'r cyflyrau gorbryder rwyt ti eisoes wedi'u profi.

DEWIS ARALL I DDIAGNOSIS
Yn hytrach nag ystyried gorbryder fel anhwylder, gall fod yn werth chweil i ti feddwl amdano fel cyflwr sy'n bodoli ar gontinwwm, o ddim gorbryder i orbryder difrifol. Mae'n bosib i bobl amrywio ar hyd y continwwm hwn yn ystod eu bywyd. O fewn y fframwaith hwn, mae gorbryder yn ymateb dealladwy i straen a thrawma ym mywyd person, a gall hynny fod yn anodd neu'n llethol ar adegau, ac ar y pwynt hwnnw, mae modd chwilio am gymorth i wneud synnwyr ohono a'i reoli.

Fe allai gorbryder ar dy daith fel mam sengl godi am ennyd fer (er enghraifft, pan fyddi'n cyrraedd digwyddiad cymdeithasol am y tro cyntaf ar dy ben dy hun), neu am gyfnodau byr (er enghraifft, yn ystod y gwahanu neu wrth symud i gartref newydd). Ar y llaw arall (yn enwedig os wyt ti wedi profi gorbryder cyn hyn), gall godi ei ben yn fwy rheolaidd neu'n gyson am ddyddiau ac wythnosau, gan greu problemau o ran dy allu i fyw dy fywyd o ddydd i ddydd.

PETHAU Y DYLET TI EU GWYBOD AM ORBRYDER

1. Dwyt ti ddim yn wallgof.
2. Mae gorbryder yn arwydd bod dy gorff a dy feddwl yn teimlo wedi'u llethu ac o dan fygythiad (gwirioneddol neu ddychmygol).
3. Dydy anwybyddu neu geisio mygu gorbryder ddim yn mynd i gael gwared arno.
4. Mae'n bosib trin gorbryder, ac fe fyddi'n dod drwyddi.
5. Mae gorbryder yn gyflwr iechyd meddwl cyffredin iawn. Mae rhwng 10 ac 20 y cant o bobl yn profi cyflwr gorbryder.
6. Bydd newid y ffordd rwyt ti'n meddwl ac yn gweithredu yn helpu i leihau gorbryder.
7. Mae yna therapïau sy'n gallu helpu i leihau gorbryder a dangos ffyrdd mwy effeithiol i ti o'i reoli.
8. Bydd meddyginiaeth i drin gorbryder o fudd mawr i rai.

SUT RYDYN NI'N PROFI GORBRYDER

Rydyn ni'n profi gorbryder pan fydd y corff a'r meddwl yn cael eu sbarduno gan ddigwyddiad ac yn teimlo dan fygythiad – rydyn ni'n credu ein bod ni mewn perygl posib neu'n pryderu bod rhywbeth drwg ar fin digwydd. Mae gorbryder yn effeithio ar sut rydyn ni'n *teimlo (emosiynau),* sut rydyn ni'n *meddwl (meddyliau),* sut mae ein corff *yn teimlo (symptomau corfforol),* a sut rydyn ni'n *ymddwyn.*

BETH SY'N SBARDUNO GORBRYDER?

Fel gyda dicter, mae'n bosib i orbryder gael ei sbarduno gan ddigwyddiadau allanol neu fewnol. Fe allai digwyddiadau allanol gynnwys pethau fel dy blentyn heb gyrraedd adref o'r ysgol erbyn amser penodol, neu dy fod mewn sefyllfa gymdeithasol fel rhiant sengl am y tro cyntaf. Fe allai digwyddiadau mewnol gynnwys meddwl am fod yn rhiant sengl, meddwl am orfod gwneud rhywbeth fel rhiant sengl, neu feddwl am dy blentyn yn gorfod cyfarfod â chariad newydd dy gyn-bartner. Gall sbardunau mewnol fod yn feddyliau, yn atgofion a delweddau o'r gorffennol neu'r dyfodol. Felly mae modd i bryder gael ei sbarduno pan fyddwn ni'n deffro yn y bore neu pan fyddwn ni'n eistedd i gael paned – unrhyw bryd y bydd ein meddyliau'n dechrau tindroi o gwmpas pryderon a gofidiau yn ein meddwl.

SUT RYDYN NI'N TEIMLO PAN FYDDWN NI'N ORBRYDERUS

Mae yna ystod o emosiynau rydyn ni'n eu cysylltu â gorbryder – fe allwn ni deimlo'n orbryderus, yn nerfus, yn bryderus, mewn panig – ond mae hefyd yn bosib teimlo braw, yn biwis, dicter, ofn, arswyd, straen, ymdeimlad o fygythiad agos neu fod rhywbeth drwg ar fin digwydd.

SUT RYDYN NI'N MEDDWL PAN FYDDWN NI'N ORBRYDERUS

Gallwn brofi meddyliau gorbryderus a phryderus wrth i ni feddwl am y sefyllfa bresennol, y gorffennol, y dyfodol, neu amdanom ni ein hunain neu bobl eraill. Gall y meddyliau gorbryderus hyn ein bachu ni a throi rownd a rownd yn ein pen, gan droelli a chreu mwy a mwy o feddyliau pryderus. Fe elli di symud o sero i gant yn gyflym iawn, gan ddechrau gyda syniad bach pryderus a neidio'n gyflym i un arall, trychinebu a dychmygu'r sefyllfaoedd gwaethaf posib. Bydd yr arferion meddwl di-fudd neu feddyliau â thuedd cyffredin a gafodd sylw yn y bennod ar ddicter, yn bendant yn ymddangos yma.

> ## MEDDYLIAU Â THUEDD – GORBRYDER
>
> - Trychinebu – meddwl neu ragweld y gwaethaf am unrhyw sefyllfa; er enghraifft, "Dydw i ddim yn gallu cael gafael ar fy mhlentyn, mae'n rhaid bod rhywbeth ofnadwy wedi digwydd."
> - Gwneud môr a mynydd o bethau – troi problem fach a dychmygu problem llawer mwy.
> - Neidio i gasgliadau heb dystiolaeth; er enghraifft, "Mae'n rhaid bod pawb yn meddwl 'mod i'n fethiant am fod yn fam sengl."
> - Rhagdybio – dychmygu beth mae pobl eraill yn ei feddwl a chymryd yn ganiataol eu bod nhw'n meddwl y gwaethaf, neu'n dy feirniadu di neu'r rhai sy'n agos atat ti.
> - Creu sefyllfaoedd "beth os" – cael dy ddal yn gaeth gan senarios amgen di-ben-draw am y sefyllfa sy'n bodoli neu sefyllfa sydd i ddod, neu hyd yn oed – yn gwbl ddi-fudd – hel meddyliau am ddigwyddiadau yn y gorffennol.
> - Rhesymu'n emosiynol – teimlo'n orbryderus, felly mae'n rhaid bod rhywbeth i fod yn orbryderus yn ei gylch.
> - Gorgyffredinoli; er enghraifft, os nad oedd dy achlysur cymdeithasol cyntaf fel mam sengl yn llwyddiant ysgubol, tybio na fyddi byth yn gallu mwynhau cymdeithasu eto.

Meddyliau Ymwthiol

Pan fydd meddyliau parhaus, ailadroddus a gofidus yn dod i dy feddwl pan nad oes arnat ti eu heisiau nhw yno – yr enw ar hynny yw meddyliau ymwthiol. Yn aml, bydd ymdrechion i'w gwthio o'r neilltu yn gwneud iddyn nhw ddod yn ôl yn gryfach nag erioed. Mae meddyliau ymwthiol yn gyffredin iawn. Mae astudiaethau wedi dangos bod dros 90 y cant o'r boblogaeth yn profi meddyliau ymwthiol ar ryw adeg neu'i gilydd. Fodd bynnag, maen nhw'n gallu llorio rhai, felly mae'n hollbwysig ein bod ni'n datblygu'r strategaethau cywir i fynd i'r afael â nhw. Y ffordd bwysicaf i newid ein perthynas â meddyliau ymwthiol yw drwy wybod nad yw'r ffaith bod syniad wedi codi yn golygu ei fod yn wir neu y bydd yn cael ei wireddu, ac nad yw cael y syniad yn golygu unrhyw beth amdanat ti, neu am yr hyn sy'n mynd i ddigwydd. Dim ond syniad ydy o. Syniad annymunol, ond eto, dim byd mwy na syniad.

SUT RYDYN NI'N TEIMLO'N GORFFOROL PAN FYDDWN NI'N ORBRYDERUS

Pan fyddwn ni'n profi gorbryder, mae ein system nerfol yn sbarduno ein system nerfol sympathetig ac mae ein corff yn mynd i'r cyflwr ymladd neu ffoi. Proses ffisiolegol yw hon sy'n achosi i ni deimlo symptomau fel y galon yn curo'n gyflym, anadlu cyflym, gwddf tynn, stumog yn corddi neu gyfog, ysgwyd/ crynu, pendro, teimlo'n benysgafn, gwendid, blinder ond hefyd insomnia, chwysu a sensitifrwydd i sŵn. Gall y symptomau wneud i ti deimlo'n gynhyrfus iawn, yn aflonydd neu'n llawn tensiwn, a gall bwyta fod yn anodd.

SUT RYDYN NI'N YMDDWYN PAN FYDDWN NI'N BRYDERUS

Osgoi (y sefyllfa sy'n peri gorbryder) neu encilio (cilio oddi wrth bobl neu sefyllfaoedd) – dyna'r prif ffyrdd y bydd gorbryder yn effeithio ar ein hymddygiad ni. Mae hel meddyliau neu gnoi cil cyson hefyd yn broses ymddygiadol gyffredin arall; pan fyddwn ni'n hel meddyliau drosodd a throsodd a throsodd am yr un pethau. Mae ymddygiadau pryderus eraill yn cynnwys ymddygiadau ceisio sicrwydd neu wirio.

PYLIAU O BANIG

Mae pyliau o banig yn un agwedd ar orbryder. Dydy pawb sy'n profi gorbryder ddim yn mynd i ddioddef pyliau o banig, ac mae'n ddigon posib dy fod wedi bod yn orbryderus iawn yn y gorffennol ond erioed wedi profi pwl o banig. Fodd bynnag, maen nhw'n rhan gyffredin o orbryder i rai.

Ymateb i ofn yw pwl o banig, adwaith o orbryder dwys iawn. Fe fydd y corff yn sydyn yn profi adwaith o ofn/panig dwys sy'n digwydd yn gyflym ac yn gwbl ddirybudd. Gall holl symptomau corfforol gorbryder a nodwyd uchod amlygu eu hunain mewn pwl o banig, ond gryn dipyn yn fwy dwys ac yn gyflymach o lawer. Er enghraifft, er y gall yr anadlu a churiad y galon gyflymu gyda gorbryder, bydd yn cyflymu'n sydyn iawn mewn pwl o banig.

Yn ystod pwl o banig, fe allai person feddwl nad yw'n gallu anadlu, ei fod am lewygu, colli rheolaeth, neu ei fod yn dioddef trawiad ar y galon ac yn marw. Y rheswm am hyn yw bod adwaith ffisiolegol yn y corff, yr ymateb ymladd neu ffoi cyflym a'r cynnydd sydyn mewn adrenalin, yn achosi'r symptomau corfforol sy'n gwneud i ti deimlo a meddwl bod rhywbeth ofnadwy yn digwydd i ti.

Y peth pwysig i'w gofio yw nad oes yr un o'r meddyliau brawychus hyn yn wir, ond pan fydd person yn credu eu bod nhw'n wir, bydd hyn yn porthi'r cylch gorbryder ac ofn ac yn atal y symptomau rhag cilio. Mewn gwirionedd, bydd yn gwaethygu'r symptomau, ac yn eu helpu i barhau.

Gall profi pyliau o banig rheolaidd arwain at encilio ac osgoi er mwyn ceisio eu hatal rhag digwydd. Gall chwilio am therapi a deall sut i reoli pwl o banig fod yn fuddiol iawn.

Sut i Ddelio â Phwl o Banig

1. Ceisia ymarfer anadlu dwfn yn rheolaidd er mwyn ei gwneud hi'n haws i ti ddefnyddio'r strategaeth hon pan fydd pwl o banig yn dechrau.
2. Canolbwyntia ar anadlu ychydig yn arafach gyda phob anadl.
3. Sadio dy hun – gwthia dy draed i'r llawr, rho enw i'r hyn sy'n digwydd: "Dwi'n teimlo panig. Dwi'n gallu ei deimlo yn fy nghorff. Mae'n ofnadwy o annymunol, ond dwi'n gallu ymdopi."
4. Edrych o dy gwmpas a chanolbwyntio ar rywbeth rwyt ti'n gallu ei weld, ei glywed, ei gyffwrdd neu ei arogli.
5. Atgoffa dy hun fod y profiad hwn yn annymunol ond nad yw'n gallu gwneud niwed i ti – y cyfan sy'n digwydd yw bod dy gorff yn ymateb oherwydd ei fod yn *meddwl* dy fod mewn perygl, felly mae'n anfon llwyth o adrenalin o amgylch dy system.
6. Atgoffa dy hun y bydd yn pasio. Efallai ei fod yn annymunol, ond fe fydd yn pasio.
7. Wrth i ti wneud yr uchod, sylwa ar dy gorff a dy feddwl yn tawelu'n araf.

Er cymaint y bydden ni'n hoffi cynnig cyngor gwerthfawr i ti ar atal gorbryder a phanig, y cyfan gallwn ni ei wneud weithiau yw gafael yn dynn ac aros iddo basio. Gadael i'r pwl o banig ddigwydd, cydnabod y meddyliau a'r teimladau sy'n dod yn ei sgil, anadlu a myfyrio amdano wedyn. Bydd hyn yn mynd dipyn yn haws, mwya'n byd o byliau o banig fydd yn digwydd, oherwydd byddi'n gallu atgoffa dy hun dy fod wedi gallu ymdopi â'r teimladau hyn dro ar ôl tro, a dy fod yn mynd i allu gwneud hynny eto'r tro hwn.

NODYN AM STRAEN, LLUDDED A CHAEL DY LETHU

Gall gorbryder daro unrhyw un ohonom ni pan fyddwn ni'n teimlo dan straen ac wedi'n llethu. Gallwn brofi straen pan fyddwn ni mewn sefyllfaoedd sy'n anodd neu'n heriol neu lle rydyn ni dan bwysau, gyda hynny'n dechrau effeithio ar sut rydyn ni'n meddwl neu'n teimlo.

Fel mam sengl, wrth gwrs, mae straen yn bosib mewn sawl agwedd ar ein bywydau – bod yn rhiant sengl, ymdopi fel rhiant sengl, delio â chyn-bartner, delio â pherthnasoedd newydd dy gyn-bartner, delio ag effaith y gwahanu ar dy blentyn ac ati.

Dydy straen ynddo'i hun ddim yn ddiagnosis, ac mae'n bosib bod yna syniadau gwahanol ynglŷn â beth yn union yw straen. Gall straen achosi gorbryder, gall achosi hwyliau isel. Gall yn sicr achosi i ti deimlo wedi dy lethu ac os yw'n parhau, gall achosi i ti ddioddef lludded llwyr.

Gall dy wneud yn bryderus, yn orbryderus, yn bigog, yn biwis, yn ddig, yn llawn panig. Gall achosi i ti gael trafferth yn gweithredu mor effeithiol ag y byddet ti fel arfer, a gwneud i bopeth deimlo'n anoddach i'w reoli. Gall olygu ei bod hi'n anoddach i ti ymlacio. Gall arwain at gur pen, poenau yn y frest, problemau stumog, blinder a mwy. Gall straen arwain at arferion nad ydyn nhw'n iach – yfed mwy, smygu mwy, bwyta mwy neu ddim o gwbl, gweithio'n rhy galed neu fethu cysgu. Gall arwain at ludded, lle nad wyt ti'n gallu ymdopi mwyach. Mae'n bosib y byddi yn dy ddagrau yn hawdd, yn gweld tasgau syml yn heriol, yn flinedig, yn teimlo wedi dy lethu drwy'r amser.

Os wyt ti'n teimlo unrhyw un o'r pethau hyn, mae'n bwysig cael cefnogaeth a gwahaniaethu rhwng straen, lludded a chyflyrau iechyd meddwl fel gorbryder neu iselder.

Fodd bynnag, mae'n bosib i ni helpu ein hunain drwy fod yn onest gyda ni ein hunain a chadw llygad ar faint o sefyllfaoedd sy'n achosi straen rydyn ni'n eu hwynebu. Os ydyn ni'n gwneud hyn, fe allwn ni hefyd gymryd amser i ddod o hyd i ffyrdd o leihau ein straen neu i gynyddu ein hunanofal, fel y gallwn ni ddelio â'r achosion straen hyn.

STRAEON AM ORBRYDER WRTH FYW FEL MAM SENGL

Mae pawb yn profi gorbryder mewn gwahanol ffyrdd. Rydyn ni wedi rhannu rhai o brofiadau ein mamau sengl anhygoel o'r cyflwr, o'r gorbryder sy'n ymddangos pan fyddi'n gwahanu am y tro cyntaf, i'r gorbryder pan mae'n rhaid i ti fynychu achlysuron cymdeithasol ar dy ben dy hun neu pan fyddi'n gadael dy blentyn am y tro cyntaf.

Pan adawodd gŵr **Branwen***, aeth ei lefelau pryder drwy'r to.*

"Mi oeddwn i'n meddwl bod pawb yn fy marnu i, ac yn teimlo cywilydd ofnadwy 'mod i wedi gwneud rhywbeth o'i le. Yn teimlo bod pawb yn siarad amdana i. Hyd yn oed pan fyddwn i'n mynd i rywle gwahanol, mi fyddwn i'n teimlo bod gen i arwydd uwch fy mhen yn dweud 'mod i'n fam sengl. Y tro cyntaf i ni fynd allan am bryd o fwyd, dim ond fi a'r plant, mi oeddwn i'n poeni

cymaint am beth oedd y weinyddes a phobl eraill yn ei feddwl. Mi soniodd un o'r gweinyddesau sut byddai eu tad yn falch o'u hymddygiad, a wyddwn i ddim be' i'w ddweud. Mi oedd o'n deimlad ofnadwy."

Cafodd **Cerys** ei phrofiad cyntaf o orbryder drwg ar ôl gwahanu.

"Dydw i erioed wedi bod yn rhywun sy'n mynd yn orbryderus. Ond ar ôl y gwahanu, pan oedden ni'n byw yn y cartref newydd a finnau'n treulio dyddiau ac wythnosau yn ceisio gwneud pob dim – magu plant, gweithio, ymdopi – mi fyddwn i'n teimlo'n fwy a mwy o dan straen, wedi fy llethu, yn orbryderus. Mi fyddwn i'n deffro yn y nos gyda gorbryder dwys – yn argyhoeddedig 'mod i wedi anghofio cloi'r drysau, neu heb roi'r plant yn eu gwelyau, neu fod rhywbeth ofnadwy ar fin digwydd. Dwi'n cofio eistedd yn y gegin un dydd Sul yn meddwl am fy sefyllfa a phopeth oedd yn mynd ymlaen – mi oedd fy nghyn-bartner wedi fy ngwylltio i, y plant yn ymddwyn yn heriol, a finnau efo gormod i'w wneud – ac mi allwn i deimlo'r gorbryder yn cripian i fyny, yn chwyddo yn fy mrest, nes bod yn rhaid i fi eistedd ac oedi. Mi oedd popeth yn ormod."

Pan oedd fy ngorbryder i'n wael iawn, a'r mab yn nhŷ ei dad, fe fyddwn i'n treulio'r holl amser yn meddwl am bethau ofnadwy a allai ddigwydd. Fe fyddwn i'n anfon negeseuon ddydd a nos, neu bryd bynnag y byddwn i'n teimlo'n bryderus; ond fe fyddwn i hefyd yn cynhyrfu os nad oedd e'n ymateb. Dwi'n cofio mynd ar wyliau hyfryd heb fy mab; roedd hi'n boeth ac yn braf, ac fe dreuliais i'r diwrnod cyfan ar lan y môr. Ond ar ôl dychwelyd i'r gwesty, fe wnes i ddechrau

> ei cholli hi am nad oeddwn i wedi clywed gan fy mab na'i dad. Fe wnes i decstio a ffonio heb gael unrhyw ymateb, a pherswadio fy hun fod rhywbeth ofnadwy wedi digwydd. Roeddwn i'n troelli allan o reolaeth ac yn hel meddyliau am bob math o bethau, fel pa mor bell oeddwn i o'r maes awyr a pha mor fuan allwn i ddal awyren adre. Pen draw pethau oedd ffonio cariad fy nghyn-ŵr, a hithau'n fy sicrhau bod popeth yn iawn. Ar ôl dod dros y panig, roeddwn i wedi ymlâdd a'r cyfan allwn i ei wneud oedd cysgu am rai oriau. Rhan o'r gorbryder yw'r teimlad o fod wedi ymlâdd yn llwyr. Unwaith mae'r pwl o banig drosodd, alla i wneud dim byd am sbel oherwydd bod fy ymennydd i mor swrth a 'nghorff i'n gwrthod ymateb bellach. **Amy**

Mae **Gwawr** yn dioddef o orbryder pan fydd ei merch yn aros yn nhŷ ei thad.

"Pan ddechreuodd hi dreulio'r nos yn nhŷ ei thad, roedd y gorbryder yn waeth oherwydd doedd e ddim eisiau cyfathrebu gyda fi pan oedd hi gydag e. Roedd e'n meddwl bod y cyfan yn digwydd oherwydd nad ydw i'n ymddiried ynddo fe, ond doedd e ddim byd i'w wneud â'i allu i fod yn rhiant cyfrifol, dim ond â 'ngorbryder i a sut mae'n amlygu ei hun."

Er y gall y gwirio cyson bod ein plant yn iawn fod yn dipyn o dreth ar amynedd ein cynbartneriaid, y cyfan rydyn ni ei eisiau ar y pryd yw sicrwydd parhaus eu bod nhw'n ddiogel. Fodd bynnag, mae'n bwysig cydnabod bod ceisio cael sicrwydd yn perthyn i ymddygiadau gorbryder di-fudd. Gall hynny gael effaith negyddol ar y berthynas gyda'r cyd-riant, ac fe allai fod yn werth chweil ceisio cymorth ar gyfer gorbryder yn gynnar er mwyn osgoi hynny.

GORBRYDER, PANIG A GORLETHU

Mae **Branwen** yn dioddef gyda thrychinebu.

"Pan fydd rhyw sbardun neu straen arbennig yn digwydd, dwi'n dychmygu pethau trychinebus. Nid rhyw syniad sy'n diflannu mewn chwinciad ydy o, ond darlun cam wrth gam o'r hyn a allai ddigwydd. Mae fel trên afreolus. Unwaith mae'n dechrau, alla i ddim ei stopio fo."

Pan fydd y meddyliau hyn yn codi, ceisia gofio mai meddyliau gorbryderus sy'n cael eu creu'n awtomatig yn dy ymennydd ydyn nhw, yn hytrach na rhywbeth rwyt ti'n dewis ei wneud.

Pan fydd fy ngorbryder allan o reolaeth go iawn, dwi'n dychmygu'r pethau gwaethaf oll a allai ddigwydd ac yn troelli o'r pwynt hwnnw. Dwi'n teimlo ar bigau drain yn llwyr, mae fy nwylo i'n llaith, a dwi'n teimlo'n sâl. Roeddwn i'n arfer goranadlu, ond ar ôl blynyddoedd o ddioddef gorbryder, dwi wedi llwyddo i reoli'r agwedd honno gyda chymorth anadlu iogig. **Amy**

Pan fyddi di'n dioddef gorbryder, mae'n anodd cuddio hynny rhag dy blentyn. Pan mae Amy yn orbryderus, mae'n rhincian ei dannedd yn ddiarwybod nes i'w mab ofyn beth mae hi'n ei gnoi! Pan fyddi di'n orbryderus, mae'n hawdd colli dy limpin gyda'r plant am y pethau lleiaf, fel gorfod gofyn iddyn nhw dro ar ôl tro i roi eu hesgidiau gadw. Mae bod y person sy'n gorfod gwneud y drefn arferol, ddyddiol gyda'r plant yn gallu ymlâdd rhywun, felly dydy hi fawr o syndod ein bod ni'n gwylltio neu'n ddiamynedd pan fydd gorbryder yn codi ei ben.

Mae **Anwen** hefyd wedi bod yn cael trafferth gyda bywyd y fam bryderus.

"Weithiau, pan ydw i'n bryderus, dwi'n ddiamynedd am fod pob gronyn o'm hegni yn mynd ar ofalu am y plant ond dydyn nhw ddim yn ymateb yr un fath, nac yn gwerthfawrogi dim byd ... achos mai plant ydyn nhw."

Roedd **Rhiannon** yn cael trafferth go iawn gydag ymddygiad ei merch pan chwalodd ei phriodas.

"Os oedd hi'n ddrwg, fe fyddwn i'n cyrraedd pen fy nhennyn mewn dim oherwydd 'mod i'n teimlo mor orbryderus, fel tasen i'n ffaelu delio â phopeth ar fy mhen fy hun. Roeddwn i'n teimlo mor unig, yn enwedig gan nad oes gen i berthnasau sy'n byw'n agos."

Er ein bod ni i gyd wedi cael y profiad o fynd drwy'r felin pan fydd ein plant ni'n ddrwg, gall dy ymateb bwysleisio dy angen am gefnogaeth yn ystod y cyfnod hwn. Os nad wyt ti'n chwilio am gefnogaeth neu gymorth gyda dy orbryder, mae'n debygol o droelli a throi'n fwy o broblem fyth.

SUT I ORESGYN DY ORBRYDER

ADNABOD DY SBARDUNAU

Y peth cyntaf mae angen i ti ei ddeall yw beth yw sbardunau dy orbryder. Unwaith y byddi wedi gwneud hynny, fe elli di ddechrau dod o hyd i ffyrdd o fod yn barod ar gyfer y sefyllfaoedd hynny a'u rheoli. Gall cadw dyddiadur dy helpu i nodi sbardunau (gweler y pwynt nesaf).

SBARDUNAU ALLANOL

Mae sbardunau allanol mamau sengl yn cynnwys:

- Bod mewn sefyllfa ysgol neu sefyllfa gymdeithasol fel rhiant sengl yng nghanol teuluoedd dau riant
- Cael dy lethu gan ormod o dasgau magu plant/gwaith/bywyd i'w cwblhau
- Sylweddoli dy fod wedi anghofio rhywbeth sy'n bwysig i dy blentyn (er enghraifft, gwisg ar gyfer yr ysgol, colli apwyntiad)

- Ymdopi â gweithgareddau a allai fod yn beryglus ar dy ben dy hun; er enghraifft, reidio sgwter neu feic, neu nofio yn y môr
- Pan fydd dy blentyn yn sâl yn y nos a thithau'n gwybod bod yn rhaid i ti weithio drannoeth
- Pan fydd dy blentyn yn mynd i aros yng nghartref ei riant arall am y tro cyntaf neu am gyfnod hirach nag arfer
- Pan fyddi'n mynd allan ac yn gadael y plant yng ngofal gwarchodwr
- Pan fyddi'n hwyr yn nôl y plant o'r ysgol neu'r feithrinfa oherwydd bod tasgau bywyd/gwaith wedi dy wneud yn hwyr
- Pan fyddi'n sôn wrth dy blentyn am y gwahanu/cartrefi newydd

SBARDUNAU MEWNOL

Mae sbardunau mewnol mamau sengl yn cynnwys:

- Meddwl am sut byddi'n ymdopi yn y dyfodol
- Meddwl a fydd dy blant yn ymdopi gyda'r gwahanu/cartrefi newydd/cariad newydd
- Meddwl a wyt ti'n mynd i fod yn rhiant digon da
- Meddwl am yr holl dasgau sydd angen i ti eu gwneud, neu am ddigwyddiad sydd ar y gorwel
- Cofio profiadau ofnadwy o'r gorffennol
- Meddwl am fod ar dy ben dy hun
- Hel meddyliau am beth gallai pobl eraill fod yn ei feddwl ohonot ti
- Sylwi ar dy galon yn curo'n gyflym neu deimlo'n sâl, neu deimlo'n sâl a dechrau poeni am dy iechyd neu iechyd meddwl
- Poeni am fynd yn sâl neu fod rhywbeth drwg yn mynd i ddigwydd tra dy fod ar dy ben dy hun gyda dy blentyn

DEALL GORBRYDER

Mae'n bosib y bydd angen i ti weld therapydd i dy helpu i ddeall dy orbryder, neu efallai y byddi'n teimlo y gelli di wneud hyn dy hun drwy ddilyn y camau isod a thrwy ddarllen dan arweiniad.

Cadw Dyddiadur

1. Dros gyfnod o wythnos, gwna nodyn o'r adegau pan fyddi'n teimlo'n orbryderus. Cadwa olwg ar yr hyn sy'n digwydd pan fyddi'n dechrau teimlo'n orbryderus – y sefyllfa rwyt ti ynddi, pwy sydd gyda ti a beth allai'r sbardun allanol a/neu fewnol fod.
2. Ceisia gofnodi dy feddyliau pan fyddi'n teimlo'n orbryderus – beth rwyt ti'n ei feddwl amdanat ti dy hun, dy fywyd, dy orffennol, dy ddyfodol; yn ogystal â'r hyn rwyt ti'n amau mae pobl eraill yn ei feddwl ohonot ti.
3. Sylwa a noda sut mae dy gorff yn teimlo pan fyddi'n teimlo'n orbryderus – wyt ti'n ei deimlo yn dy fol, dy frest, dy wddf?
4. Sylwa sut rwyt ti'n ymddwyn neu eisiau ymddwyn pan fyddi'n teimlo'n orbryderus.
5. Ar ôl wythnos, ceisia nodi unrhyw themâu neu batrymau yn y sbardunau gorbryder a sut mae gorbryder yn gwneud i ti feddwl, teimlo ac ymddwyn. Gall gwneud hyn dy helpu i ddeall a rhagweld dy brofiad o orbryder yn well.

LLEDDFU'R SYMPTOMAU CORFFOROL

"Cymera anadl ddofn. Jest anadla." Mae'n siŵr bod pobl wedi dweud hyn wrthyt ti pan oeddet ti'n teimlo'n orbryderus. I rai, mae'n gallu teimlo'n gyfystyr â dweud "Gan bwyll" – sydd erioed wedi pwyllo neb!

Fodd bynnag, gall deall yr wyddoniaeth y tu ôl i hynny fod yn fuddiol. Pan fyddwn ni'n orbryderus, mae anadlu dwfn a thawel yn hynod o ddefnyddiol ac effeithiol. Y rheswm am hynny yw ein bod ni, wrth anadlu felly, yn sbarduno ein system nerfol parasympathetig, sy'n annog tawelu, lleddfu, gorffwys a threulio. Pan fyddwn ni'n teimlo gorbryder neu banig, mae ein system nerfol sympathetig (y system ymladd neu ffoi) yn cael ei sbarduno, ac felly bydd anadlu dwfn yn ein helpu i symud yn ôl i gydbwysedd tawelu drwy sbarduno'r system nerfol parasympathetig yn lle hynny, gan leihau'r symptomau corfforol gorbryderus rydyn ni'n eu profi.

EGWYDDORION ANADLU DWFN

- Anadla i mewn yn araf ac yn ddwfn drwy dy drwyn, gan gadw dy frest mor llonydd ag y gelli di. Anadla o waelod dy ysgyfaint, gan ganiatáu i dy stumog a dy ochrau chwyddo wrth i'r aer lenwi dy ysgyfaint.
- Dal dy wynt am eiliad os yw'n teimlo'n gyfforddus.
- Anadla allan yn araf drwy'r trwyn neu'r geg. Os gelli wneud hynny, anadla allan ychydig yn hirach na'r anadl i mewn.

Gair o gyngor: os wyt ti'n teimlo gorbryder neu banig, awgrym da yw anadlu allan yn gyntaf, gan wthio'r aer allan o dy ysgyfaint a gwneud lle cyn i ti geisio anadlu'n ddwfn

Fe elli di hefyd roi cynnig ar ychwanegu unrhyw un o'r canlynol:

- Dychmyga liw claear a thawel sy'n golchi drwy dy gorff wrth i ti anadlu i mewn.

- Defnyddia ffon arogl gydag arogl lleddfol wrth i ti anadlu.
- Lleda dy freichiau allan i'r ochr wrth anadlu i mewn a dod â nhw at ei gilydd fel petaet ti'n gweddïo wrth i ti anadlu allan.
- Wrth i ti anadlu'n ddwfn, dychmyga dy gorff yn tawelu, dy guriad calon yn arafu.
- Dewis fantra i'w adrodd wrth i ti anadlu (er enghraifft, "Tawel", "Ymlacio", "Fe alla i wneud hyn", "Dwi'n iawn", "Mae hyn yn anodd, ond ddo'i drwyddi").

Fe elli di ddefnyddio'r dechneg hon pan fyddi'n teimlo'n orbryderus, ond mae'n bosib ymarfer yn rheolaidd yn ystod y dydd (er enghraifft, pan fyddi'n deffro, pan fyddi'n berwi'r tegell, pan fyddi'n eistedd yn y car yn aros i'r plant ddod o'r ysgol) i dawelu neu leddfu dy system nerfol ac i hwyluso defnyddio'r dechneg pan fyddi'n teimlo dan straen.

TAWELU'R MEDDWL, RHEOLI PRYDERON AC YMRYDDHAU O FEDDYLIAU GORBRYDERUS

Gall meddyliau pryderus chwyrlïo o gwmpas dy feddwl, a'i gwneud hi'n anodd iawn i ti deimlo'n dawel, anadlu, cysgu a chymryd rhan mewn gweithgareddau. Mae mynd i'r afael â'n meddyliau yn hanfodol er mwyn i unrhyw strategaethau eraill weithio ar eu gorau.

Mae sawl ffordd o fynd i'r afael â meddyliau gorbryderus. Os wyt ti eisiau dysgu mwy am hyn, ystyria'r opsiynau darllen dan arweiniad ar gyfer gorbryder neu chwilia am opsiynau cymorth drwy therapi. Dyma rai syniadau y gallet ti eu cynnwys:

GORBRYDER, PANIG A GORLETHU

- Dysga sgiliau ymwybyddiaeth ofalgar i ddechrau sylwi ar dy feddyliau pan maen nhw'n digwydd. Treulia ennyd yn dychmygu dy fod yn edrych i mewn ac yn gwylio dy feddyliau wrth iddyn nhw dreiglo drwy dy feddwl. Beth wyt ti'n ei weld? Ceisia sylwi arnyn nhw drwy ddweud: "Dwi'n sylwi 'mod i'n meddwl ...".
- Ar ôl i ti sylwi ar dy feddyliau, ystyria'r meddyliau gwallus/meddyliau â thuedd sydd wedi eu crybwyll eisoes i weld a oes unrhyw un ohonyn nhw'n bresennol.
- Cofia, mae meddyliau gorbryderus fel arfer yn gwaethygu'r argraff o berygl a bygythiad o ran pa mor debygol yw hi y bydd rhywbeth drwg yn digwydd.
- Atgoffa dy hun nad yw meddyliau gorbryderus o reidrwydd yn wir, yn ffeithiol neu'n gywir. Ceisia herio dy feddyliau. Ble mae'r dystiolaeth bod meddyliau penodol yn wir? Beth fyddai'n ffordd fwy cytbwys, tebygol a rhesymol o feddwl am y sefyllfa? Pe baet ti'n gwybod nad oedd meddwl penodol yn wir, beth byddet ti'n ei ddweud wrth dy blentyn neu wrth ffrind a oedd yn meddwl hynny?
- Atgoffa dy hun nad yw'r ffaith dy fod yn teimlo'n orbryderus yn golygu bod unrhyw berygl/risg neu y bydd unrhyw beth drwg yn digwydd go iawn. Gallwn deimlo'n orbryderus oherwydd y pryderon yn ein meddwl. Gall gorbryder darddu o'n meddyliau, felly os ydyn ni'n meddwl yn wahanol, fe fyddwn ni'n teimlo'n wahanol.
- Dos ati i ddatrys problemau dy bryderon. Gwnna amser i wneud cofnod ysgrifenedig o bopeth sy'n dy boeni di. Dos drwy bob pryder a gofyn i ti dy hun a oes unrhyw beth y gallet ti ei wneud ynglŷn ag unrhyw bryder penodol. Os oes yna, gofyn i ti dy hun a ddylet ti wneud unrhyw beth am y pryder (ai dy le di yw hi i wneud unrhyw beth, a fyddai hynny wir yn gwella'r sefyllfa, ai dim ond ceisio sicrwydd wyt ti)? Os oes yna, cynllunia beth gallet ti ei wneud a mynd ati i'w wneud o. Os nad oes yna ddim y gelli di ei wneud am y

peth, canolbwyntia ar ffyrdd i ollwng gafael ar dy feddyliau gan na fydd mynd ar eu hôl yn gyson yn helpu dim.
- Gofyn i ti dy: "Fydd gwrando ar y meddwl hwn, cael fy rheoli ganddo, credu ynddo, yn fy helpu i? Neu a fydd yn fy ngwneud i'n fwy gorbryderus ac yn gwneud i fi weithredu mewn ffyrdd gorbryderus?"
- Ceisia ddal gafael ar y meddyliau teg a chytbwys, a chanolbwyntio ar dawelu dy hun – y corff a'r meddwl. Atgoffa dy hun mai cyflwr hynod wyliadwrus dy orbryder sy'n gyfrifol am feddyliau negyddol, ac y dylet ti fod yn canolbwyntio ar dawelu dy orbryder, nid ar yr hyn mae dy feddwl wedi hoelio dy sylw arno fel rhywbeth i boeni yn ei gylch.

GWNEUD LLE A GADAEL LLONYDD

Yn aml pan fyddwn ni'n teimlo'n orbryderus, rydyn ni eisiau cael gwared ar y teimladau sy'n cael eu hysgogi. Fodd bynnag, pan fyddwn ni'n troi tuag at y gorbryder – yn sylwi arno, yn gwneud lle iddo, yn gadael iddo fod yno, yn derbyn ei fod yn ymddangos yn dy fywyd, yn anadlu i mewn iddo ac o'i gwmpas, yn treulio amser gydag o – mae dulliau therapi wedi dangos y gallwn ni ddysgu ein hunain i ymdopi â'r gorbryder a'i ffrwyno, a chanolbwyntio o'r newydd ar yr hyn sy'n bwysig i ni, er gwaetha'r ffaith ei fod yno o hyd.

Mae **Anwen** yn dioddef pyliau o banig, felly pan fydd hi'n teimlo'r arwyddion, mae hi'n rhoi ychydig o amser i'w hun i eistedd gyda nhw.

"Roeddwn i'n teimlo'n orbryderus iawn y diwrnod o'r blaen, felly dyma fi'n rhoi 20 munud i fi fy hun, gadael i'r *gorbryder ddigwydd a gwneud dim byd ond cydnabod beth oedd y sbardun. Fe wnes i weld mai'r rheswm oedd 'mod i'n teimlo bod gen i gymaint i'w wneud mewn cyn lleied o amser. Felly fe wnes i restr o bethau i'w gwneud nawr a phethau y gallwn eu gadael at eto. Yna fe wnes i ffonio ffrind a mynd am dro."*

Fe wnaeth rhoi amser iddi hi ei hun i wneud lle i'r gorbryder, a deall beth oedd yn ei achosi, helpu Anwen i roi'r gorau i droelli a rhoi mesurau effeithiol ar waith i oresgyn y teimladau. Gall awyr iach a chwmnïaeth fod yn llesol tu hwnt i orbryder hefyd.

HELPU DY HUN I GYSGU'N WELL

Yn aml, gall cysgu fod yn broblem pan fyddwn ni'n orbryderus. Fe allwn ni gael breuddwydion cas, ofnau'r nos, deffro gyda gorbryder neu ei chael hi'n anodd cysgu. Bydd meddyliau gorbryderus yn aml yn chwyrlio o amgylch ein pennau yn y nos. Dyma rai ffyrdd o fynd i'r afael â hynny:

- Atgoffa dy hun yn dyner ond yn gadarn y bydd poeni am bethau yn y nos yn gwneud i ti deimlo'n waeth, ac na fydd hynny'n dy helpu i gysgu. Cadwa lyfr nodiadau wrth dy wely i wneud nodyn o unrhyw feddyliau yr hoffet ti fynd i'r afael â nhw yn y bore.
- Unwaith y byddi'n sylwi ar feddyliau gorbryderus yn cripian i dy feddwl, atgoffa dy hun o'r pwynt uchod, gan dywys dy feddwl yn dyner at bwnc mwy niwtral. Fe allet ti ddychmygu rhywle tawel y byddet ti'n mwynhau bod, neu wneud rhywbeth dibwys fel enwi'r chwaraewyr yn dy dîm pêl-droed lleol.
- Defnyddia ymarfer anadlu neu rho gynnig ar ap myfyrdod cwsg (*Calm, Headspace*); neu ar ymarfer ymlacio blaengar (lle rwyt ti'n tynhau ac yna'n ymlacio pob rhan o dy gorff) i dy helpu i fod yn dawel ac yn barod i gysgu.

- Os na elli di gysgu ar ôl rhyw 25 munud, mae'n well i ti godi ac eistedd mewn lle tawel, gyda goleuadau gwan a gwneud rhywbeth tawel a digyffro (darllen llyfr, gwrando ar gerddoriaeth) nes dy fod yn barod i roi cynnig arall ar gysgu (mae yna ddamcaniaethau gwyddor cwsg cadarn sy'n ategu hyn).
- Os wyt ti'n deffro gyda gorbryder corfforol, canolbwyntia ar dawelu'r corff a'r meddwl gan ddefnyddio'r ymarfer anadlu ar dudalen 133 a thrwy siarad yn dawel â ti dy hun.
- Os wyt ti'n dal i gael trafferth gyda dy gwsg, mae yna raglen hunangymorth wych, rhad ac am ddim, ar gael ar-lein yn www.sleepio.com.
- Os wyt ti'n cael hunllefau, fe allet roi cynnig ar dechneg ddefnyddiol o'r enw *Dream Completion* (gweler yr adran Adnoddau Defnyddiol).

NEWID DY YMDDYGIAD, DOD O HYD I FFYRDD NEWYDD I YMATEB

Lleihau Osgoi ac Encilio Cymdeithasol

Ceisia sylwi pryd mae'r gorbryder yn gwneud i ti encilio ac osgoi, ac yn y pen draw, ceisia wneud y gwrthwyneb. Dyma'r egwyddor: pan fyddwn ni'n osgoi/encilio, rydyn ni'n cynnal y gorbryder drwy ddysgu ein hunain na allwn ni ymdopi, ac mai'r unig opsiwn yw dianc. O ganlyniad, y tro nesaf y bydd gorbryder neu sefyllfa debyg yn codi, fe fyddwn ni eisiau dianc eto, a bydd y patrwm yn parhau i ailadrodd ei hun. Dydyn ni byth yn dysgu ymdopi â'r sefyllfa a thrwy hynny'n sylweddoli y gallai'r gorbryder leihau drwy aros yn y sefyllfa. Yn aml pan fyddwn ni'n mynd i sefyllfa sy'n codi ofn, mae'r gorbryder yn cynyddu i ddechrau cyn lleddfu'n araf. Dros amser, os ydyn ni'n dal ati i roi ein hunain yn y sefyllfa sy'n codi ofn, gall yr ofn leihau'n llwyr.

Lleihau Ymddygiadau Ceisio Sicrwydd neu Wirio

Pan fyddwn ni'n ceisio sicrwydd am ein gorbryder neu'n cynnal ymddygiadau gwirio (er enghraifft, yn anfon tecst dro ar ôl tro i wneud yn siŵr bod y plant yn iawn), rydyn ni'n cael rhyddhad o'r gorbryder dros dro. Ond mae hynny'n pylu'n araf dros amser ac mae'r gorbryder yn cronni eto, nes bod angen i ninnau wirio/ceisio sicrwydd eto. Fel gyda'r sefyllfa osgoi, rydyn ni'n anfwriadol yn cynnal y gorbryder drwy geisio sicrwydd neu wirio. Y ffordd i leihau'r gorbryder yw rhoi'r gorau i wirio neu geisio sicrwydd a chanolbwyntio ar helpu ein hunain i ymdopi â'r meddyliau a'r teimladau pryderus drwy dawelu a lleddfu ein hunain gan ddefnyddio'r strategaethau uchod.

Llai o Hel Meddyliau

Ceisia nodi dy bryderon ar bapur yn hytrach na hel meddyliau cyson amdanyn nhw. Unwaith y byddi wedi eu rhoi nhw ar ddu a gwyn, fe elli di ddefnyddio'r strategaethau meddwl a nodwyd uchod i dy helpu i fynd i'r afael â'r meddyliau. Mae'n fater wedyn o ymarfer llacio eich gafael ar y meddyliau.

Gollwng Gafael ar Feddyliau

Mae sawl ffordd o ymarfer gollwng gafael ar feddyliau yn hytrach na dal dy afael a chael dy gaethiwo ganddyn nhw. Dydy gollwng gafael gan ddefnyddio ymwybyddiaeth ofalgar ddim o reidrwydd yn golygu y bydd y meddyliau yn diflannu, ond mae'n golygu y byddi'n dysgu rhoi'r gorau i wrando neu ganolbwyntio arnyn nhw.

Dychmyga dy dy fod yn gwrando ar radio wedi'i diwnio i orsaf Gorbryder FM a dychmyga'r meddyliau yn rhuthro o gwmpas yn y cefndir wrth i ti barhau â dy ddiwrnod. Fe elli di hefyd ddychmygu gollwng gafael arnyn nhw gan ddefnyddio techneg ddelweddu. Dychmyga'r meddyliau fel dail sy'n disgyn i nant cyn mynd gyda'r lli. Neu wrth iddyn nhw ymddangos yn dy feddwl, dychmyga eu bod nhw wedi'u hysgrifennu ar falŵns, a gad i'r balŵns chwythu i ffwrdd. Mae'n bosib y byddi'n sylwi arnyn nhw yn codi eu pennau yn dy feddwl cyn i ti eu hel nhw ymaith yn dyner. Er eu bod nhw'n dal i ymddangos, fe elli di ddal ati i ollwng dy afael arnyn nhw.

GOFALU AMDANAT TI DY HUN
Er mwyn helpu i leihau gorbryder cyffredinol, gall edrych ar y darlun ehangach dy helpu: ymarfer hunanofal, cymryd seibiant, derbyn help gan eraill, neilltuo amser i ti dy hun, mynd allan, lleihau unrhyw achosion o straen cyffredinol lle y bo modd. Bydd hyn i gyd yn helpu i leihau dy lefelau straen cyffredinol ac, yn sgil hynny, dy lefelau gorbryder hefyd.

Dwed wrth rywun sut rwyt ti'n teimlo; gall fod yn anodd i ni ddadansoddi ein sbardunau a'n meddyliau ond bydd siarad â ffrind neu rywun rwyt ti'n ymddiried ynddo yn dy helpu i weld pa mor realistig (ai peidio) yw dy bryderon.

Gwyddom fod alcohol a chaffein yn cynyddu lefelau gorbryder hefyd, felly mae'n werth gostwng faint rwyt ti'n ei yfed.

NEWID FFOCWS
Weithiau, yr hyn sydd angen i ti ei wneud yw newid dy ffocws. Boed yn fath cynnes, mwytho anifail anwes neu fynd am dro, gall dewis y dechneg hon dy stopio rhag troelli. Mae'n bosib y bydd angen i ti roi cynnig ar wahanol bethau i weld beth sy'n gweithio'n effeithiol i ti.

> Dyma esboniad **Mared**:
> "Weithiau, mae bath poeth braf efo canhwyllau ac olew yn gweithio. Dro arall, mae'n fater o sgrechian i mewn i obennydd neu ffonio ffrind. Does yna ddim un peth penodol sy'n gweithio bob tro. Mae'n fy atgoffa i o fabi efo colig. Un diwrnod, mae gwthio'r pram dros yr un twmpath cyflymder dro ar ôl tro yn gweithio, ond drannoeth, dydy o ddim."

I grynhoi, does dim un ffordd benodol o fynd i'r afael â gorbryder. Bydd rhywbeth sy'n gweithio i un person yn gwneud i rywun arall deimlo'n waeth; ond mae'n bwysig bwrw golwg ar ffyrdd o ddelio'n bersonol â'r emosiynau hyn pan fyddan nhw'n codi.

AWGRYMIADAU AR GYFER YMDOPI Â GORBRYDER YN Y FAN A'R LLE

- Newid dy amgylchedd – dos allan am dro, gwna rywbeth hollol wahanol i'r hyn roeddet ti'n ei wneud pan ddechreuest ti deimlo'n orbryderus.
- Tasga ddŵr oer ar dy wyneb a dy ddwylo.
- Rho gynnig ar anadlu ymwybyddol ofalgar: mae anadlu 4 x 4 yn dechneg boblogaidd: cyfra i bedwar wrth anadlu i mewn ac i bedwar wrth anadlu allan.
- Rho enw i'r hyn rwyt ti'n ei deimlo ac ymarfer hunansiarad caredig – dwi'n orbryderus ar hyn o bryd ond fe wna i ddod drwyddi.
- Dos am fath cynnes, lleddfol neu gawod oer.
- Gwna bwl dwys o ymarfer corff (deg naid seren, er enghraifft) neu ymarfer rwyt ti'n ei fwynhau (fel mynd allan i redeg).
- Anadla i mewn a gwna le i'r gorbryder, gan atgoffa dy hun y gelli ddal ati os yw'r gorbryder yno ai peidio.

THERAPI

Mae yna sawl opsiwn therapiwtig ar gyfer mynd i'r afael â gorbryder. Bydd therapi yn help i ti ddeall a ffrwyno dy orbryder, a gall gynnig strategaethau ymarferol i ymateb i dy orbryder mewn ffyrdd newydd a thrwy hynny ei leihau i lefel lle mae'n bosib ei reoli.

Dydy gorfod byw dy fywyd o gwmpas gorbryder ddim yn hwyl. Gall deimlo fel mai'r gorbryder sy'n penderfynu a wyt ti'n cael diwrnod da neu ddiwrnod gwael, a gall wneud i dy fywyd deimlo'n eithaf pitw. Ond gall newid dy feddylfryd wneud byd o les yn yr hirdymor. Gall treulio awr bob wythnos yn sôn wrth wyneb cyfeillgar am bopeth ac unrhyw beth fu ar dy feddwl ennyn cymaint o lawenydd. Tu hwnt i wrando yn unig, fe fydd dy therapydd yn gallu rhoi rhywfaint o gyngor gonest a ffyrdd buddiol i ti ddelio â dy orbryder. Gobeithio y gelli di ddeall pryd dechreuodd dy orbryder, pa ddigwyddiadau yn y gorffennol sydd wedi ei waethygu, a dod o hyd i ddulliau o feddwl amdano mewn ffordd wahanol.

Roedd **Gwawr** yn gweld therapi fel achubiaeth.

"Defnyddio arian roeddwn i wedi'i gynilo i dalu am therapi oedd y penderfyniad gorau i fi ei wneud erioed. Un o'r technegau dwi wedi'i ddysgu o'r therapi yw meddwl am bob pryder a gweithio allan a yw'n bryder o'r gorffennol, o'r presennol neu o'r dyfodol, a pha mor debygol yw e o ddigwydd. Os yw'n bryder o'r presennol, yna dwi'n rhoi pethau ar waith a fydd yn fy helpu i roi'r gorau i boeni. Os yw'n bryder o'r dyfodol, dwi'n dychmygu llinell amser o'r pwynt lle mae'n codi yn y dyfodol ac yn ceisio meddwl amdano fel pryder i ddelio ag e pan fydd angen i fi wneud hynny, er mwyn osgoi cael fy llethu'n llwyr."

Gall therapi fod yn weddol ddrud os wyt ti'n gweld therapydd yn breifat. Fodd bynnag, mae'n werth holi a elli di gael gafael ar wasanaethau therapi am ddim a gyllidir gan y llywodraeth. Gall rhai elusennau hefyd helpu gyda therapi.

Mae yna beth wmbreth o wahanol ddulliau therapi ar gael, ac rydyn ni am fwrw golwg ar ambell un yma:

Cwnsela

Fe fydd sesiynau cwnsela gyda chwnselydd cymwys yn rhoi cyfle i ti siarad a chael gwrandawiad. Weithiau bydd hyn yn ddigon i dy helpu i fynegi a ffrwyno dy orbryder.

Fodd bynnag, fe fydd rhai pobl eisiau rhoi cynnig ar ddull therapi mwy gweithredol i'w helpu i ddysgu sgiliau newydd amrywiol a dealltwriaeth o orbryder. Os felly, fe allet ti droi at unrhyw un neu ragor o'r canlynol:

Therapi Gwybyddol Ymddygiadol (CBT)

Mae Therapi Gwybyddol Ymddygiadol yn cael ei ddarparu gan therapydd cymwys, neu seicolegydd clinigol neu gwnselydd. Mae'n ddull sy'n dy helpu i ddeall sut mae gorbryder yn gwneud i ti feddwl, teimlo ac ymddwyn, ac yn cynnig strategaethau, sgiliau a gwybodaeth i ti i dy helpu i reoli dy feddyliau, dy symptomau corfforol a dy ymddygiad.

Therapi Derbyn ac Ymrwymo (ACT)

Mae Therapi Derbyn ac Ymrwymo yn cael ei ddarparu gan therapydd cymwys, yn aml seicolegydd clinigol neu gwnsela. Therapi yw hwn sy'n ein helpu i gydnabod pan fydd gorbryder yn codi ei ben, a sut mae'n gwneud i ni deimlo ac ymddwyn. Mae'n ein helpu i ddeall bod gorbryder yn emosiwn normal a sut i wneud lle iddo yn ein bywyd; mae'n dysgu sgiliau i dy helpu di i sadio dy hun pan fydd gorbryder yn ymddangos a chamu'n ôl o'r meddyliau gorbryderus, ac i wneud dewisiadau ystyrlon ar gyfer sut rwyt ti am ymddwyn a'r person rwyt ti am fod, p'un a fydd gorbryder yn codi ei ben ai peidio.

Dadsensiteiddio ac Ailbrosesu drwy Symudiadau Llygaid (EMDR)

Gall EMDR gael ei ddarparu gan ymarferydd cymwys. Datblygwyd y dull hwn yn wreiddiol ar gyfer PTSD, ond gwelwyd ei fod yn fuddiol ar gyfer amrywiaeth o anawsterau iechyd meddwl. Fe elli di ddysgu mwy am EMDR yn www.emdrassociation.org.uk.

Ymlacio Cymhwysol

Fe elli di gael help gan therapydd cymwys i ddysgu technegau ymlacio cymhwysol, neu fe elli di eu dysgu dy hun. Mae ymlacio cymhwysol yn dy helpu i adnabod symptomau gorbryder yn y corff a sut i ymlacio'r corff pan fydd tensiwn yn cynyddu yn ei sgil. Fe fyddi'n dysgu ymarfer ymlacio'r corff a'r gwahanol gyhyrau, cyn rhoi hynny ar waith pan fydd gorbryder yn codi ei ben. Bydd ymarferion ymlacio goddefol (canolbwyntio ar bob rhan o'r corff a'u dychmygu'n ymlacio) a chynyddol (tynhau ac ymlacio pob rhan o'r corff yn ei dro) yn eich helpu i ddysgu ymlacio'r corff. Gall ymarferion ymlacio delweddu dan arweiniad, fel gwrando ar rywun yn siarad trwy dro yn y goedwig neu ar hyd y traeth, helpu i ymlacio'r meddwl a'r corff. Mae llawer o'r ymarferion hyn ar gael ar YouTube.

Hunangymorth

Dewis arall yw chwilio am adnoddau hunangymorth neu seico-addysg dy hun i dy helpu i ddeall gorbryder a sut i ymateb iddo. Mae ambell awgrym ar gael yn yr adran Adnoddau Defnyddiol.

MEDDYGINIAETH

Mae'n bosib y byddi'n teimlo dy fod wedi rhoi cynnig ar bopeth gelli di ond nad wyt ti'n ddim gwell, a dyna pryd mae'n werth ystyried meddyginiaeth. Er bod rhyfaint o stigma o hyd ynglŷn â throi at feddyginiaeth, mae cymryd meddyginiaethau ar gyfer gorbryder yn llawer mwy cyffredin bellach.

Mae rhai unigolion yn gweld bod meddyginiaeth yn helpu, ond bydd yn ddi-fudd i eraill. Mae'n brofiad unigol ac mae angen i ti bwyso a mesur beth sy'n iawn i ti.

GORBRYDER, PANIG A GORLETHU

> Mae gorbryder wedi bod yn rhan o 'mywyd ers i fi fod yn oedolyn ifanc. Fodd bynnag, fe waethygodd pethau ar ôl i fi ddod yn fam. Pan ddes i'n fam sengl, fe ges i fy llethu ganddo. Ar ôl blynyddoedd o weithio drwy'r gorbryder gyda chwnsela, myfyrio, ioga a thabledi diazepam achlysurol, fe wawriodd y diwrnod lle nad oedd hynny'n ddigon. Yn hwyr un nos, a finnau'n dioddef o insomnia, dyma don o bryder yn golchi drosof. Yn ei sgil, fe wnes i ddychmygu cymryd gorddos. Fe wnaeth fy ngorbryder gymryd drosodd, a finnau'n poeni nad oedd gen i reolaeth dros fy nghorff, a fyddai'n ddamcaniaethol yn gallu arwain at gymryd gorddos ar ddamwain. Fel mae'n digwydd, roedd gen i reolaeth ar fy nghorff, wnes i ddim cymryd gorddos ar ddamwain, ond dyna'r profiad wnaeth i fi sylweddoli bod angen mwy o help arna i. Fe wnes i ddechrau cymryd gwrthiselyddion, a dyma'r penderfyniad gorau y gallwn i fod wedi'i wneud. Dwi bellach yn cymryd 40mg o Citalopram bob nos, a dwi'n fwy na pharod i gyfaddef na fyddwn i wedi gallu ymdopi drwy'r blynyddoedd diwethaf hebddyn nhw. Dydy meddyginiaeth ddim wedi gwella'r gorbryder, ond mae wedi rhoi'r gallu i fi feddwl yn gall ac i beidio â byw mewn cyflwr o banig cyson. Os nad wyt ti wedi profi gorbryder erioed, mae'n gallu bod yn amser brawychus; dwi'n dy annog yn daer i sgwrsio â dy feddyg teulu i drafod ffyrdd posib o symud ymlaen. **Amy**

Rydyn ni'n dy gynghori i siarad â gweithiwr proffesiynol meddygol neu seiciatrig cymwys os wyt ti'n ystyried meddyginiaeth ar gyfer gorbryder.

Mae dewis cymryd cyffur lleihau gorbryder yn ddewis dilys. Mae rhai pobl yn poeni cael eu barnu am gymryd meddyginiaeth, yn enwedig fel rhiant. O'n safbwynt ni, mae unrhyw un sy'n gwneud popeth o fewn ei allu i oresgyn heriau yn gwneud rhywbeth yn iawn. Maen nhw'n dangos eu bod nhw'n cydnabod bod ganddyn nhw anawsterau a'u bod nhw eisiau eu goresgyn. Mae hyn yn dangos cryfder a dewrder a chrebwyll ac ymwybyddiaeth, ac mae hyn i gyd yn nodweddion cadarnhaol i riant. Mae anawsterau iechyd meddwl fel gorbryder yn bodoli. Allwn ni ddim esgus nad ydyn nhw. Y peth pwysig yw gwneud beth gelli di i helpu dy hun, a thrwy wneud hynny, helpu dy blant.

Er y gall gorbryder deimlo fel diwedd y byd ar hyn o bryd, rydyn ni'n brawf byw y gelli di ac y byddi'n dod drwyddi.

Ymateb i dy Orbryder

Rho gynnig ar yr ymarfer hwn y tro nesaf y bydd gorbryder yn codi ei ben. Ar ôl cymryd anadl ddofn dos ati i:

1. **Sylwi** pan fydd gorbryder yn amlygu ei hun i ti. Beth yw'r arwyddion fod gorbryder ar fin dy daro di? Wyt ti'n aflonyddu? Wyt ti'n teimlo dy galon yn curo'n gyflym? Yw dy feddwl yn dechrau gwibio i bob man?
2. **Cydnabod** mai gorbryder ydy o (neu unrhyw emosiynau eraill rwyt ti am eu henwi). Mae angen i ti gydnabod ble rwyt ti'n teimlo hyn yn dy gorff a sut mae'r gorbryder eisiau i ti ymddwyn. Mae angen cydnabod hefyd fod gorbryder yn codi ei ben pan fyddi'n teimlo dan straen, yn bryderus, wedi dy lethu neu'n flinedig.
3. **Ailfframio** dy orbryder. Cofnoda ar bapur unrhyw beth sy'n peri pryder neu orbryder i ti. Gwna nodyn o'r holl feddyliau pryderus sydd wedi codi eu pen. Dos drwy'r camau o wirio a oes unrhyw feddyliau gwallus neu feddyliau â thuedd. Ceisia edrych ar y sefyllfa o safbwyntiau gwahanol; rho gynnig ar ail-fframio'r meddyliau gorbryderus i ysgogi safbwynt

tecach, tawelach, mwy tebygol, llai trychinebus a mwy rhesymegol. Atgoffa dy hun, "Dwi'n teimlo'n orbryderus ar hyn o bryd ac mae fy meddwl i'n anfon pob math o feddyliau gorbryderus ata i. Does dim rhaid i fi wrando arnyn nhw neu roi sylw iddyn nhw/eu credu nhw, ond mi alla i gydnabod eu bod nhw yno."

4. **Datrys problemau** drwy nodi dy brif bryder neu orbryder, ac unwaith y byddi wedi mynd drwy'r broses ailfframio i'w dywys i le rhesymol, meddylia a oes angen i ti wneud unrhyw beth i fynd i'r afael â'r pryder hwn. Cadwa lygad rhag ofn bod yr "ateb" yn cynnwys unrhyw ymddygiadau gorbryder di-fudd (ceisio sicrwydd, gwirio, osgoi); os felly, meddylia eto beth mae angen i ti ei wneud i ddatrys y pryder – neu ai'r hyn sydd ei angen yw dy fod yn tawelu a lleddfu dy hun, gan mai dyma'r cam nesaf allweddol i ddatrys problemau.

5. **Cymryd camau** i fynd i'r afael â'r pryder neu'r gorbryder, os yw hynny'n briodol. Neu gwna rywbeth i dawelu a lleddfu dy gorff a dy feddwl. Neu gwna'r ddau beth! Mae yna lawer o bethau all fynd i'r afael â'r gorbryder: tawelu dy feddyliau, gollwng gafael ar dy feddyliau, ymarferion anadlu, ymlacio cymhwysol, archebu sesiwn therapi, cymryd dy feddyginiaeth a/neu wneud ychydig o ymarfer corff.

6

ISELDER

Gall iselder fod yn arbennig o amlwg mewn mamau sengl. Yn wir, mae'n bosib dy fod wedi troi at y bennod hon yn syth. Mae'r cyfnod yn union ar ôl chwalu'r uned deuluol yn gyfnod sy'n peri straen meddyliol arbennig. Nid yn unig oherwydd y newid sylweddol yn y drefn deuluol, ond yn aml oherwydd torcalon, straen a gorlethu hefyd. Gall iselder godi ei ben mewn gwahanol ffyrdd. Fe allet golli dy archwaeth, dioddef o insomnia, teimlo'n wag, methu stopio crio neu hyd yn oed deimlo na elli di grio.

Mae'n bosib y byddi'n sylwi mwy ar yr hyn sy'n digwydd o dy gwmpas di, bod dy synhwyrau'n fwy effro a dy fod yn sydyn yn ymwybodol o deuluoedd eraill – mae fel pe bai yna deuluoedd hapus o dy gwmpas ym mhobman – a bod hynny'n achosi teimladau o dristwch dwys iawn. Mae'n ymateb cyffredin i'r trawma sy'n dod yn sgil perthynas yn chwalu, felly paid â theimlo'n ddrwg os wyt ti'n sydyn yn methu dioddef Sara, ei gŵr hyfryd Ger ac Alffi bach, eu mab bach annifyr o ufudd.

Profodd Amy iselder wrth iddi ddod yn fam sengl, ac roedd gweld teuluoedd hapus yn anodd iddi. Fe gymerodd hi amser hir iddi beidio â theimlo'n wag ac yn dorcalonnus wrth weld teulu di-nod yn byw eu bywydau.

Mae'n bosib dy fod yn teimlo'n isel iawn, ond ddim yn siŵr a yw'n cyfrif fel iselder go iawn, cyflwr sy'n deilwng o ddiagnosis. Faint o dristwch sy'n gyffredin? I fod yn onest, mae labeli'n llai pwysig na dy brofiad. Fodd bynnag, os wyt ti'n drist i'r pwynt dy fod yn ei chael hi'n anodd byw dy fywyd, mae angen i ti chwilio am help. Os wyt ti'n drist mewn ffordd nad yw'n teimlo'n "normal" i ti, chwilia am help. Os wyt ti'n amheus o dy "lefel" o dristwch, chwilia am help.

Mae iselder yn bwnc enfawr a chymhleth ynddo'i hun. Yn y bennod hon, fe fyddwn ni'n edrych ar sut gall teimladau o iselder amlygu eu hunain, a beth gallwn ni ei wneud fel mamau sengl i leddfu hwyliau isel iawn. Dydy'r ffocws ddim ar "ddatrys" iselder, ond ar ei ddeall, derbyn dy deimladau a dod o hyd i ffyrdd o ymdopi sy'n gweithio i ti.

BETH YW ISELDER?

Mae iselder yn cael ei ddehongli fel profiad sy'n gallu effeithio'n negyddol ar sut rwyt ti'n teimlo, yn meddwl ac yn ymddwyn.

SUT GALL ISELDER WNEUD I TI DEIMLO?
Gall iselder wneud i ti deimlo amrywiaeth o emosiynau, gan gynnwys tristwch, trallod, pryder, euogrwydd, dicter, dideimladrwydd, unigrwydd, gorbryder, cywilydd ac ati.

Gall hefyd effeithio ar sut rwyt ti'n teimlo'n gorfforol. Gall wneud i ti deimlo wedi ymlâdd, yn gorfforol ac yn feddyliol, ond ar yr un pryd yn aflonydd neu'n gynhyrfus. Gall wneud i ti deimlo dy fod yn cerdded drwy driog, fel pe bai pob symudiad yn anodd, neu ysgogi teimladau o densiwn neu drymder yn y frest a'r corff.

SUT GALL ISELDER WNEUD I TI FEDDWL?
Gall iselder wneud i ti feddwl dy fod yn berson drwg, yn ddiwerth, yn fethiant, ddim yn ddigon da. Gall ysgogi meddyliau negyddol a beirniadol diddiwedd amdanat ti, dy fywyd, dy orffennol, dy bresennol, dy ddyfodol, pobl eraill o dy gwmpas di a'r byd. Mae

effaith yr holl feddyliau â thuedd hynny sydd wedi cael sylw yn y penodau blaenorol (gweler tudalen 48) hefyd yn amlwg yma.

Gall iselder hefyd effeithio ar dy ddirnadaeth (er enghraifft, dy sylw, dy gof, cyflymder prosesu gwybodaeth). Gall wneud canolbwyntio, cofio pethau, cadw trefn ar dy hun, gwneud penderfyniadau neu ddatrys problemau yn anodd. Gall deimlo fel pe bai dy ymennydd mewn niwl.

SUT GALL ISELDER WNEUD I TI YMDDWYN?

Gall iselder effeithio ar dy ymddygiad. Gall wneud i ti eisiau encilio, a chuddio oddi wrth bobl. Gall naill ai wneud cwsg yn amhosib neu dy lyncu i'r fath raddau nes dy fod yn cysgu gormod. Gall arwain at ddagrau, cynnwrf, hel meddyliau. Gall wneud i ti esgeuluso gofalu amdanat ti dy hun, gofalu am dy les, bwyd, iechyd, hunanofal. Gall sbarduno hunan-niweidio neu ymddygiadau hunanladdol (a fydd yn cael sylw yn nes ymlaen yn y bennod hon).

Fodd bynnag, mae'n bwysig nodi ei bod hi'n bosib gweithredu ar yr un pryd â dioddef iselder. Mae'n bosib gwenu a chwerthin a dioddef iselder. Mae'n bosib bod yn ffrind da i eraill, gofalu amdanat ti dy hun a dy aelwyd, rhoi'r argraff allanol fod popeth yn "normal", a dal i ddioddef iselder. Mae'n bosib y byddi'n gallu gwneud yr holl bethau hyn ac yna crio'n ddi-baid pan fydd y peth lleiaf yn digwydd neu'n dal i deimlo wedi dy lethu, yn bryderus, yn drist ac yn chwilfriw y tu mewn. Efallai y byddi eisiau cuddio, yn teimlo na elli di wynebu'r diwrnod, yn teimlo cywilydd, euogrwydd, ofn, yn cael trafferth cysgu neu godi o'r gwely – ond i'r byd mawr y tu allan, byddi'n edrych cystal ag y gwnest ti erioed.

ISELDER AR GONTINWWM O'I GYMHARU AG ISELDER FEL DIAGNOSIS

Oes gen ti "iselder"? Sut mae iselder yn edrych? Yn anffodus, mae'n amhosib ateb y cwestiwn hwnnw – mae iselder yn ymddangos ar sawl ffurf. Serch hynny, gallwn ddeall iselder mewn dwy ffordd: fel rhywbeth sy'n bodoli ar gontinwwm, neu fel diagnosis penodol.

Y SBECTRWM ISELDER

Gall pobl brofi iselder ar hyd continwwm hir, yn amrywio o beidio â dioddef iselder, i brofi rhai symptomau iselder cynnil, symptomau iselder difrifol, a dioddef iselder difrifol, hollgynhwysol. Fel hyn, mae unigolyn yn gallu symud yn ôl ac ymlaen ar hyd y continwwm iselder, a'r cyflwr yn amrywio dros oriau, dyddiau, wythnosau, gyda'r iselder yn ymddangos yn ysgafnach weithiau ac yn llawer mwy dwys dro arall.

Gall y syniad o sbectrwm iselder fod o fudd i famau sengl. Er eu bod nhw'n meddwl weithiau eu bod nhw'n dioddef o iselder, mae'r ffaith eu bod nhw'n cael dyddiau da neu gyfnodau da yn gwneud iddyn nhw feddwl nad hynny ydy o. O fewn y sbectrwm, mae lle ar gyfer pob profiad o iselder. Mae hynny wedyn yn help i ni ganolbwyntio ar ddod o hyd i ffyrdd o ddarparu cymorth a chefnogaeth, i symud ar hyd y sbectrwm tuag at fwy a mwy o ddyddiau sy'n deilwng o'r label "ddim yn dioddef iselder".

Fel mam sengl, fe elli di gael dy hun ar unrhyw ran o'r continwwm iselder. Os wyt ti wedi profi iselder yn dy fywyd cyn dod yn fam sengl, mae'n bosib bod y risg iddo daro eto yn uwch ar adeg fel hyn.

ISELDER FEL DIAGNOSIS

Os yw iselder yn cael effaith barhaus ar dy fywyd, mae'n werth chwilio am ddiagnosis ffurfiol. Dydy hyn ddim yn angenrheidiol bob amser, ond gall fod yn fuddiol i ti ar adegau, neu os yw'r "system" yn gofyn am ddiagnosis ffurfiol; er enghraifft, i dy alluogi i sicrhau absenoldeb salwch neu dderbyn meddyginiaeth neu wasanaethau therapi.

Mae yna holiaduron hunan-adrodd ar gael sy'n gallu rhoi syniad o lefel symptomau iselder, ac sy'n nodi a wyt ti'n ddioddef lefel ysgafn, gymedrol neu ddifrifol o iselder. Mae'n bosib hefyd i ti gael diagnosis ffurfiol o iselder gan dy feddyg, seiciatrydd neu weithiwr iechyd meddwl proffesiynol cymwys.

Iselder sylweddol (sydd weithiau'n cael ei alw'n iselder clinigol) yw'r diagnosis iselder mwyaf cyffredin. Mae hynny'n digwydd ar sail meini prawf penodol, ac fel arfer, mae'n rhaid i symptomau fod yn bresennol am bythefnos neu fwy er mwyn gwneud diagnosis.

Mae yna gyflyrau iechyd meddwl eraill sy'n dod o dan ymbarél iselder ehangach, sy'n cynnwys: iselder ôl-enedigol, anhwylder affeithiol tymhorol, iselder gyda nodweddion seicotig neu dysthymia (anhwylder pruddglwyfus parhaus). Mae anhwylder deubegynol (a elwid gynt yn iselder manig) yn gyflwr cysylltiedig ond gwahanol iawn, sy'n cael ei nodweddu gan byliau o iselder am yn ail â mania – hwyliau ac ymddygiadau hynod gadarnhaol.

Yn y bennod hon, fe fyddwn ni'n sôn am deimladau o iselder, a fydd yn cwmpasu unrhyw brofiad ar hyd y continwwm iselder. Mae hyn yn bwysig oherwydd ei bod yn bosib i ti brofi symptomau iselder fel mam sengl heb iddo byth gyrraedd lefel glinigol/lefel sy'n teilyngu diagnosis. Neu, efallai y byddi'n profi iselder parhaus a fydd yn gallu effeithio ar bob agwedd ar dy fywyd ac ar dy weithrediad, ac fe fyddi'n dewis chwilio am ddiagnosis a chefnogaeth broffesiynol ar ei gyfer.

Cofia, os wyt ti'n teimlo y byddai'n fuddiol, mae modd ystyried cefnogaeth broffesiynol bob amser, waeth sut rwyt ti'n deall lefel dy brofiad o iselder.

SUT GALL ISELDER DARO MAMAU SENGL

- Pan fyddi di'n cael trafferth bod ar dy ben dy hun, heb bartner

- Pan fyddi di'n cael trafferth gyda'r galar a'r colledion rwyt ti'n eu profi ym mhob agwedd ar dy fywyd fel mam sengl
- Pan fyddi di'n cael trafferth dal i fyny â phopeth mae'n rhaid i ti ei wneud fel mam sengl
- Pan fyddi di'n cael dy fwyta'n fyw gan euogrwydd, cywilydd neu edifeirwch am y daith i ddod yn fam sengl
- Pan fyddi di'n cael trafferth gyda'r cywilydd a'r gorbryder sy'n gysylltiedig â bod yn fam sengl
- Pan fyddi di'n cael trafferth gydag effaith bod yn rhiant sengl ar dy blant
- Pan na elli di ddychmygu dy fywyd yn mynd i le gwell
- Pan fydd heriau caled – ariannol, ymarferol, iechyd – sy'n anodd i ti eu goresgyn
- Pan fydd gwrthdaro parhaus gyda dy gyn-bartner neu ffrindiau/perthnasau yn ymwneud â'r gwahanu neu newidiadau bywyd
- Pan fyddi di'n cael dy lethu gan heriau bywyd eraill, cyfeillgarwch yn chwalu, profedigaethau, colli swyddi

HUNAN-NIWED A MEDDYLIAU HUNANLADDOL

Yn nyfnderoedd iselder, mae'n ddigon cyffredin profi meddyliau hunanladdol neu feddyliau am niweidio dy hun. Os wyt ti'n profi hyn, dyma'r pwynt lle rydyn ni'n dy annog i siarad â meddyg, neu â therapydd os oes gen ti un eisoes. Dwi'n gwybod ei fod yn bwnc brawychus i sôn amdano, ond mae hefyd mor bwysig oherwydd gall canlyniadau'r agwedd yma ar iselder fod mor ddifrifol.

BETH YW HUNAN-NIWEIDIO?

Mae hunan-niweidio yn disgrifio mathau o ymddygiad sy'n cynnwys achosi niwed i'r hunan, boed hynny drwy dorri, llosgi, crafu, taro neu bigo. Gall hefyd ddigwydd drwy ddefnydd gormodol o gyffuriau, alcohol neu fwyd. Dydy'r ymddygiadau hyn ddim wedi'u bwriadu i achosi niwed sy'n rhoi terfyn ar fywyd unigolyn, felly dydyn nhw ddim yn ymddygiadau hunanladdol. Gall hunan-niweidio ddigwydd fel ffordd o:

- Fferru teimladau
- Creu ymdeimlad o ryddhad rhag emosiynau anodd
- Teimlo rhywbeth os wyt ti'n teimlo wedi dy fferru
- Cosbi drwy greu poen

Beth bynnag yw'r rheswm, mae'n fynegiant o boen emosiynol person, a'r ymdeimlad o natur annioddefol hynny.

Os yw hunan-niweidio wedi bod neu yn rhan o dy fywyd, mae yna ffyrdd o'i oresgyn a datblygu strategaethau newydd ar gyfer ymdopi. Mae'n werth i ti holi am help a chefnogaeth gweithiwr proffesiynol iechyd meddwl cymwys gyda hyn.

BETH YW MEDDYLIAU HUNANLADDOL?

Gall pobl brofi gwahanol fathau o feddyliau hunanladdol.

- Fe elli di brofi meddyliau o fod eisiau dod â dy fywyd i ben, nad wyt ti eisiau bod yma mwyach neu dy fod eisiau i'r holl dristwch neu boen stopio.
- Fe elli di gael meddyliau am fod *wir* eisiau marw.
- Fe elli di ddechrau cynllunio ffyrdd o ladd dy hun – gan feddwl pryd a ble y byddi'n gwneud hynny.
- Fe elli di gael meddyliau sy'n cyfiawnhau gweithredoedd hunanladdol (er enghraifft, fe fydd pawb yn well ei fyd hebof i).

- Fe elli di gymryd camau pendant tuag at gynllunio dy hunanladdiad, fel ysgrifennu nodyn, prynu meddyginiaeth.

Fe fydd rhai ond yn profi'r gyfres gyntaf o feddyliau, ond fe fyddan nhw'n glir iawn nad ydyn nhw eisiau gweithredu arnyn nhw na gwneud unrhyw beth a allai achosi eu marwolaeth. Mae'r math yma o feddyliau yn teilyngu ac angen cymorth yr un fath; ond os yw'r lefel a'r mathau o feddyliau yn cynyddu ac yn dwysáu, mae'n hanfodol – ac yn fater brys weithiau – i geisio help cyn gynted â phosib (gweler isod).

Pan fyddwn ni'n cael meddyliau hunanladdol, mae'n bwysig deall mai'r ymennydd sy'n ceisio dod o hyd i ateb i'r trallod a'r boen rwyt ti'n eu teimlo yn sgil yr iselder; y broblem yw bod yr ymennydd wedi setlo ar ateb diffygiol. Mae'r ymennydd yn methu rhoi gwybod nad hunanladdiad yw'r unig opsiwn – y bydd yr iselder yn pasio, bod pobl sydd wedi profi meddyliau hunanladdol yn dod drwyddi ac yn mynd yn eu blaen i fyw bywydau anhygoel. Mae'r ymennydd yn dweud celwydd pan fydd yn dweud y bydd pawb yn well eu byd os nad ydyn ni yma – dydy hynny ddim yn wir; yn enwedig yn achos ein plant, ond hefyd yn achos pawb arall sy'n agos atat ti hefyd. Mae ceisio ymdopi ar ôl i rywun annwyl gyflawni hunanladdiad yn brofiad sy'n llorio pobl yn llwyr.

BETH I'W WNEUD AM FEDDYLIAU HUNANLADDOL

- Siarad â rhywun am sut rwyt ti'n teimlo.
- Ffonio y llinell gymorth emosiynol genedlaethol (gweler yr adran Adnoddau Defnyddiol).
- Cysylltu â'r meddyg.
- Os wyt ti eisoes o dan ofal tîm iechyd meddwl lleol a bod ganddyn nhw linell argyfwng, ffonia hi.

> - Os wyt ti'n teimlo y gallet ti ladd dy hun, ffonia'r gwasanaethau brys neu dos i adran frys dy ysbyty agosaf.
>
> PAID Â RHOI'R GORAU IDDI os nad yw un o'r opsiynau uchod yn helpu neu os nad yw ar gael. Rho gynnig ar unrhyw un a phob un o'r opsiynau. Rwyt ti werth y drafferth.

STRAEON AM ISELDER WRTH FYW FEL MAM SENGL

Mae dy fywyd wedi cael ei droi wyneb i waered yn llwyr. Rwyt ti'n rhiant sengl sy'n gorfod dod o hyd i ffordd hollol newydd o fyw dy fywyd. Mae teimladau o iselder yn tueddu i godi pan fyddwn ni'n teimlo nad yw bywyd yn mynd fel yr oedden ni wedi'i gynllunio, neu'n teimlo nad oes gennym ni unrhyw reolaeth dros yr hyn sy'n digwydd i'n bywydau. Gall hyn amlygu ei hun mewn sawl ffordd wahanol, ond fe fyddi'n aml yn teimlo'n isel iawn heb fawr o gymhelliant i wneud unrhyw beth, a gall wneud i ti deimlo hanner y person oeddet ti.

> Pan chwalodd perthynas **Ali** a'i phartner, roedd hi'n teimlo wedi'i threchu.
>
> "Roeddwn i'n llefain drwy'r amser, ond yn llwyddo i ddal ati. Doedd gen i fawr ddim cymhelliant, ond, rywsut, fe wnes i lwyddo i wneud yn siŵr bod fy mhlant bob amser yn lân, yn cael eu bwydo ac yn byw mewn tŷ glân. Ar y llaw arall, roeddwn i'n mynd am ddyddiau heb gawod ac yn byw mewn jogyrs."
>
> Wrth i briodas **Menna** chwalu, fe ddaliodd ati, er gwaethaf brwydr fewnol gydag iselder.

ISELDER

"Pan chwalodd fy mhriodas, mi wnes i ddal i fynd. Mi oedd yn rhaid i fi. Mi oeddwn i'n gweithio. Mi wnes i gadw'r tŷ yn daclus. Mi wnes i gael y plant i'r ysgol. Mi oeddwn i'n gwneud ymarfer corff (weithiau). Mi fyddwn i'n mynychu digwyddiadau cymdeithasol. Mi oeddwn i'n gwenu. Ond y tu mewn, mi oeddwn i'n cael trafferth ymdopi. Mi fyddwn i'n crio yn y maes parcio ar y ffordd i'r archfarchnad. Mi fyddwn i'n cael fy llethu gan decst a oedd yn gofyn am ymateb neu e-bost gan yr ysgol. Mi oedd ymdopi efo amser gwely'r plant yn ormod. Mi fyddwn i'n deffro'n gynnar ac yn gorwedd yn y gwely yn meddwl am bopeth oedd wedi digwydd, ac eisiau cuddio a pheidio â wynebu'r diwrnod i ddod. Ond mi oedd yn rhaid i fi ennill pres, mi oedd yn rhaid i fi godi, mi oedd yn rhaid i fi ddal ati. Ar ei waethaf, mi oeddwn ni'n hel meddyliau am fy ngallu i ddal ati, ac a fyddai pob dim yn haws taswn i ddim o gwmpas. Diolch byth, mae'r meddyliau hynny wedi cilio erbyn hyn."

TEIMLADAU NEGYDDOL AMDANAT TI DY HUN

Mae gorfod wynebu nad yw rhywun roeddet ti'n ei garu mor angerddol dy eisiau di yn deimlad ofnadwy. Hyd yn oed os nad wyt ti'n ei garu mwyach, fe fyddi'n gweld ei golli ond hefyd yn dechrau amau ti dy hun, fel "Beth wnes i o'i le? Beth sy'n bod arna i? Pam nad ydy o'n fy ngharu i mwyach?" Roedd eich perthynas yn rhan enfawr o dy fywyd ac, mewn ffordd, dyna oedd dy ymdeimlad di o bwy oeddet ti, felly pan fydd hynny'n cael ei chwalu, gall hynny esgor ar broblemau hunan-werth a diffyg hyder eithafol. Efallai y byddi'n teimlo'n anneniadol, nad wyt ti'n deilwng o gael dy garu, ac na fydd ar neb dy eisiau di. Dydy hynny ddim yn wir, ond mae'n ffordd gyffredin i'n meddyliau siarad â ni, yn enwedig wrth i grafangau iselder wasgu'n dynnach.

Roedd **Mared** yn meddwl ei bod wedi dod o hyd i'w hunig gwir gariad, yr un person yr oedd hi eisiau treulio gweddill ei bywyd yn ei gwmni. Yna daeth y berthynas i ben.

"Yr hyn loriodd fi oedd ei fod o efo fi am gymaint o flynyddoedd cyn penderfynu nad oedd o eisiau hynny mwyach. Mae o'n brifo ei fod o wedi fy ngweld i fel oeddwn i, ond nad oedd o eisiau gweithio ar hynny. Mae'n anodd iawn adfer eich hunanwerth ar ôl i hynny ddigwydd heb unrhyw adnoddau i'ch helpu chi. Mi fyddai wedi bod mor hawdd i fi droelli allan o reolaeth, ond mi oedd yn rhaid i fi ddal ati er mwyn fy merch, a mynd i'r afael â'r iselder efo therapi a meddyginiaeth."

Pan fyddi di wedi bod drwy chwalfa fawr, mae'n bosib y byddi'n teimlo'n isel iawn. Rydyn ni eisiau i ti wybod y byddi'n dod drwyddi ac yn dod o hyd i ffyrdd o roi hwb i dy hyder. Yn anffodus, gall diffyg hunanwerth a diffyg hyder dy fwyta di fel cnonyn ac arwain at deimladau o iselder.

Roedd **Cerys** yn cael trafferth gyda meddyliau amdani hi ei hun ar ôl i'r berthynas chwalu.

"Er 'mod i'n cytuno â'r gwahanu, mi wnaeth hynny sbarduno teimlad cryf o gael fy ngwrthod. Mi oeddwn i'n teimlo mor wrthodedig. Mi oeddwn i'n cael meddyliau nad oedd neb yn malio amdana i, nad oeddwn i'n bwysig, nad oeddwn i'n werth amser unrhyw un arall. Doeddwn i'n ddim byd. Mi sylwais i fod hyn yn dechrau hidlo i mewn i fy ngwaith ac i'r amser roeddwn i'n ei dreulio efo fy ffrindiau. Os oedd sefyllfa anodd yn codi yn y gwaith, mi fyddwn i'n edrych arni fel pe bawn i'n bersonol yn cael fy ngwrthod, fel beirniadaeth ohona i. Mi wnes i ddod yn sensitif iawn i wleidyddiaeth cylchoedd cymdeithasol ac i'r teimlad o gael fy nghau allan. Mi wnes i sylweddoli, efo cymorth, fod pob un o'r sefyllfaoedd hyn yn cysylltu â meddyliau 'Dwi'n cael fy ngwrthod' a 'Does neb yn fy ngharu i' a 'Dwi ddim yn bwysig'. Nid dyna oedd yn digwydd yn y sefyllfaoedd hynny efo gwaith a ffrindiau, ond dyna sut roeddwn i'n meddwl ac yn teimlo, ac mi fyddai hynny'n fy ngadael i'n teimlo'n drist, yn anobeithiol, yn ddagreuol ac yn flinedig."

PAN FYDD ISELDER YN EFFEITHIO AR DY DEULU

Gall dy iselder effeithio ar fwy o bobl na dim ond ti. Fe allet ti sylwi ei fod yn creu trafferth i dy deulu hefyd, yn enwedig i dy blant.

Er bod **Ali** yn gwneud yn siŵr bod ei phlant wedi'u gwisgo a bod bwyd yn eu boliau bob dydd, roedden nhw'n dal i'w gweld hi'n dioddef.
"Dwi'n credu mai fy mab hynaf gafodd ei effeithio fwyaf achos, am amser hir, doeddwn i ddim yn cael unrhyw bleser o ddim byd. Fe fyddai'n dweud pethau fel, 'Mami, ti ddim yn chwerthin rhagor', oedd yn dorcalonnus. Ambell dro, fe ddaliodd fi'n llefain a byddai'n rhoi cwtsh i fi. Ond roedd fy mhlentyn canol yn gofyn pam 'mod i'n llefain. Pan fyddwn i'n dweud wrtho 'mod i'n gweld colli ei dad, roedd e'n dweud pethau fel, 'Os gwna i ofyn i dad, dwi'n siŵr y byse fe'n dod adref.'"

Roedd **Gwawr** hefyd yn teimlo bod straen ar ei merch.
"Pan aeth yr iselder yn ddrwg iawn, roedd hi'n ddiflas i unrhyw un fod yn fy nghwmni oherwydd roedd popeth yn gymaint o ymdrech. Fe fyddwn i'n esgus bod popeth yn iawn o'i blaen hi, ond mae plant wastad yn sylwi ar unrhyw beth sy'n bod."

Pan fydd teimladau o iselder yn dechrau effeithio ar dy deulu, mae'r euogrwydd ofnadwy hwnnw wrth ei fodd yn codi ei ben eto – er mwyn gwneud i ni deimlo'n waeth fyth. Efallai dy fod yn teimlo'n euog oherwydd dy fod wedi blino gormod i wneud pethau cyffrous gyda dy blentyn, neu am na elli di stopio crio, neu hyd yn oed oherwydd dy fod yn torri dy fol eisiau ymddwyn fel y fam hwyliog a bywiog oeddet ti ar un adeg, ond bod popeth mor anodd bellach. Mae hyn yn hollol normal. Mae Pennod 4 yn manylu am ffyrdd o ymdrin ag euogrwydd.

Os wyt ti'n cael trafferth gyda sut rwyt ti'n teimlo a bod hynny'n amlwg i dy blant, fe allai fod yn amser pwysig i geisio cymorth a chefnogaeth ychwanegol. Nid oherwydd na ddylai dy blant dy weld yn profi adegau trist, ond oherwydd pan fydd yn cyrraedd y lefel lle mae'n effeithio arnat ti a dy blant, mae'n bwysig dod o hyd i ffyrdd i'ch helpu chi i gyd. Ac, er bod hyn yn anodd ei glywed, mae'n mynd i effeithio ar dy blant os ydyn nhw'n gorfod gofalu amdanat ti yn dy iselder. Felly, hyd yn oed os nad wyt ti'n teimlo dy fod yn deilwng o'r gefnogaeth ar hyn o bryd, ceisia gofio ei fod yn werth chweil o ran dy ddyfodol di a'r plant a'ch bod chi i gyd yn haeddu i ti ddod drwyddi a chael cyfle i fyw bywyd heb iselder. Cofia fod hyn yn mynd i basio ac y daw pethau'n haws, felly mae'n werth chwilio am gefnogaeth neu gymorth.

ISELDER O GWMPAS PLANT

Os wyt ti'n profi iselder, ceisia gyfyngu'r baich ar dy blant yn ei sgil, waeth pa mor hen ydyn nhw. Paid â'i gadw y tu mewn na cheisio ei fygu, dydy hynny ddim yn effeithiol; yn hytrach, ceisia siarad am sut rwyt ti'n teimlo gyda phobl eraill – ffrindiau, cydweithwyr, perthnasau. Cysyllta â llinell destun argyfwng a chael sgwrs yno.

Mae dy iechyd meddwl a'th lles yn llawer o gyfrifoldeb i dy blentyn orfod delio â nhw a phoeni amdanyn nhw, ac os yn bosib, mae angen eu gwarchod rhag hynny. Dydy hynny ddim yn golygu dangos emosiynau hapus a dim byd arall iddyn nhw, oherwydd dydy hynny ddim yn wir nac yn realistig. Fe elli di ddweud wrthyn nhw dy fod yn cael moment drist, neu ddiwrnod gwael, ond mae'n werth cadw'r manylion rhagddyn nhw (yn enwedig os yw'n ymwneud â'u rhiant arall).

> ## AWGRYMIADAU AR SUT I SIARAD Â DY BLENTYN OS WYT TI'N PROFI ISELDER A HWYLIAU ISEL
>
> - Ceisia deilwra dy sgwrs i oedran dy blentyn: dydy plentyn chwech oed ddim yn mynd i ddeall natur gymhleth y sefyllfa i'r un graddau â phlentyn yn ei arddegau.
> - Bydd yn onest: atebwch unrhyw gwestiynau yn onest, ond gan gofio oedran a datblygiad emosiynol dy blentyn.
> - Gwna'n siŵr bod dy blentyn yn deall nad oes modd dal salwch meddwl, fel Covid neu annwyd!
> - Rho wybod i dy blentyn fod pethau'n anodd neu dy fod fymryn yn drist ar hyn o bryd ond esbonia hefyd beth rwyt ti'n ei wneud i wella: siarad â meddyg, cymryd meddyginiaeth, ymarfer corff, bwyta'n iach ac ati.

BOD AR DY BEN DY HUN

Mae magu plant ar dy ben dy hun yn anodd. Yn enwedig pan fyddi'n dioddef iselder, yn ddi-hwyl ac yn ddiegni. Mae cael rhywun arall i helpu yn gwneud pethau cymaint yn haws, hyd yn oed os nad ydyn nhw'n gwneud dim mwy na chynnig cefnogaeth i ti. Roedd Amy'n gweld colli rhywbeth mor fach â gallu rhefru am ei diwrnod wrth rywun, ond mae ei ffrindiau wedi llenwi'r bwlch hwnnw. Yn ffodus, mae un o'i ffrindiau agosaf yn fam sengl hefyd, felly mae ganddyn nhw drefn FaceTime ddyddiol ar waith i gael sgwrs a thrafod eu diwrnod unwaith y bydd y plant yn cysgu. Mae'n gyfle i'r ddwy ohonyn nhw ysgafnhau eu baich.

Elliw sy'n esbonio mwy:
"Licen i tase'i thad hi yna weithiau i fod yn gefn gyda'r disgyblu, neu fod yna rywun yn dod adref ar ddiwedd y dydd, neu fod rhywun yno i ddweud 'mod i'n gwneud gwaith da."

Pan fydd pethau'n mynd yn anodd iawn gyda'r plant, gall diffyg partner wneud pethau'n anoddach. Gall fod yn arbennig o anodd delio â phroblemau mawr bywyd heb dy bartner yno i dy gefnogi di i ddod drwyddi.

Roedd **Awena** yn cael trafferth gydag iselder, nid oherwydd ei bod hi ar ei phen ei hun, ond oherwydd mai hi oedd yr unig berson a oedd yn delio ag iselder a hunan-niweidio ei mab.
"Dydw i ddim yn dweud y byddai hi wedi bod yn haws delio efo trafferthion fy mab pe bawn i mewn perthynas iach, ond mi fyddai'r syniad o gael rhywun yn gefn i fi wedi bod yn ddigon i'm rhwystro rhag cwympo i grafangau iselder fy hun."

Os nad wyt ti'n cael cefnogaeth gan bartner, mae angen i ti ddod o hyd i'r gefnogaeth honno yn rhywle arall, boed hynny drwy fynd i therapi, gofyn i ffrind neu berthynas neu ymuno â grŵp cymorth i rieni sengl. Dydy'r ffaith dy fod yn sengl ddim yn golygu bod yn rhaid i ti wneud hyn ar dy ben dy hun. Mae yna bobl allan yna sy'n gallu dy helpu di. Os wyt ti'n teimlo'n isel, rydyn ni'n dy annog i siarad â rhywun, hyd yn oed os nad wyt ti eisiau gwneud hynny. Ffrind, cydweithiwr neu gymydog – unrhyw un sy'n gallu dy gefnogi neu gynnig help llaw pan fydd pethau'n mynd yn anodd.

ISELDER

Pan oedd **Gwawr** *ar ei gwaethaf, byddai ei ffrind gorau yn galw draw, yn chwarae gyda'i merch ac yn gwneud paned iddi.*

"Fyddwn i ddim wedi gallu dod drwy'r cyfnod yna hebddi hi, a dwi'n credu y byddai fy merch wedi dioddef mwy pe na bai hi wedi camu i'r adwy a rhoi cymaint o sylw iddi hi."

Rydyn ni i gyd yn hoffi meddwl y gallwn ni wneud pethau ar ein pennau ein hunain; mae'n bosib ein bod ni hyd yn oed yn teimlo'r angen i brofi i bobl ein bod ni'n iawn ac yn gallu ymdopi fel mam sengl. Gall chwalfa perthynas esgor ar lawer o bwysau, ond y gwir amdani yw bod angen i ni allu gofyn am help. Dyna'r peth gorau gelli di ei wneud i ti dy hun a dy blant pan fyddi'n cael trafferth gyda dy iechyd meddwl.

Dyma air i gall gan **Gwawr**:
"Os yw eich ffrindiau eisiau dy helpu di, gad iddyn nhw wneud! Maen nhw'n cynnig oherwydd eu bod nhw eisiau helpu, nid am eu bod nhw'n teimlo bod yn rhaid iddyn nhw. Fe gymerodd hi sbel i fi sylweddoli bod y cynigion hynny'n rhai go iawn. Dydy'r gwahanu ddim yn mynd i achosi niwed parhaol i'r plant, maen nhw'n mynd i dyfu i fyny yn teimlo eu bod yn derbyn cariad a gofal oherwydd yr hyn rwyt ti'n ei wneud. Dim ond ti dy hun a dy weithredoedd sydd o fewn dy reolaeth di. Rho gymaint o gariad a chefnogaeth i ti dy hun a dy blant â phosib, ac fe ddewch chi drwyddi. Fe fydd e'n gyfnod cachu, ond daw eto haul ar fryn."

HUNAN-NIWEIDIO A MEDDYLIAU HUNANLADDOL

Er bod yr adran hon yn un arbennig o anodd i'w hysgrifennu, rydyn ni eisiau gwneud yn siŵr nad oes unrhyw fam sengl yn teimlo mai hunanladdiad yw'r unig ffordd allan. Mae gan Amy brofiad personol o hunanladdiad ffrind; roedd hi'n fam sengl ac, yn waeth fyth, ei phlant ddaeth o hyd i'w chorff. Er bod trafod hyn yn brofiad hynod ofidus, drwy siarad am iselder, hunan-niweidio a meddyliau hunanladdol, ein gobaith yw annog unrhyw un sy'n profi'r teimladau hyn i geisio help – os nad er dy fwyn di, yna er mwyn dy blant, dy deulu a dy ffrindiau.

> Fe wnes i fynd drwy gyfnod o iselder tua blwyddyn ar ôl i'r berthynas ddod i ben. Dwi wedi cyfeirio at hynny'n fras yn y bennod ar orbryder ond i grynhoi, roedd hi'n ganol nos ac fe ges i'r pwl mwyaf ofnadwy o orbryder fel 'mod i'n argyhoeddedig nad oedd gen i unrhyw fath o reolaeth ar fy nghorff ac y byddwn i'n cymryd gorddos ar ddamwain, ac y byddai fy mab yn darganfod fy nghorff. Wnes i ddim cysgu winc y noson honno, a'r peth cyntaf wnes i yn y bore oedd trefnu apwyntiad gyda'r doctor. Fe roddodd y doctor gymaint o gysur i fi, gan fy helpu i wahaniaethu rhwng y meddyliau ymwthiol hyn a realiti. Fe wnes i ddechrau cymryd gwrthiselyddion y diwrnod hwnnw, ac mae hynny wedi newid fy mywyd yn llwyr. **Amy**

Gall profi meddyliau hunanladdol fel mam sengl fod yn frawychus iawn. Profodd Amy hynny ar ffurf syniad ymwthiol gorbryderus. I eraill, gall ddigwydd ar ffurf meddyliau neu ddelweddau negyddol penodol.

> Wrth i berthynas **Anwen** chwalu, fe fu'n rhaid iddi ddelio â'r boen o golli ei mam hefyd. Pan fu farw ei mam, roedd hi'n teimlo fel na allai ymdopi o gwbl.
>
> "Roeddwn i'n teimlo ar fy mhen fy hun yn llwyr. Roeddwn i wir yn meddwl y byddai fy mhlant yn well eu byd hebdda i; roeddwn i'n gwybod y bydden nhw'n mynd

i fyw gyda'u mam-gu a'u tad-cu, ac roeddwn i'n meddwl y byddai hynny'n haws. Fe wnaeth y teimlad hwnnw bara tua wythnos, ac yna fe wnes i ystyried o ddifri gyrru fy nghar oddi ar y bont. Fe fues i ond y dim â gwneud, ond roedd rhywbeth yn fy rhwystro i, a dyma fi'n gyrru'n syth i'r feddygfa i siarad â'r doctoriaid. Fe ges i dabledi cysgu ganddyn nhw, fy rhoi ar wrthiselyddion ac fe ddechreuais i fynychu therapi yn fuan wedyn."

Yn aml, fe fydd meddwl am ein plant yn gorfod mynd drwy eu bywydau heb ein bod ni yno iddyn nhw yn ddigon i'n hatal ni rhag gweithredu ar feddyliau hunanladdol. Er enghraifft, fe fyddai Elliw yn gyrru o gwmpas gyda thedi ei merch yn y sedd gefn i'w hatgoffa bod angen iddi yrru'n syth adref oherwydd ei bod hi'n aros amdani, ac na allai ei siomi hi.

Er bod Anwen ac Elliw wedi llwyddo i droi cefn ar eu meddyliau hunanladdol, dydy llawer o bobl ddim yn derbyn y gofal sydd ei angen arnyn nhw. Os wyt ti'n cael trafferth, rydyn ni'n pwyso arnat ti i holi am help.

ARFERION YMDOPI NAD YDYNT YN IACH

Mae gan bawb ddulliau ymdopi gwahanol, ond mae'n hawdd iawn i rywun ddisgyn i grafangau arferion ymdopi di-fudd. Fe fydd yna lawer ohonom ni'n mwynhau gwydraid bach o win ar ôl diwrnod caled, neu sigarét i leddfu rhyw fymryn ar y straen; ond pan fyddwn ni'n teimlo'n ddigalon neu'n isel iawn, mae'n hawdd i ni droi at yr arferion hyn yn fwy a mwy cyson, er mwyn mygu teimladau a'n helpu ni i ymdopi.

Pan chwalodd perthynas **Anwen** â'i gŵr, fe ddechreuodd yfed gormod ac ynysu ei hun. Ar y pwynt hwnnw, penderfynodd newid ei chylch ffrindiau. Doedd hi ddim eisiau gweld ei hen ffrindiau a oedd hefyd yn adnabod ei gŵr.

"Es i'n gaeth i gylch o yfed alcohol a phrin y byddwn i'n gadael y tŷ. Fe lawrlwythes i'r ap ffrindiau Bumble, a chyfarfod â'r fenyw sydd bellach yn ffrind gorau i fi; mae hi'n fy helpu i ddod allan o'r pyliau o iselder drwy fy ngorfodi i fynd allan i gerdded, neu mae hi'n gofalu am fy mhlant er mwyn i fi allu gorffwys. Fe wnes i ddechrau hobïau newydd hefyd, fel nad oedd yn rhaid i fi feddwl gormod am lanast fy mywyd ar y pryd."

Gall dod o hyd i ffyrdd iach o droi cefn ar hwyliau isel fod mor anodd, ond mae mor bwysig i ti wneud hynny. Mae'n hawdd iawn ceisio delio â phethau drwy droi at alcohol, cyffuriau, sigaréts, arferion bwyta afiach, gorweithio, neu ymddwyn yn rheolaethol. Does dim byd yn bod ar ymlacio a gwneud yr hyn sydd ei angen i oroesi bob dydd, ond mae'n bwysig ymgorffori dulliau ymdopi iach fel rhan o dy drefn feunyddiol, a bod y dulliau hynny'n troi'r fantol yn erbyn y rhai di-fudd, gobeithio!

ARFERION YMDOPI IACH

- Cymdeithasu – estyn allan at dy ffrindiau neu berthnasau.
- Ymarfer corff – iawn, mae pawb o hyd yn dweud hynny, ond mae'n wir, mae'n helpu!
- Bwyta'n dda – paid â hepgor prydau bwyd a gwna dy orau i fwyta rhai prydau iach.
- Dawnsio – chwaraea gerddoriaeth a mynd amdani.
- Cysgu – os wyt ti'n cael trafferth, mynna sgwrs gyda dy feddyg i drafod sut i wella dy arferion cwsg.
- Ioga – cyfuniad o ymlacio ac ymarfer corff!
- Gwneud pethau i ti – mynd i'r siop trin gwallt, prynu ffrog rwyt ti'n ei hoffi, gwneud pethau sy'n gwneud i ti deimlo'n dda.

- Glanhau'r tŷ – mae cyflwr meddyliol rhai pobl yn llawer gwaeth pan fydd eu tŷ yn llanast.
- Cadw dyddiadur – ysgrifenna am dy ddiwrnod a chadwa lygad ar yr hyn sydd wedi dy wneud yn hapus neu'n drist bob dydd.
- Dadwenwyno digidol – cadwa draw oddi wrth dy ddyfeisiau am awr neu ddwy.

Mae'r rhestr uchod yn cynnig dulliau ymdopi sy'n ymddangos yn syml, ond mae'n bwysig sylweddoli y gall newidiadau bach i sut rwyt ti'n byw dy fywyd arwain at newidiadau sylweddol i dy feddwl. Gofyn i ti dy hun pa un o'r dulliau uchod (neu rywbeth arall sy'n dod i dy feddwl) fyddai'n gallu gweithio i ti, a gwna un o'r pethau hynny heddiw. Iawn? Wedyn rho gynnig ar un arall yfory. Y cyfan sydd angen i ni ei wneud yw cymryd pethau un dydd ar y tro.

FFYRDD O HELPU DY HUN DRWY ISELDER

Mae yna wahanol strategaethau, gweithgareddau a dulliau posib y gallwn eu defnyddio i helpu ni'n hunain pan fyddwn yn teimlo ein bod ni'n cael ein dal mewn iselder. Rydyn ni wedi rhannu nifer o syniadau a thechnegau a allai helpu. Fel gyda'r cyngor yn y penodau eraill, does yna ddim un ffordd benodol i ddod allan o iselder. Y peth pwysicaf yw dy fod yn dod o hyd i'r ffyrdd sy'n gweithio i ti.

SEFYDLU TREFN

Hyd yn oed ym mhydew dyfnaf iselder, fe ddylet ti geisio gwneud ambell beth bach bob dydd; er eu bod nhw'n ymddangos yn amlwg, mae'n hawdd anwybyddu ti dy hun yn ystod y dyddiau tywyllaf. Felly ceisia wneud y canlynol bob dydd:

- Brwsio dy ddannedd
- Golchi dy wyneb
- Brwsio dy wallt
- Cael cawod neu fath
- Newid o dy ddillad nos – hyd yn oed i wneud dim byd mwy na gwisgo dillad nos glân

Gall creu trefn syml i gadw ati bob dydd fod yn fuddiol. Wrth wneud hynny, hyd yn oed os wyt ti'n teimlo'n ofnadwy o ddigalon ac yn methu meddwl yn glir, fe elli di wneud y pethau mae angen i ti eu gwneud bob dydd yn reddfol. Bob bore, er enghraifft, mae Amy yn cael gafael ar ddillad ei mab ac yn gwneud ei frecwast. Tra mae'n bwyta, fe fydd Amy yn cael paned o goffi ac yn gwisgo. Yna mae hi'n ei wisgo, yn brwsio ei ddannedd ac i ffwrdd â nhw i'r ysgol. Mae'r rhain i gyd yn bethau sy'n dy daro di'n gwbl arferol pan fyddi'n teimlo'n iach dy feddwl, ond pan nad yw dy ymennydd eisiau dy helpu, gall y pethau symlaf deimlo fel talcen caled.

PEIDIO AG AROS NES DY FOD YN TEIMLO'N WELL CYN DECHRAU ARNI

Mae'n hawdd teimlo'n brin o gymhelliant i wneud unrhyw beth pan fyddi'n teimlo'n isel. Fodd bynnag, fe allai aros i'r cymhelliant ddod i'r fei olygu aros yn hir, a gall iselder sigo'r cymhelliant ymhellach. Felly, er ei bod yn bwysig caniatáu i ti dy hun orffwys a gwrando ar dy gorff pan fydd angen i ti eistedd ar y soffa a gwylio ffilm yn hytrach na bod "wrthi", mae hefyd yn bwysig gwybod pryd i annog dy hun i godi ar dy draed a gwneud rhywbeth, hyd yn oed os nad wyt ti'n teimlo fel gwneud hynny, er mwyn adfer dy gymhelliant. Pan fyddwn ni'n gwneud gweithgareddau sydd o fudd i ni (er enghraifft, gweld ffrindiau, cwblhau tasgau penodol, ymarfer corff) bydd ein hwyliau a'n cymhelliant yn gwella, ac fe fydd pethau'n mynd ychydig yn haws bob tro.

GWNEUD PETHAU SY'N RHOI MWYNHAD NEU YMDEIMLAD O GYFLAWNIAD

Mae yna ddull therapiwtig o'r enw Ysgogi Ymddygiadol, sy'n seiliedig ar wneud mwy o'r pethau sy'n gwneud i ni deimlo'n dda er mwyn rhoi hwb i'n hwyliau, naill ai drwy greu mwynhad neu ymdeimlad o gyflawniad. Pan fyddwn ni'n encilio ac yn osgoi gwneud pethau oherwydd iselder, rydyn ni'n colli ffynhonnell o atgyfnerthu cadarnhaol. Treulia ychydig o amser yn ystyried y pethau rwyt ti'n eu mwynhau (neu'r pethau roeddet ti'n arfer eu mwynhau cyn i'r iselder daro).

Oes yna unrhyw beth rwyt ti wedi rhoi'r gorau i'w wneud y gallech ti ailafael ynddo? Beth gallet ti ei drefnu y byddet ti'n bendant yn ei fwynhau? Fe allai fod yn rhywbeth mor syml â gwylio ffilm neu raglen deledu, coginio dy hoff bryd bwyd, treulio amser gyda ffrindiau, gwneud hobi, cymryd rhan yn dy hoff gamp, mynd i weld cerddoriaeth fyw, ac ati; neu fe allai fod yn rhoi sylw i rai o'r tasgau annifyr sydd wedi bod ar dy restr o bethau i'w gwneud ers tro byd, cael trefn ar ambell dasg o gwmpas y tŷ, gwneud ychydig o waith DIY neu dasgau gweinyddol bywyd; neu fe allai hyd yn oed olygu cwblhau cwrs hyfforddiant ar gyfer gwaith.

Beth bynnag ddewisi di, mae'n bwysig gwneud y pethau hyn un cam ar y tro, heb adael i'r baich fynd yn rhy drwm. Ond gwna rywbeth.

YMARFER CORFF

Gall gosod nod pendant a gweithio'n araf tuag ato ysgogi teimlad anhygoel o gyflawniad. Dewisia ymarfer corff sy'n gweithio i ti: rhedeg, heicio, dringo, nofio, padlfyrddio, dawnsio, ioga, Pilates, bocsio, beicio, rhwyfo, troelli, ymarferion HIIT, cerdded – UNRHYW BETH sy'n gwneud i ti symud mwy.

Ac mae ymarfer yn yr awyr iach yn well fyth; gall bod allan ym myd natur, yn yr awyr iach ac yng ngolau'r haul fod o fudd pellach i'n hiechyd meddwl. Felly, hyd yn oed ar y diwrnodau anoddaf, mae gwneud yr ymdrech i fynd allan am dro o fudd mawr – hyd yn oed i wneud dim byd mwy na cherdded rownd y bloc neu o gwmpas yr ardd. Gall perswadio ffrind neu berthynas i gadw'n heini gyda ti helpu ar y diwrnodau hynny nad wyt ti'n teimlo fel gwneud unrhyw beth.

MANTEISION SEICOLEGOL YMARFER CORFF

Mae ymarfer corff mor llesol i'n hiechyd meddwl ym mhob ffordd, a dydy iselder ddim yn eithriad. Mae astudiaethau ymchwil wedi profi y gall ymarfer corff sbarduno ymateb sy'n gwrthbwyso ein hiselder. Gall hefyd wella cwsg, hyder, lefelau egni, hunanwerth, y gallu i wneud penderfyniadau a datrys problemau, y cof, canolbwyntio, cymhelliant a llawer mwy.

DAL ATI I GYMDEITHASU

Profwyd bod rhyngweithio cymdeithasol yn helpu pan fyddwn ni'n teimlo'n isel. Encilio a mynd i'n cragen yw'r ysfa reddfol yn ystod iselder. Fodd bynnag, mae prawf fod treulio amser gydag eraill yn hwb i'n hwyliau – waeth beth fo maint y grŵp: un-i-un i ddechrau efallai, gyda grwpiau mwy pan fyddi'n barod. Waeth sut mae dy feddwl yn ceisio dy berswadio fel arall, paid â chau pobl allan. Bydd bod o gwmpas pobl yn helpu oherwydd bydd yn rhoi cyfle i ti drafod sut ydych chi, ac i siarad amdanyn nhw. Mae iselder yn tueddu i wneud i ni hoelio'n sylw arnom ni ein hunain, felly gall canolbwyntio ar eraill fod yn fuddiol ac yn iach hefyd.

MYND I'R AFAEL Â DY FEDDYLIAU

Gall iselder gael ei gymell gan feddyliau negyddol pwerus a beirniadol iawn sy'n chwyrlïo o gwmpas dy feddwl ddydd a nos. Felly, mae angen i ni fynd i'r afael â'r meddyliau hyn. Os ydyn ni'n newid ein meddylfryd neu sut rydyn ni'n ymateb i'r meddyliau, fe allwn ni ddechrau newid sut rydyn ni'n teimlo.

Fel gyda dicter a gorbryder, mae'n bwysig iawn sylwi'n ymwybyddol ofalgar ar y meddyliau sy'n codi pan fyddi di'n teimlo'n isel, a dweud wrthyt ti dy hun, "Dwi'n sylwi 'mod i'n meddwl bod ..." (er enghraifft, "Dwi'n sylwi 'mod i'n meddwl nad oes neb yn malio amdana i").

Atgoffa dy hun nad yw'r ffaith fod y meddyliau hyn yno yn golygu eu bod nhw'n wir. Sylwch a oes yna batrymau meddwl difudd neu feddyliau tueddol yn codi (meddwl du a gwyn, darllen meddyliau, rhesymu emosiynol, neidio i gasgliadau ac ati).

Atgoffa dy hun nad yw'r ffaith fod y meddyliau hyn yno yn golygu bod yn rhaid i ti eu credu nhw neu adael iddyn nhw dy reoli di na dy ymddygiad. Mae'n debygol y gallet ti ddal gafael ar syniad tecach a mwy rhesymol a charedig yn lle hynny; gofyn i ti dy hun, "Beth fyddwn i'n ei ddweud wrth ffrind fyddai'n sôn ei bod hi'n meddwl y pethau hyn?" Fe allet ti hefyd ddweud wrthyt ti dy hun, "O, mae fy meddwl i'n gas/angharedig ofnadwy heddiw. Mae'n fy mwlio i go iawn, ond does dim rhaid i fi wrando arno na rhoi sylw iddo."

Fe allet ti drin dy feddyliau fel radio yn y cefndir – gelli adael iddyn nhw rygnu 'mlaen yn y cefndir, fel radio wedi'i diwnio i orsaf negyddol, ond does dim rhaid i ti roi llawer o dy sylw i'r darllediad. Neu fe elli di ddychmygu pethau gwirion am y meddyliau hyn – dychmyga nhw'n cael eu hyngan mewn llais Mickey Mouse, yn cael eu canu gan ganwr opera neu i dôn pen-blwydd hapus. Neu siaradwch yn garedig, yn dyner ac yn dosturiol â ti dy hun – i wrthbwyso'r meddyliau negyddol.

Mae cadw dyddiadur yn ffordd dda arall o fynd i'r afael â dy feddyliau. Treulia beth amser bob dydd yn trosglwyddo'r meddyliau o dy ben ac ar bapur, ac fe fydd hynny'n help i ti ymdopi â nhw.

GOFALU AMDANAT TI DY HUN

Mae gofalu amdanat ti dy hun yn rhan hanfodol o unrhyw ddiwrnod, ond gall iselder gymhlethu'r pethau hawsaf. Mae'n cynnwys gwneud yn siŵr dy fod yn ymolchi, yn gwisgo'n daclus, yn bwydo dy hun. Gall hefyd olygu neilltuo amser ar gyfer gweithgareddau hunan-ofal mwy dymunol: bath cynnes, ffilm ddifyr, tylino, sesiwn gofal personol, noson gynnar. Unrhyw beth sy'n gwneud i ti deimlo gofal tawel a lleddfol. Rwyt ti'n haeddu hynny, ac mae'n rhan bwysig o ofalu amdanat ti dy hun wrth i ti ddod drwy brofiadau o iselder.

DERBYN HELP

Mae'n bwysig iawn derbyn help pan fyddi'n ei chael hi'n anodd ymdopi. Gall fod yn hawdd iawn teimlo awydd i ddangos dy fod yn gallu ymdopi, ac fe allai mam sengl deimlo'r pwysau hynny fwy fyth. Efallai y byddi eisiau gwrthod help bob amser, am nad wyt ti eisiau help gyda gofal plant neu dasgau gweinyddol bywyd, neu gydag unrhyw beth arall.

THERAPI

Gall therapi fod yn achubiaeth – waeth a yw'n iselder ai peidio. Pe bai pawb yn cael y cyfle i eistedd i lawr gyda rhywun a dadansoddi ei feddyliau a'i deimladau, mae'n bosib y bydden ni'n byw bywydau llawer hapusach ac iachach. Nid yn unig y gall therapi dy helpu i ddarganfod beth sy'n achosi dy deimladau o iselder a sut i fynd i'r afael â hynny; gall hefyd dy helpu i fwrw golwg ar sefyllfaoedd eraill yn dy fywyd nad oeddet ti wedi sylweddoli oedd yn dy sbarduno di.

Ar gyfer iselder, gall sawl dull fod o fudd, gan gynnwys CBT, ACT ac EMDR, sy'n therapïau rydyn ni eisoes wedi'u trafod. Mae dulliau eraill a all helpu yn cynnwys therapi sy'n canolbwyntio ar dosturi (CFT) a seicotherapi seicodynamig. Fel gydag ACT a CBT, mae therapi sy'n canolbwyntio ar dosturi yn cynnig ffyrdd o ddeall eich profiadau a datblygu ffyrdd newydd o ymateb i'ch meddyliau, eich teimladau a'ch ymddygiadau. Gall seicotherapi seicodynamig fod yn driniaeth tymor byr neu hirdymor. Mae'n canolbwyntio ar brosesau anymwybodol, gwrthdaro mewnol a dynameg perthynas.

Mae'n bosib y bydd y dull therapi gorau yn dibynnu ar beth sy'n gweddu orau i ti a'r hyn sy'n sail i dy iselder. Ac os wyt ti wedi rhoi cynnig ar rywbeth o'r blaen nad oedd yn gweithio i ti, paid â rhoi'r gorau iddi – rho gynnig ar rywbeth gwahanol. Rydyn ni'n argymell chwilio am seicolegydd neu seicotherapydd clinigol neu gwnsela sydd ag amrywiaeth o sgiliau a dulliau therapi y gellir eu teilwra i'ch anghenion chi. Fodd bynnag, fe allai fod yn werth chweil siarad â chwnselydd er mwyn cael y cyfle i drafod popeth sy'n digwydd i ti.

Fe allai penderfynu mynd am therapi deimlo'n frawychus, ac mae'n bosib na fyddi'n gwybod yn union sut i wneud hynny. Fe ddylai dy feddyg allu dy gyfeirio at y gwasanaethau sydd ar gael am ddim, er y gallai'r rhestrau aros fod yn hirfaith; a gall talu am therapi preifat fod yn gostus. Cofia wirio cymwysterau'r therapydd o dy ddewis bob amser a, lle y bo hynny'n briodol, gwna'n siŵr fod gan y therapydd yr hyfforddiant a'r cymwysterau angenrheidiol a'i fod wedi cofrestru gyda chorff proffesiynol.

Mae meithrin perthynas gadarnhaol gyda'r therapydd rwyt ti'n cydweithio ag ef neu hi yn elfen fawr o lwyddiant y therapi. Rhaid i ti fod â ffydd ynddyn nhw a theimlo'n ddiogel yn gweithio gyda nhw. Gall therapi weithiau fod yn anodd ac yn heriol, ond gall gwneud y gwaith mewn therapi fod yn hynod fuddiol.

Er bod cyfarfod â pherson ar gyfer therapi yn ateb delfrydol, mae hunangymorth dan arweiniad ar gael hefyd. Mae sawl peth o'i blaid, yn cynnwys ei fod ar gael am ddim a'i fod yn ddigon hyblyg i gyd-fynd ag amserlen brysur. Gall deunyddiau hunangymorth dan arweiniad dy helpu i ddeall sut rwyt ti'n meddwl ac yn teimlo a dy helpu i ddod o hyd i ffyrdd newydd o ymdopi. Gall darllen am brofiadau eraill o iselder hefyd fod o fudd, ac mae yna bodlediadau iechyd meddwl gwych a allai helpu. Rydyn ni wedi cynnwys detholiad o'n ffefrynnau ni yn yr adran Adnoddau Defnyddiol.

*Ar ôl i berthynas **Ali** chwalu, fe helpodd therapi hi i ddeall ambell wirionedd am ei pherthynas.*

"Fe wnaeth therapi fy nysgu i fod fy mherthynas yn hynod wenwynig, a bod yna enw ar fy ymateb i'r camdrin emosiynol – cwlwm trawma neu yn Saesneg, 'trauma bonding'. Waeth pa mor wael oedd fy nghyn-bartner yn fy nhrin i, roeddwn i wastad eisiau siarad gydag e, ac roedd hynny'n achosi mwy a mwy o niwed bob tro. Diolch i lawer iawn o therapi, dwi mewn sefyllfa well nawr, ac wedi bod yn gweithio ar gael dim cyswllt gyda fy nghyn-bartner (fy mam sy'n cyfathrebu ynglŷn â'r plant); po hiraf dwi'n mynd heb siarad gydag e, gorau oll dwi'n teimlo."

*Mae **Sam** wedi dioddef gyda gorbryder ac iselder ers tro byd, ac fe benderfynodd roi cynnig ar gwnsela er mwyn ceisio achub ei phriodas. Er na wnaeth hynny weithio, fe wnaeth hi ddal ati gyda'r therapi.*

"Mae therapi wedi bod yn achubiaeth i fi. Dwi nawr yn gadael i'r teimladau lifo pan fydd angen, ond heb adael iddyn nhw fy llethu i. Mae yna uchafbwyntiau ac isafbwyntiau o hyd, ond mae'n teimlo'n iach. Mae rhai dyddiau i fod yn rhai trist, a dyddiau eraill i fod yn rhai hapus. Fe fyddwn i'n bendant yn awgrymu therapi i bawb a'i fodryb!"

MEDDYGINIAETH
Er gwaethaf y nifer cynyddol o bobl sy'n chwilio am help gydag iselder, mae'n ymddangos bod cymryd gwrthiselyddion yn dal i

ennyn teimladau o gywilydd. Mae dewis cymryd meddyginiaeth yn ddewis personol iawn. Er nad oedd Amy yn hoffi'r syniad o fynd at y meddyg a dweud ei bod hi'n cael trafferth, rhag ofn iddyn nhw feddwl na allai hi ofalu am ei mab, dyma'r penderfyniad gorau a wnaeth hi erioed. Er na wnaeth y tabledi wella ei hiselder, fe wnaethon nhw helpu Amy i ymdopi a rhoi opsiynau iddi weithio ar ei hun mewn ffyrdd eraill. Wrth gwrs, dydy gwrthiselyddion ddim yn mynd i fod yn ateb i bawb, ond os wyt ti'n meddwl beth allai'r ateb fod ar dy gyfer di, beth am gael gair gyda dy feddyg teulu er mwyn trafod beth gelli ei wneud nesaf.

Dechreuodd **Fflur** gymryd gwrthiselyddion ar ôl dod yn fam sengl.

"Dwi'n teimlo'n llawer mwy egnïol rŵan. Mi gymerodd hi amser hir i fi ddod i delerau efo f'iselder, ac amser hir i 'ildio' (dyna sut roeddwn i'n teimlo ar y pryd) a throi at feddyginiaeth. Dwi'm yn gwybod pam oeddwn i gymaint yn eu herbyn nhw. Mi oeddwn i'n dioddef straen i'r fath raddau nes 'mod i'n cael poenau yn fy mrest a oedd yn fy nychryn i ddigon i wneud i fi fynd i'r adran frys yn yr ysbyty."

Gall teimlo dy fod yn "ildio" i wrthiselyddion fod yn deimlad brawychus, ond mae angen i ti fod yn barod i addasu dy gynllun iechyd meddwl i weddu i ti, ac mae'n bosib mai meddyginiaeth fydd yr ateb. Dim ond ti a dy feddyg neu weithiwr iechyd meddwl proffesiynol cymwys all benderfynu pa lwybr yw'r un gorau i ti.

Mae **Mared** wedi bod ar wrthiselyddion o ryw fath neu'i gilydd am y deng mlynedd diwethaf. Ond ers iddi symud i dŷ ar ei phen ei hun, mae hi wedi bod yn eu cymryd nhw bob dydd.

"O'r blaen, doeddwn i'n fwriadol ddim yn eu cymryd nhw weithiau i weld beth fyddai'n digwydd. Ond erbyn hyn, dwi'n osgoi ymddygiad hunanddinistriol o'r fath yn llwyr. Dwi'n meddwl fod hynny am nad yw fy merch i'n fabi bellach, a dydw i ddim eisiau mentro ei bod hi'n fy ngweld i mor drist drwy'r amser."

Pan fyddwn ni'n gallu teimlo ymddygiad hunanddinistriol yn agosáu – rhoi'r gorau i gymryd ein meddyginiaeth, er enghraifft – mae'n bwysig dod o hyd i ffyrdd o oresgyn yr ymddygiadau di-fudd hyn, a gwneud hynny o'n pen a'n pastwn ein hunain neu gyda chefnogaeth broffesiynol.

COFIA HUNAN-DOSTURI

Iawn, rwyt ti'n cael problemau iechyd meddwl – STOPIA FEIRNIADU TI DY HUN YR EILIAD HON. Mae problemau iechyd meddwl yn gyffredin iawn, a'r peth olaf sydd ei angen ar dy ymennydd ar y pwynt hwn yw ti yn cystwyo dy hun am rywbeth nad oedd modd i ti ei atal. Dyma'r amser i ti ofalu amdanat ti dy hun, ymarfer hunanofal a rhoi amser i ti dy hun wella.

Mae ein meddyliau mewn iselder yn tueddu i fod yn anhygoel o hunanfeirniadol. Gall siarad â ni ein hunain yn garedig ac yn dosturiol wneud gwahaniaeth enfawr. Rho gynnig ar eiriau mwy caredig:

- Yn hytrach na "Dwi'n gymaint o fethiant", rho gynnig ar "Dwi'n gwneud fy ngorau ar adeg anodd iawn".
- Yn hytrach na "Dwi'n fam ofnadwy", rho gynnig ar "Dwi'n fam dda sydd eisiau'r gorau i'w phlant. Dim ond hyn a hyn alla i ei wneud ar y tro. Dwi'n un person o gig a gwaed".
- Yn lle "Does yna neb yn fy ngharu i", rho gynnig ar "Mae yna bobl yn fy ngharu i. Mae gen i ffrindiau a pherthnasau sy'n malio. Ar hyn o bryd, dwi'n gweld eisiau cael partner, ac mae hynny'n anodd iawn; ond mi alla i feddwl am berthnasoedd newydd yn y dyfodol pan fydda i'n barod".

Mae cyflyrau iechyd meddwl mor ddifrifol â salwch corfforol, ac mae angen i ni eu trin nhw felly. Fyddet ti byth yn dweud wrth rywun sydd wedi torri ei goes i anwybyddu'r boen a mynd allan i redeg, felly pam ddylai rhywun ag iselder deimlo rheidrwydd i anwybyddu ei dristwch a bwrw drwyddi. Mae'n rysáit ar gyfer chwalfa nerfol ddifrifol, ac mae mor hawdd osgoi hynny gyda'r gofal, y gefnogaeth a'r arweiniad iechyd meddwl priodol.

FE DDAW PETHAU'N HAWS

Fe ddaw pethau'n haws – addo! Fe allai pethau fynd yn anoddach cyn i hynny ddigwydd, ond rho amser i ti dy hun ac fe wnei di ddod drwyddi. Wrth i ti ddechrau gweithio arnat ti dy hun a rhoi'r gofal tyner yna i dy ymennydd y mae'n ei ddeisyfu, fe ddaw'n haws i ti ddelio â hwyliau isel wrth iddyn nhw godi. Y cyfan sydd angen i ti ei wneud yw cymryd un dydd ar y tro.

> Mae **Glesni** yn cytuno:
> "Dydy'r dyddiau drwg ddim yn para am byth. Mi wnes i ddod yn reit dda am ragweld pryd oedden nhw'n mynd i ddod, a byddwn i'n rhoi llai o bwysau ar fy ysgwyddau neu adael iddyn nhw ddigwydd, gan wybod y byddwn i'n dod drwyddi eto (achos 'mod i wedi llwyddo i wneud hynny o'r blaen)."

SAITH CAM BACH I DY HELPU DI NAWR

1. Hunan-sgwrsio caredig: Sylwa sut rwyt ti'n siarad â ti dy hun. Dywed rhywbeth caredig a thosturiol wrthyt dy hun yr eiliad hon, fel pe baet yn siarad â ffrind. Rho wybod i ti dy hun bod hyn yn anodd, a dy fod yn haeddu caredigrwydd yn hytrach na beirniadaeth.

2. Cymer saib am ennyd a chymryd tair anadl araf, ddofn a lleddfol; yn dawel ac yn araf, dwed wrth dy hun "Mae hyn yn anodd, ond fe alla i ddod drwyddi."
3. Ystyria sut rwyt ti'n gofalu amdanat ti dy hun ar hyn o bryd. Wyt ti'n bwyta, ymolchi, gofalu am dy gartref? Dewis un peth braf i'w wneud er dy fwyn di – a gwna hynny heddiw.
4. Wyt ti wedi gadael y tŷ heddiw? Faint wyt ti wedi symud heddiw? Dos am dro sydyn y tu allan neu o gwmpas yr ardd; os gelli di adael y tŷ, llacia dy gyhyrau ychydig neu beth am roi cynnig ar ddosbarth ioga ar-lein. Ceisia symud ychydig heddiw, hyd yn oed os nad wyt ti'n teimlo fel gwneud hynny.
5. Ystyria a elli di estyn allan at rywun heddiw. Edrych drwy dy ffôn, a dewis rhywun i ddweud helo wrthyn nhw, i sgwrsio â nhw, i drefnu mynd am baned gyda nhw, i ddweud "Dwi'n ffeindio pethau ychydig yn anodd heddiw." Rwyt ti'n haeddu cariad a chefnogaeth.
6. Ystyria a wyt ti wedi rhoi'r gorau i wneud rhywbeth – hobïau, diddordebau, cynlluniau, gweithgareddau – oherwydd y ffordd rwyt ti'n teimlo. Dewis rhywbeth y gallet ti ailafael ynddo'n araf bach a dos ati i greu cynllun heddiw. Hyd yn oed os nad wyt ti'n teimlo'r awydd, rho gynnig arni.
7. Yn olaf, tyrd o hyd i gerddoriaeth ar dy ffôn, drwy Alexa, ar y radio. Tyrd o hyd i hoff gân sy'n gwneud i ti deimlo'n gryf, yn benderfynol, yn ddewr – cân sy'n gwneud i ti fod eisiau dal ati, sy'n dy rymuso, ac yn gwneud i ti deimlo'n llawn egni. Chwaraewch hi'n uchel (neu drwy'ch clustffonau!) yr eiliad hon.

RHAN DAU

SYMUD YMLAEN

7

O WENDID I GADERNID

Gall y profiad o ddod yn fam sengl arwain at deimlad o fod mewn sefyllfa fregus iawn. O fethu gallu newid y sefyllfa sydd wedi peri i ti ddod yn fam sengl, i ddelio â chyllid, a cholli'r rhyddid yr oedd aelwyd dau oedolyn yn ei gynnig, mae yna sawl rheswm dros deimlo'n ddi-rym fel mae pethau. Yn y bennod hon, rydyn ni am archwilio'r teimlad hwn o fod yn ddi-rym a dod o hyd i gamau ymarferol i ddod o hyd i'n grym eto.

ESBONIO "DI-RYM" A "GRYMUS"

Mae "di-rym" yn aml yn cyfeirio at yr ymdeimlad o ddiffyg dylanwad dros y canlyniadau rwyt ti'n eu ceisio, na gallu i'w pennu. Os wyt ti'n teimlo'n ddi-rym, mae'n bosib dy fod yn credu nad wyt ti'n ddigon cryf i reoli sut rwyt ti eisiau i bethau fod yn dy fywyd. Gall ymdeimlad o fod yn ddi-rym wneud i ni deimlo'n orbryderus, ofnus, trist, wedi dychryn, pryderus, dig, rhwystredig ac wedi'n llethu.

Ar y llaw arall, pan fyddwn ni'n teimlo'n rymus, rydyn ni'n credu y gallwn ni reoli ac effeithio ar ein bywyd neu ar ddigwyddiadau penodol. Mae ymdeimlad o fod yn rymus yn gwneud i ni deimlo'n gryf, hyderus, diogel a chadarnhaol am y dyfodol.

Mae'n bwysig nodi, fodd bynnag, ei bod hi'n bosib i ni ganfod ein grym heb o reidrwydd deimlo'n "hollbwerus". Er y gall teimlo grym yn dy fywyd ac ymdeimlad o fod yn rymus yn hytrach na di-rym fod yn beth cadarnhaol, mae'n bosib harneisio grym mewn ffyrdd di-fudd. Fe allai fod yn deimlad cyfarwydd i ti, pan fyddi'n cael dy wneud i deimlo'n ddi-rym gan rywun sy'n meddu ar yr holl rym, neu pan gei di dy demtio i ddefnyddio dy rym a dy reolaeth a gwneud i rywun arall deimlo'n ddi-rym. Mae'r drefn heriol hon yn aml yn bresennol pan fydd perthynas yn chwalu, lle mae'r syniad o rym a chan bwy mae'r grym yn achosi gwrthdaro. Yn ogystal, mae modd arfer grym drwy safbwyntiau a systemau cymdeithasol a all wneud i ti deimlo'n ddi-rym. Fe fyddwn ni'n edrych yn fanylach ar hynny yn y bennod hon.

PRYD GALLET TI DEIMLO'N DDI-RYM FEL MAM SENGL?

- Pan na elli di atal y sefyllfa sy'n dy arwain i fod yn fam sengl (oherwydd bod partner yn marw neu'n gadael).
- Pan fyddi'n sylweddoli dy fod ar dy ben dy hun (ac nad oes opsiwn arall am y tro).
- Pan fyddi'n colli dy ymdeimlad o hunaniaeth fel teulu/ person priod/rhan o gwpl, ac na elli di wrthdroi hynny (ar hyn o bryd).
- Pan fyddi'n gwybod na elli di leddfu loes dy blant drwy gynnig y teulu maen nhw'n ei golli neu arnyn nhw ei eisiau (sef y ddau riant gyda'i gilydd).
- Pan fyddi'n teimlo nad oes gennyt ti unrhyw reolaeth dros sefyllfaoedd sy'n ymwneud â dy gyn-bartner, fel sut mae'n cyfathrebu neu'n ymddwyn, neu pan mae'n cyflwyno eich plentyn i bartner newydd.
- Pan fyddi'n teimlo na elli wella dy yrfa, dy ffitrwydd neu dy sefyllfa ariannol oherwydd cyfrifoldebau gofal plant neu gyfyngiadau ymarferol.

> • Pan nad wyt ti'n hoffi partner newydd dy gyn-bartner neu deulu neu ffrindiau estynedig, a/neu yn meddwl nad ydyn nhw'n trin dy blentyn yn dda ond does gen ti mo'r grym i'w cadw nhw rhag bod yn eu cwmni.

PAN FYDD GRYM A RHEOLAETH YN CAEL EU CAMDDEFNYDDIO

Yn ystod y dicter a'r gwrthdaro sy'n codi eu pennau wrth i berthynas chwalu, mae'n hawdd iawn i rym a rheolaeth gael eu camddefnyddio, gan adael un person â llawer o rym a'r llall yn teimlo'n anhygoel o ddi-rym. Pan fydd dau bartner wedi gwahanu yn cael trafferth cyfathrebu, ac yn edrych ar eu sefyllfa mewn ffordd wahanol i'w gilydd, mae'n hawdd iawn i ddicter, galar, cynddaredd, tristwch neu gywilydd gael eu camgyfeirio nes bod natur y grym yn cael ei gam-drin. Gall y camddefnydd o rym a rheolaeth godi fel a ganlyn:

- Faint mae un rhiant yn gallu cysylltu a threulio amser gyda'r plant
- Trefniadau ariannol neu ddosbarthu eiddo yr arferai'r ddau eu rhannu
- Beth mae un rhiant yn cael ei ddweud neu ei wneud gyda'r plant
- Gwrthod bod yn hyblyg pan fydd digwyddiadau untro yn codi; er enghraifft, newid yr amser dychwelyd, gofal plant ychwanegol, gwyliau, y drefn ar gyfer achlysuron arbennig

Hyd yn oed pan fydd y gwahanu'n digwydd mewn ffordd gyfeillgar, mae'n hawdd cael eich tynnu i mewn i gemau grym dant am ddant: "Rwyt ti wedi fy mrifo i/wedi bod mor amharod dy gymwynas, felly dwi'n mynd i dy frifo di/mynd i fod yn amharod fy nghymwynas hefyd."

Yn y sefyllfaoedd gwaethaf, mae'r grym a'r rheolaeth yn digwydd drwy fygythiadau o dynnu cyllid yn ôl, amser gyda'r plant, cyfathrebu neu, yn anffodus, drwy fygythiadau neu gamdrin geiriol neu gorfforol go iawn.

Yn y pen draw, pan fydd rheolaeth a grym yn cael eu camddefnyddio dro ar ôl tro fel hyn, mae'n gam-drin, boed hynny'n emosiynol, yn eiriol neu'n gorfforol. Mae'n bosib y bydd y cam-drin hwn wedi bod yn bresennol yn y berthynas o'r blaen, neu efallai ei fod wedi datblygu yn ystod gwrthdaro'r gwahanu – beth bynnag sy'n wir, mae'n annerbyniol.

Os wyt ti'n cael dy roi mewn sefyllfa ddi-rym oherwydd ymddygiad o'r fath, mae angen i ti droi at rywun am help. Os wyt ti'n profi unrhyw fath o gam-drin, hola am help. Rydyn ni'n gwybod bod hynny'n anodd, ond mae yna help ar gael. Ac os wyt ti'n ymddwyn fel hyn dy hun – gan achosi i rywun arall deimlo'n ddi-rym – mae angen i tithau droi at rywun am help hefyd.

Mae'r opsiynau yn cynnwys:

- Gweld therapydd er dy fwyn di, i geisio cefnogaeth, ac i ddeall a dod o hyd i ffyrdd o ymdopi â'r hyn sy'n digwydd. Gall dod o hyd i therapydd perthnasoedd, hyd yn oed os wyt ti'n ei weld ar dy ben dy hun, fod yn fuddiol.
- Os wyt ti'n poeni am y plant, fe elli ofyn am gyngor ar ddiogelu gan wasanaethau lles plant llywodraeth leol (e.e. tîm y Gwasanaethau Cymdeithasol), ac mae'n bosib gwneud hynny'n ddienw. Rydyn ni'n gwybod y gall hynny deimlo fel rhywbeth brawychus i'w wneud, ond fe fyddan nhw'n gweithio gyda ti i wneud yn siŵr bod y plant yn ddiogel ac yn derbyn gofal. Yn aml, maen nhw hefyd yn cynnig cyrsiau hyfforddi, cyngor a chefnogaeth i rieni a theuluoedd.

- Fe elli di gysylltu â sefydliadau sy'n benodol yn cefnogi cyplau, teuluoedd, neu unrhyw un lle mae cam-drin yn digwydd. Mae rhestr ar gael yn yr adran Adnoddau Defnyddiol.
- Os wyt ti (neu'r rhai o dy gwmpas) mewn perygl uniongyrchol, ffonia'r heddlu.

STRAEON AM RYM A DIFFYG GRYM WRTH FYW FEL MAM SENGL

SYLWEDDOLI DY FOD AR DY BEN DY HUN

Fe fyddwn ni'n teimlo'n ddi-rym gymaint o weithiau yn ystod ein bywydau. Fodd bynnag, un adeg sy'n fyw ym meddyliau'r rhan fwyaf o famau sengl yw wrth i ni sylweddoli ein bod ni ar ein pennau ein hunain ac na allwn ni wneud dim oll am y peth (ar y pryd). Gall magu plant heb riant arall yn gefn i ti fod yn brofiad brawychus iawn.

> Mae **Anwen** yn esbonio'r union adeg y gwawriodd arni ei bod hi bellach ar ei phen ei hun.
>
> "Fe es i â'r babi newydd-anedig i gasglu'r plentyn dwyflwydd oed o'r feithrinfa. Roedd e wedi blino, a dyma fe'n dilyn y drefn glasurol o sgrechian a gweiddi nad oedd e eisiau dod adre gyda fi. Felly, dyna ble'r oeddwn i'n llusgo babi a phlentyn bach blin yn ôl i'r tŷ, ac fe wawriodd arna i 'mod i ar fy mhen fy hun."

Er bod yna rai sefyllfaoedd lle mae mamau sengl yn teimlo rhyddhad o fod yn magu eu plant ar eu pennau eu hunain, heb unrhyw densiwn neu anghytuno, fe fydd y profiad yn un llethol iawn i eraill. Dydy'r atgoffa cyson gan berson bach ddim yn helpu: "Pam nad yw Dadi yma mwyach?", "Odi Dadi'n mynd i ddod yn ôl? Dwi eisiau i Dadi ddod yn ôl."

O WENDID I GADERNID

> *Doedd dim byd o gwbl y gallwn ei wneud i bwytho ein teulu bach yn ôl at ei gilydd. Doedd tad fy mab ddim yn fy ngharu i mwyach, ond doedd esbonio natur gymhleth cariad i blentyn pedair oed ddim yn mynd i wella'r sefyllfa. Roedd y tu hwnt i fy rheolaeth i'n llwyr, ac alla i ddim meddwl am yr un sefyllfa arall sydd wedi gwneud i fi deimlo mor ddi-rym.*
> **Amy**

Daeth **Ishana** yn fam sengl yn 25 oed, wedi i dad ei merch fethu ag ymrwymo i ofal cyson oherwydd ei broblemau gyda dibyniaeth ar alcohol.

"Doeddwn i erioed wedi eisiau cael plentyn ar fy mhen fy hun, ond o'r funud y gwnes i feichiogi, doedd tad fy merch ddim yn ddibynadwy. Byddai'n colli apwyntiadau, ddim yn dod adref, neu roedd e'n rhy feddw, neu'n gwario'n arian ni. Fe sylweddolais i'n sydyn iawn bod angen i fi amddiffyn fy hun a fy merch rhag hyn, ac fe wnaethon ni ddod o hyd i'n lle ein hunain. Roedd yn dorcalonnus, achos roeddwn i wir eisiau iddo fe fod yn iawn a chael help a bod yn dad da. Dros y blynyddoedd, dwi wedi gwneud fy ngorau i'w gynnwys e ym mywyd ein merch, ond mae e wedi'n siomi ni'n dwy bob tro. Roeddwn i'n teimlo'n ddi-rym i helpu gyda'i orddibyniaeth, ac yn ddi-rym i roi'r teulu neu'r tad yr oedd fy merch yn eu haeddu."

Fe wnaeth **Dwynwen** gyfarfod â thad ei phlant pan oedden nhw'n ifanc, ac ar ôl iddyn nhw wahanu, fe briododd ei chyn-bartner a chael plentyn arall, a byddai ei bartner newydd yn ei annog yn fwriadol i beidio â chysylltu â nhw.

"Ddeng mlynedd yn ddiweddarach, mae eu tad yn gwneud llai a llai gyda nhw. Dyw e prin byth yn eu gweld nhw, felly fy nheimlad cryfaf i nawr yw bod yn ddi-rym am fethu datrys hyn ar gyfer y plant – sydd mor ymwybodol o ddiffyg diddordeb eu tad – ac euogrwydd llwyr am beidio â dewis partner gwell i gael plant gydag e."

PAN MAE'N RHAID I TI ILDIO'R AWENAU

Mae yna deimlad o ddiffyg rheolaeth o gwmpas cymaint o agweddau ar fagu plant. Dydy'r diffyg rheolaeth ddim bob amser yn ymwneud â chyn-bartner; fe allai godi oherwydd sefyllfa gyfreithiol – os wyt ti'n mynd drwy ysgariad neu os oes gen ti Orchymyn Trefniant Plant gan y llys teulu, fe allet ti deimlo bod pobl eraill yn gwneud penderfyniadau ar dy ran di, a gall hynny gael effaith wironeddol ar dy iechyd meddwl a gwneud i ti deimlo'n agored i niwed ac yn ddi-rym.

Mae **Anwen** yn esbonio sut y gall ymweliad drwy orchymyn llys fod yn brofiad mor emosiynol iddi hi.
"Mae gen i orchymyn llys ar waith o ran ymweliadau fy mhlant â thŷ eu tad. Fodd bynnag, dwi'n teimlo'n ofnadwy pan mae'r plentyn lleiaf yn llefain y glaw ac yn dweud nad yw e eisiau mynd, ond does dim byd alla i ei wneud am hynny. Dwi'n hoffi'r rhyddid mae'n ei roi i fi, a dwi mor ddiolchgar eu bod nhw'n mynd, ond pan fydd e mor ypset, y cyfan dwi eisiau ei wneud yw ei gadw e gartre."

Daeth **Bethan** yn fam sengl yn ei 30au cynnar. Ond ar ôl gwahanu, daeth ymddygiad ei chyn-gariad yn fwy rheolaethol, er ei fod wedi dod o hyd i bartner newydd. Byddai'n cwestiynu ei dewisiadau gyrfa, sut roedd hi'n gofalu am y tŷ, a byddai'n dweud wrthi sut i wneud pethau. Byddai'n e-bostio neu'n anfon negeseuon ati sawl gwaith y dydd. Pe bai Bethan yn dadlau, byddai'n stopio anfon arian ati neu'n cwtogi ar ei amser gyda'r plant. Dirywiodd iechyd meddwl Bethan ac roedd hi'n teimlo'n fwy a mwy dan reolaeth, gan arwain at drallod, dicter a theimladau o fod yn ddi-rym.

"Mi oeddwn i'n gwybod nad oedd ei ymddygiad o'n iawn, ond ar yr un pryd, mi oeddwn i eisiau gwneud beth bynnag gallwn i i'w gadw'n hapus a chadw'r heddwch fel nad oedd o'n troi arna i neu'r plant. Ac mi fyddwn i'n teimlo'n ofnadwy, fel taw fy mai i oedd o am beidio â bod yn well am wneud pethau'n iawn."

Mae profiad Bethan yn un eithafol, ond ddim o reidrwydd yn anghyffredin, gwaetha'r modd. Mae hefyd yn achos o gam-drin ac yn emosiynol reolaethol – a dydy o bendant DDIM yn iawn. Os wyt ti yn y sefyllfa hon, mae angen i ti droi at rywun am help a chefnogaeth.

PLANT YN CAEL EU CYFLWYNO I BARTNER NEWYDD

Agwedd arall lle mae'n bosib y byddi'n teimlo'n ddi-rym i wneud unrhyw beth yn ei gylch yw pan fydd eich plentyn yn cael ei gyflwyno i bartner newydd dy gyn-bartner a/neu eu perthnasau/plant.

> Ces fy llorio'n llwyr pan glywais fod fy mab wedi cael ei gyflwyno i fenyw newydd heb i fi gytuno i hynny. Roedd clywed gan fy mab am ddyddiau allan yn gwneud i fi deimlo bod rhywun yn cymryd fy lle. Er mai'r gwir plaen yw na allai neb gymryd fy lle i! Fi yw mam y plentyn yna, a dwi'n uffarn o fam dda!
>
> Roedd gen i gytundeb gyda fy nghyn-ŵr y byddai'n dweud wrtha i cyn i fy mab gysgu'r nos yn nhŷ ei gariad. Ar ôl mynd i nôl fy mab un diwrnod, dyma fe'n dweud

> bod y 'sleepover' wedi mynd yn iawn. Fe wnes i wylltio'n
> gacwn. Fe wnaeth sylweddoli nad oedd gen i unrhyw
> fath o reolaeth dros lle'r oedd fy mab yn treulio'r nos
> fy nghorddi go iawn. Doeddwn i erioed wedi cyfarfod
> â'i gariad, a doeddwn i ddim hyd yn oed yn gwybod
> ble roedd hi'n byw, felly roedd meddwl am fy mab yn
> aros gyda phobl ddieithr mewn lle dieithr yn gwneud i
> fi deimlo'n gorfforol sâl. Oherwydd i hyn ddigwydd yn
> ddiarwybod i fi, cafodd fy ffydd yn fy nghyn-bartner ei
> danseilio a chwalwyd ein perthynas o gydfagu ein mab.
> Fodd bynnag, dwi'n sylweddoli nawr mai gorau po fwyaf
> o bobl sy'n ei garu ac yn malio amdano sydd ym mywyd
> fy mhlentyn. **Amy**

Mae **Gwawr** yn crynhoi'r profiad yn berffaith:
   "Er nad yw hi bob amser yn hawdd gwybod bod yna fenyw arall sy'n ymwneud â bywyd fy merch fel rhiant, os ydyn nhw'n cyd-dynnu a'i bod yn ei charu, dyna sydd bwysicaf. Mae gwybod ei bod hi yng nghanol pobl sy'n ei charu hi yn bwysicach nag ego unrhyw oedolyn. Pan fydda i eisiau ymateb ar unwaith i sefyllfa anodd gyda fy nghyn-bartner, dwi bob amser yn atgoffa fy hun, hapusrwydd ein merch yw'r peth pwysicaf."

Roedd profiad **Cerys** o'r broses hon ychydig yn haws, ond roedd hi'n dal i deimlo'n ddi-rym iawn.
   "Mi oedd gen i a fy nghyn-bartner berthynas eithaf cyfeillgar, ac mi soniodd am ei gariad newydd yn weddol gynnar. Mi oedden ni'n dau yn gytûn nad oedd angen i'r plant gael gwybod nes bod y berthynas yn un llawer mwy difrifol. Ar ôl ychydig fisoedd, mi ddechreuodd grybwyll ei chyflwyno i'r plant. Y bwriad oedd i fi gyfarfod â'i gariad

newydd yn gyntaf, ac mi aeth hynny'n dda iawn; ond doedden ni ddim yn gallu cytuno ynglŷn â'r amseru o ran y plant. Yn ffodus, mi wnaethon ni ddal ati i drafod, ac yn fwy ffodus fyth, mi wnaeth o fodloni oedi a chyd-fynd â'm dymuniadau i. Yn yr achos hwn, mi oedd gen i rywfaint o rym am gyfnod, ac mi wnaeth hynny bethau'n haws. Ar ôl ychydig fisoedd eto, mi wnes i gytuno y gallai fwrw 'mlaen a chyflwyno'r plant iddi. Mi oeddwn i'n teimlo'n ddi-rym iawn o wybod na allwn i ohirio hynny am byth, ac na allwn i fod yno iddyn nhw neu siarad â nhw am y mater ymlaen llaw oherwydd bod eu tad yn mynd i wneud hynny. Mi oeddwn i'n casáu gwybod bod hon yn sefyllfa y byddai'n rhaid iddyn nhw ei hwynebu. Yn y pen draw, mi aeth pethau'n iawn, er bod y plant yn teimlo'n drist am y sefyllfa – yn wir, maen nhw'n dal yn drist – ac yn dweud ei fod yn gwneud iddyn nhw deimlo'n 'rhyfedd' y tu mewn. Y cyfan alla i ei wneud yw trio rhoi lle iddyn nhw siarad a'u helpu drwy sut maen nhw'n teimlo."

ADFER Y GRYM

"Y ffordd fwyaf cyffredin y mae pobl yn ildio eu grym yw drwy feddwl nad oes grym ganddynt."

Alice Walker, awdur

Felly, beth gallwn ni ei wneud i adfer ychydig o rym a rheolaeth i'n bywydau? Yn gyntaf, mae yna bethau bach di-nod y gallwn eu gwneud i'n helpu i deimlo bod gennym ni rym a rheolaeth dros ein bywydau newydd, ein hunaniaeth newydd; yn ail, fe allwn ni ganolbwyntio ar strategaethau seicolegol penodol i'n helpu i adfer ymdeimlad o rym o ran sut rydyn ni'n dewis meddwl, teimlo a gweithredu mewn rhai sefyllfaoedd heriol.

DOD O HYD I RYM YN DY FYWYD NEWYDD

Mae yna rai pethau ymarferol o ddydd i ddydd a all dy helpu i deimlo bod gen ti fwy o reolaeth ar dy fywyd a dy fod yn byw'r bywyd rwyt ti'n dymuno'i fyw. Treulia amser yn rhoi cynnig ar bethau gwahanol a newydd (arferion, trefn, traddodiadau) i ddarganfod beth sy'n gweithio i ti a dy blant yn dy fywyd newydd fel mam sengl. Mae hyn yn ymwneud â dod o hyd i ti dy hun a phwy wyt ti a beth sy'n gweithio i'r drefn deuluol newydd.

Gall cael trefn ar dy sefyllfa ariannol fod yn rymusol iawn. Drwy greu taenlenni o enillion a gwariant ar gyfer pob mis, fe elli di wneud yn siŵr bod gen ti ddigon o arian i dalu'r biliau.

Tyrd o hyd i'r hyder i allu mynd i sefyllfaoedd cymdeithasol. Drwy wneud hyn, mae'n bosib y byddi'n gwneud llwyth o bethau newydd nad wyt ti wedi'u gwneud o'r blaen – fel mynd i gigs, mynd ar dripiau dydd neu fynd ar ddêts achlysurol!

Os yw gyrfa yn bwysig i ti, yna canolbwyntia ar hynny. Fe allai canolbwyntio ar dy gynnydd ym myd gwaith roi boddhad ac ymdeimlad o gyflawniad i ti.

Dos ati i flaenoriaethu gofalu amdanat ti dy hun. Boed hynny'n ddilyn trefn gofal croen newydd, apwyntiad gwallt, ymarfer corff, bwyta'n dda, dewis dillad newydd neu chwarae dy hoff gerddoriaeth yn uchel, mae gofalu amdanat ti dy hun yn anfon y neges dy fod yn bwysig, dy fod yn haeddu gofal, a bod yr awenau yn dy ddwylo di wrth i ti ofalu amdanat ti dy hun a dy fywyd. Mae'n dy helpu i ddal dy ben hyd yn oed yn uwch.

Gall swnio'n ystrydebol, ond mae ailaddurno'r tŷ yn ffordd sydyn o adfer rhywfaint o reolaeth i famau sengl newydd – cyhyd â bod y plant yn hapus, does neb i ddadlau â dy ddewis o liwiau paent. Er nad yw adnewyddu llwyr yn ymarferol bob amser, mae camau bach yn bosib o hyd – fel symud y dodrefn o gwmpas neu roi lluniau o ffrindiau a theulu ar y wal. Neu fe elli di ddefnyddio dy ryddid newydd i hogi dy sgiliau DIY.

Pan symudodd **Tegan** allan, fe wnaeth hi droi yn frenhines adnewyddu'r tŷ.

"Dwi wedi adnewyddu'r tŷ o'r top i'r gwaelod: wedi tynnu papur wal, sandio, paentio, gosod silffoedd a drych, codi pwysedd y boeler (dyna beth yw teimlad da) a deall sut i raglennu'r boeler gyda'r thermostat, cael trefn ar yr offer technegol, adeiladu dodrefn ar fy mhen fy hun a chlirio'r jyngl oedd yn yr ardd gefn. Ond doeddwn i ddim yn teimlo unrhyw gywilydd wrth holi am help pan oedd angen hynny arna i. Dwi wedi creu cartref!"

Roedd cyn-bartneriaid **Francesca** yn ofnadwy gyda DIY ac mae hi wrth ei bodd ei bod hi'n benderfynol o gael y maen i'r wal.

"Mi oedd gallu tanio car fy nghyn-bartner efo 'jump leads' yn uchafbwynt go iawn i fi – dwi erioed wedi teimlo mor bwerus!"

DOD O HYD I RYM DRWY FYW BYWYD YN ÔL DY WERTHOEDD DI

Mae dod o hyd i ystyr yn ein bywydau a byw bywydau ystyrlon, hyd yn oed mewn sefyllfaoedd heriol, yn cael hwb drwy fyw bywyd yn ôl dy werthoedd di.

Mae Therapi Derbyn ac Ymrwymo yn esbonio sut mae gwerthoedd fel cwmpawd sy'n dangos y ffordd i ni, sut i ymddwyn, pwy wyt ti eisiau bod. Gall y gwerthoedd hynny gynnwys unrhyw rai o'r canlynol (ac mae yna lawer mwy):

- Dewrder
- Maddeuant

- Hwyl
- Gonestrwydd
- Tosturi
- Cysylltiad
- Amynedd
- Hunanreolaeth
- Cyfrifoldeb
- Caredigrwydd
- Parch
- Annibyniaeth

Mae'r cysyniad o fyw yn ôl dy werthoedd yn golygu, hyd yn oed pan fydd pethau'n anodd (fel yr her a ddaw gyda chwalfa perthynas a dod yn fam sengl), dy fod yn canolbwyntio ar sut rwyt ti eisiau bod fel mam sengl, yn hytrach na chael dy fygu gan wrthdaro, emosiwn neu feddyliau llethol. Pa werthoedd sy'n bwysig i'r person wyt ti a sut rwyt ti eisiau byw dy fywyd? Sut gelli di adael i'r gwerthoedd hyn dy dywys, gweithredu fel cwmpawd i ti, dy dywys tuag at fywyd ystyrlon, waeth pa mor heriol yw bywyd? Mae gwerthoedd yn wahanol i nodau, ac mae'n bosib byw yn driw iddyn nhw hyd yn oed pan fydd nodau bywyd yn newid. Mae dod o hyd i rym drwy dy werthoedd yn golygu gallu byw bywyd gyda thosturi, maddeuant, hwyl, dewrder, annibyniaeth a chysylltiad. Dychmyga allu pwyso ar yr holl werthoedd hyn yn dy fywyd o ddydd i ddydd. Sut byddai hynny'n teimlo? Atgyfnertha dy rym drwy fyw'r gwerthoedd sy'n ystyrlon i ti.

DOD O HYD I RYM DRWY BENDANTRWYDD

Mae dod yn fam sengl yn golygu bod y baich i gyd arnat ti mwya' sydyn. Penderfyniadau, trafodaethau, cyfathrebu â phawb – o'r cwmni nwy i ysgol dy blant i sefyllfaoedd cymdeithasol. Dim ond y ti sydd yna. Sy'n gallu bod yn wironeddol frawychus weithiau. Pan fyddwn ni'n teimlo'n ddi-rym, mae'n hawdd i ni deimlo ein bod ni wedi colli ein llais, felly gall datblygu'r gallu i fod yn bendant a siarad drosot ti dy hun fod yn ddawn anhygoel o rymus; boed hynny gyda rhywun sy'n ceisio gwerthu rhywbeth i ti, dy bartner, pan fyddi'n dechrau dêtio neu unrhyw beth arall.

Pendantrwydd yw'r gallu i gyfathrebu'n glir sut rwyt ti'n meddwl ac yn teimlo, sefyll dros dy anghenion/hawliau dy hun neu bobl eraill, heb ddychwelyd i ardulliau cyfathrebu oddefol-ymosodol neu ymosodol. Pan fyddi di'n ymddwyn yn bendant, mae'n rhaid i ti ystyried y bobl rwyt ti'n cyfathrebu â nhw bob amser, gan barchu eu meddyliau a'u teimladau. Dydy bod yn bendant ddim yn ymwneud â chael dy ffordd dy hun neu am fod â grym dros rywun arall. Mae'n ymwneud â pherchnogi a chyfathrebu dy feddyliau a dy deimladau yn glir, a gallu gwrando ar feddyliau a theimladau rhywun arall hefyd. Felly mae'n ffordd effeithiol o fynd i'r afael â phryderon neu anawsterau heb i hynny droi'n wrthdaro. Ar adegau, fodd bynnag, mae'n ymwneud â gosod ffiniau pendant gan wybod a oes yna le i ti fod yn hyblyg yng nghylch hynny o gwbl.

Fe allet ti ganolbwyntio ar ddatblygu dy sgiliau pendantrwydd yn y ffyrdd canlynol:

- Ymarfer – dydy hyn ddim yn mynd i fod yn hawdd bob tro, na theimlo'n naturiol, felly mae angen dal ati i roi cynnig arni ac fe weli bethau'n dod yn fwy naturiol wrth i ti ymarfer.
- Treulio amser gydag anghysur – os nad wyt ti'n naturiol bendant, fe fydd yn rhaid i ti oddef peth anghysur wrth ddod i arfer â hynny.
- Canolbwyntio ar ofyn am yr hyn fydd ei angen pan mae hynny'n codi, gan ddefnyddio iaith syml, a bod yn barod i fod yn hyblyg a thrafod lle y bo hynny'n briodol.
- Canolbwyntio ar berchnogi'r hyn rwyt ti'n ei ddweud, "Fe hoffwn i ...", "Dwi'n teimlo ...".

- Sylwi ar eich iaith a gwybod y gallwch fod yn bendant, yn dawel, yn garedig ac yn dosturiol wrth gyfathrebu.
- Anelu at gyfathrebu'n dawel ac yn barchus, a chadw llygad ar dôn dy lais ac iaith y corff ar y cyd â'r hyn rwyt ti'n ei ddweud.
- Bod yn barod i drafod a gwrando ar y person arall.
- Os wyt ti'n dweud na, ac yn casáu gorfod dweud na wrth bobl, mae'n mynd i gymryd amser ac ymarfer. Er enghraifft, fe allet ti ddweud, "Mae'n ddrwg gen i, dydy hynny ddim yn mynd i weithio i fi, ond cariwch chi 'mlaen" neu "Dydw i ddim ar gael, ond diolch am ofyn".

DOD O HYD I RYM YN DY BERTHYNAS Â'TH GYN-BARTNER

Dysga beth sy'n gweithio orau i ti o ran cyswllt â chyn-bartneriaid. Yn hytrach na gwylltio am bethau na elli di eu rheoli, ceisia ail-fframio dy agwedd tuag atyn nhw – cofia, ti sy'n rheoli sut rwyt ti'n ymateb ac yn ymdopi â'r sefyllfaoedd hyn.

I rai, fe allai hynny olygu lleihau unrhyw gyswllt i'r eithaf; gall hynny fod yn anodd oherwydd bod gen ti blentyn gyda'ch gilydd neu os ydych chi wedi bod gyda'ch gilydd ers amser maith, ond mae'n bwysig gwneud hyn os yw'r cyswllt sydd gen ti'n gwneud i ti deimlo'n ddi-rym. Fe fydd eraill yn teimlo eu bod nhw'n cael eu grymuso drwy wella sut maen nhw'n cyfathrebu â'u cyn-bartner, a datblygu perthynas dawelach, mwy cwrtais ac aeddfed. Y peth pwysig yw nad oes unrhyw ffordd gywir neu anghywir o wneud hyn. Mae'n ymwneud â darganfod beth sy'n dy helpu di i deimlo yn rymus yn hytrach na di-rym a dilyn hynny, *ond gan gofio nad wyt ti'n gwneud dy gyn-bartner yn ddi-rym o ganlyniad.*

Os oes gen ti gytundeb drwy orchymyn llys, mae angen i ti gadw ato hyd yn oed os nad yw'r plant eisiau mynd ar ddiwrnod penodol. Er mwyn adfer y grym mewn sefyllfa o'r fath, canolbwyntia ar yr hyn sydd gen ti rym drosto yn hytrach na'r pethau lle nad oes gen ti rym yn eu cylch. Ceisia drefnu gwneud rhywbeth ar dy gyfer di ar y dyddiau hynny – rhywbeth a fydd yn gwneud i ti deimlo'n dda ac yn hapus. Cyfarfod â ffrindiau efallai, gwneud dy ewinedd, neu fynd i wylio ffilm na fyddai'n bosib pan fyddi'n gofalu am y plant. Dy amser di yw hwn, ac rwyt ti'n haeddu'r seibiant.

Er mor anodd yw hynny, mae'n werth ceisio gweld dy gyn-bartner yn cyflwyno partner newydd fel rhywbeth cadarnhaol – wedi'r cyfan, mae'n berson arall ym mywyd dy blant i ofalu amdanyn nhw.

Fe elli gael rhywfaint o reolaeth dros y sefyllfa hon drwy ofyn i dy gyn-bartner sôn wrthyt ti cyn cyflwyno'r plant i bartner newydd; fe allet ti hyd yn oed holi am gael cyfarfod â'r partner newydd yn gyntaf. Y peth lleiaf gelli di ei wneud yw dysgu enw'r partner newydd er mwyn i ti normaleiddio'r syniad o bartner newydd er mwyn dy blant. Er y gallai dy gyn-bartner wrthod neu ddiystyru unrhyw gytundebau gennyt yn llwyr yn y dyfodol, mae holi am bethau mor fach yn arwydd dy fod wedi gwneud beth gelli di i sicrhau perthynas dda o'r dechrau a rhoi ychydig o rym i ti dy hun mewn sefyllfa lle gallet ti fod yn ddi-rym.

Wrth i amser fynd yn ei flaen, bydd bod yn barchus ac yn gwrtais i bartner newydd dy gyn-bartner yn help mawr i'r berthynas o gydfagu'r plant, ac yn helpu i atal dy blant rhag teimlo'n euog am dreulio amser gyda nhw.

DOD O HYD I RYM DRWY GYDNABYDDIAETH

I adfer dy ymdeimlad o rym, fe elli di wneud y canlynol:

- Ffrwyno sut rwyt ti'n teimlo drwy sylwi ar sut mae'r sefyllfa yn gwneud i ti deimlo a pham, a rhoi enw i hynny.
- Cydnabod yr hyn na elli ei reoli/ddylanwadu arno, a chanolbwyntio ar yr hyn y gelli di wneud rhywbeth yn ei gylch – yn ymarferol neu'n emosiynol/seicolegol.

- Arfer hunanofal a charedigrwydd tuag atat ti dy hun er mwyn i ti allu rheoleiddio dy emosiynau, prosesu dy deimladau a chreu ymdeimlad cyffredinol o les.
- Ceisio cyfathrebu mewn ffyrdd tawel a theg, er mwyn peidio â chael dy ddal gan feddyliau negyddol, gemau grym dant am ddant neu unrhyw beth arall a fydd yn amharu ar dy hwyliau.
- Deall y byddi *bob amser* yn rhiant cariadus sy'n cynnig cefnogaeth i dy blentyn, a waeth pa mor anodd yw'r sefyllfa, fe fyddi'n cyflawni'r rôl bwysig a grymus honno *bob amser*.
- Ymateb yn ystyrlon lle gelli di, yn unol â dy werthoedd ac yn unol â'r rhiant rwyt ti eisiau bod, waeth beth fo'r patrymau grym sydd ar waith.

Felly, gan gofio'r egwyddorion hyn, pan fyddi'n teimlo mewn sefyllfa o ddiffyg grym, anadla'n ddwfn, a chydnabod yn dyner, "Dwi'n teimlo'n ddi-rym ar hyn o bryd ac mae hynny'n gwneud i fi deimlo'n *ddig/trist/rhwystredig/blin/anobeithiol."

Ar ôl cydnabod hynny, noda – efallai drwy gadw dyddiadur – beth yn union sy'n gwneud i ti deimlo'n ddi-rym.

- Beth yw'r sefyllfa rwyt ti ynddi?
- Pam mae'r sefyllfa hon yn dy boeni di?
- Beth sy'n digwydd/sydd wedi digwydd sy'n gwneud i ti deimlo'n ddi-rym?
- Beth fyddet ti am ei weld yn digwydd pe na fyddet ti'n teimlo'n ddi-rym?
- Pa safbwyntiau eraill sydd yna yn y sefyllfa hon? Er enghraifft, dy blentyn, dy gyn-bartner neu safbwyntiau pobl eraill?

Ar ôl i ti gydnabod a deall beth sydd y tu hwnt i dy reolaeth a dy rym, atgoffa dy hun, er bod hyn yn anodd, na fydd o reidrwydd yn sefyllfa *negyddol*. Er enghraifft, dydy'r ffaith bod gan dy gyn-bartner reolaeth am y dydd ddim yn golygu y bydd yn gwneud gwaith gwael, neu na fydd y plant yn cael amser da. Yn yr un modd, mae'n bosib dy fod yn ddi-rym i atal dy hun rhag bod yn rhiant sengl ar hyn o bryd, ond dydy hynny ddim yn golygu na elli di ddod o hyd i ystyr a llawenydd mawr yn y rôl hon mewn amser.

Canolbwyntia ar beth gelli di ei reoli a ble gelli di ddod o hyd i dy grym. Fe allai hyn fod yn anodd, ond yn aml fe fydd yna *rywbeth* y gallwn ni ei wneud, hyd yn oed os ydyn ni'n dod o hyd i rym wrth ddewis; er enghraifft, dewis gollwng gafael ar ein dicter fel nad oes ganddo unrhyw rym drosom ni. Mae rhai awgrymiadau hunansiarad i ddod o hyd i dy grym yn cynnwys:

- "Dwi'n gallu cydnabod na alla i chwifio hudlath a thrwsio popeth na lleddfu poen fy mhlentyn, neu fy mhoen i, ac mae hyn yn anodd; ond dwi'n gallu canolbwyntio ar ddod o hyd i ffyrdd i'w gefnogi, a chefnogi fy hun, drwy sefyllfaoedd heriol."
- "Mae gen i rym dros sut dwi'n gofalu amdanaf i fy hun ac yn arfer hunanofal."
- "Dwi'n gallu chwilio am therapi i helpu fy hun drwy'r cyfnodau anodd pan fydda i'n teimlo'n ddi-rym."
- "Dwi'n gallu rhoi lle i fy mhlant siarad a phrosesu eu hemosiynau pan fyddan nhw angen gwneud hynny."
- "Dwi'n gallu dewis canolbwyntio ar y pethau dwi'n gallu eu rheoli yn hytrach na'r pethau sy'n peri i fi deimlo'n ddi-rym. Dwi'n gallu dweud wrthyf fi fy hun, 'Alla i wneud dim byd am X, mae hynny tu hwnt i fy rheolaeth i, anadla'n ddwfn a gollwng dy afael ar hynny. Yn y cyfamser, fe alla i ganolbwyntio ar Y.'"
- "Dwi'n gallu byw yn ôl gwerthoedd sy'n bwysig i fi, fel caredigrwydd, maddeuant, parch, amynedd, cydweithrediad."

- "Dwi'n gallu cyfathrebu mewn ffordd bendant a gweithredu'n bendant mewn sefyllfaoedd gyda fy nghynbartner."

DOD O HYD I RYM DRWY REOLI EMOSIYNAU

Pan fydd emosiynau'n teimlo'n llethol, bydd ganddyn nhw rym drosom ni. Mae helpu i ffrwyno a rheoleiddio ein hemosiynau ein hunain neu emosiynau ein plant yn help i adfer ymdeimlad o rym.

Gwneud Synnwyr o dy Emosiynau

Mewn unrhyw sefyllfa benodol, fe allai hynny olygu cymryd y camau canlynol:

- Enwi'r emosiwn rwyt ti'n ei deimlo.
- Sylwi pan fyddi'n teimlo hyn yn dy gorff.
- Dychmygu troi i wynebu dy emosiynau yn hytrach na throi i ffwrdd oddi wrthyn nhw. Peidio â cheisio eu gwthio i ffwrdd (anaml y mae hynny'n llwyddiannus).
- Cymryd anadl ddofn ac anadlu i mewn i dy emosiynau. Gwna le ar gyfer lle rwyt ti'n teimlo hyn yn dy gorff.
- Cydnabod dy fod yn teimlo fel hyn, a bod hynny'n anodd. Ymarfer treulio amser gyda'r emosiwn a gofyn beth sydd ei angen arnat ti ar hyn o bryd. Yna gwneud beth sydd angen i ti ei wneud (hunanofal).
- Os yw sefyllfa yn dy wneud yn drist, yn ddig, yn euog ac ati, cymer olwg ar y penodau perthnasol i gael syniad o sut i reoli'r emosiynau hyn.

Bydd dilyn y camau hyn yn golygu dy fod yn gwrando ar dy emosiynau mewn ffordd dosturiol, yn eu cydnabod, yn gwneud lle iddyn nhw ac yn ymateb i'r hyn mae arnat ti ei angen yn yr ennyd gyda gofal.

Gwneud Synnwyr o Emosiynau Dy Blant

Mae helpu dy blentyn i wneud synnwyr o'i emosiynau ei hun yn bwysig hefyd. Fel rhieni, dydyn ni ddim yn gallu amddiffyn ein plant rhag profiadau neu emosiynau anodd, ond fe allwn ni ddarparu lle diogel a chefnogol iddyn nhw brosesu eu hemosiynau – ac mae hynny'n anrheg oes hynod fuddiol i'w roi iddyn nhw, gan ddysgu sgiliau gydol oes iddyn nhw ar yr un pryd. Fe allwn ni wneud hyn drwy wneud y canlynol:

- Gwrando, a gadael iddyn nhw siarad neu fynegi eu teimladau.
- Lle y bo hynny'n briodol, eu cysuro drwy bresenoldeb corfforol neu gyffyrddiad (dal dwylo, cofleidio neu ddim ond bod yno, yn agos atyn nhw).
- Eu cysuro nhw gyda geiriau, dilysu sut maen nhw'n teimlo a gadael iddyn nhw wybod dy fod yno i gynnig cysur. Mae hyn yn dangos dy fod wedi gwrando ac wedi clywed sut maen nhw'n teimlo. Fe elli di ddweud rhywbeth fel, "Dwi'n gallu clywed dy fod ti wir yn gweld eisiau Dadi. Dwi'n gwybod bod hyn yn anodd. Mae'n iawn i ti ei golli. Sut wyt ti'n teimlo/sut brofiad yw hyn i ti?", neu "Dwi'n cael yr argraff fod hyn yn gwneud i ti deimlo'n drist. Dwi'n deall bod hyn yn anodd iawn. Mae'n drist. Dwi yma unrhyw bryd wyt ti eisiau siarad am hyn. Wyt ti eisiau cwtsh?".
- Paid ag wfftio na'u hargyhoeddi bod popeth yn iawn neu na ddylen nhw deimlo'n drist. Er y gall hynny fod yn anodd i'w glywed, gad iddyn nhw fynegi eu teimladau a rhoi gwybod iddyn nhw fod hynny'n iawn.

O Wendid i Gadernid: Dod o hyd i dy rym

1. Gall siarad â ti dy hun fod yn hynod rymusol. Gan sefyll neu eistedd o flaen drych, a dywed wrth dy hun:
   - "Fe alla i ymdopi gyda bod yn fam sengl."
   - "Mae'n bosib nad ydw i wedi dewis bod yn y sefyllfa yma, ond mi alla i fod yn ddewr a dod o hyd i ystyr a llawenydd ar y daith er hynny."
   - "Fy nhaith i yw hon, a fi sy'n cael dewis sut un fydd hi."
   - "Dwi'n rhydd i ddewis sut dwi eisiau fy nghartref, fy arferion, fy mywyd i fod."
   - "Fe fydd yna sefyllfaoedd na fydda i'n gallu eu rheoli, ac fe alla i ddysgu byw gyda hyn, ond fe fydda i'n gallu hoelio fy sylw ar rywbeth beth bynnag sy'n codi."
   - "Dwi'n gallu dod â heddwch a hapusrwydd i fi fy hun drwy ollwng gafael ar y pethau na fydda i'n gallu eu rheoli a chanolbwyntio ar yr hyn dwi'n gallu ei wneud a sut dwi'n gallu byw."
2. Edrych ar bob agwedd ar dy fywyd a chydnabod ble mae gen ti rym. Canolbwyntia arnyn nhw – sut rwyt ti'n addurno'r tŷ efallai, pryd fyddi'n mynd i'r gwely, beth rwyt ti'n dewis ei goginio, y gerddoriaeth rwyt ti'n gwrando arni, sut rwyt ti'n dewis magu dy blant ac ati.
3. Atgoffa dy hun, "Mae gen i rym yn fy mywyd mewn sawl ffordd, bach a mawr. Mae'n bosib nad oes gen i rym ym *mhob* ffordd, ond lle mae gen i rym, dyna lle dwi'n cael fy ngrymuso fel mam sengl."

8

DOD O HYD I LAWENYDD

Os ydy chwalfa eich perthynas yn dal i frifo i'r byw, rydyn ni'n addo y byddi'n teimlo llawenydd unwaith eto, er nad wyt ti o reidrwydd yn teimlo hynny ar hyn o bryd. Nod y bennod hon yw dy helpu i ddod o hyd i lawenydd yn dy fywyd bob dydd, a dal dy afael ar hapusrwydd hyd yn oed yn ystod y cyfnodau tywyllaf.

Er bod camau mawr, fel prynu car neu brynu fflat, yn amlwg yn achos dathlu, mae llawenydd hefyd yn dod o bethau ymddangosiadol bitw – taith ar gefn beic drwy gefn gwlad, amser cinio heb unrhyw gwympo mas, cwtshys gyda'r plant ar y soffa, noson ddi-blant gyda milwr (er enghraifft!) ...

> Fe welais i'r llygedyn cyntaf o lawenydd pan ddigwyddodd rhywbeth a oedd yn ymddangos fel breuddwyd gwrach. Wir nawr – fe wnes i drwsio'r boeler ar fy mhen fy hun. Wna i byth, byth anghofio'r eiliad honno pan wnes i sylweddoli nad ydw i angen dyn yn fy mywyd i ddelio â phethau anodd. **Amy**

BETH YW LLAWENYDD?

Gellir disgrifio llawenydd fel teimlad o bleser, hyfrydwch, hapusrwydd mawr. Mae gwaith Dr Pamela King, ymchwilydd a seicolegydd datblygiadol, wedi canolbwyntio ar ddeall llawenydd. Dyma hi'n esbonio mwy:

"... many people have an enduring and underlying sense of something that is deeper than the emotion of happiness, and I have come to describe this as joy ... joy is more complex than a feeling or an emotion. It is something one can practice, cultivate, or make a habit ... joy is an enduring, deep delight in what holds the most significance ... we can discover and experience joy in a variety of ways – doing those things we love to do, growing in intimacy or providing for others, and clarifying and coherently pursuing our values."
(Cyfweliad Psychology Today, What is Joy and What Does it Say About Us? 2020)

Dyma i ti ddisgrifiad hyfryd ac mae'n helpu i'n harwain i feddwl am ffyrdd o feithrin ac annog llawenydd i fod yn bresennol yn ein bywydau. Fel mam sengl, rwyt ti'n llwyr haeddu hynny!

TEIMLO LLAWENYDD (NEU BEIDIO)

Llawenydd, hapusrwydd, hwyl, hyfrydwch, cyffro, pleser, bodlonrwydd, boddhad, sirioldeb, difyrrwch, chwerthin, ymlacio. Sut wyt ti'n teimlo wrth ddarllen y geiriau hyn? Ydyn nhw'n gwneud i ti fod eisiau gwenu, yn dy atgoffa o amser pan wnest di brofi'r teimladau hyn, neu'n gwneud i ti deimlo'n drist oherwydd dy fod yn cael trafferth teimlo'r emosiynau hyn ar hyn o bryd?

Beth bynnag yw'r achos, mae angen i ti wybod ei bod hi'n iawn i ti deimlo fel hyn, oherwydd mae'r profiad dynol yn cynnwys amrywiaeth o emosiynau. Tristwch, dicter, pryder, hapusrwydd, euogrwydd, piwisrwydd, llawenydd, cyffro, straen a llawer mwy.

DOD O HYD I LAWENYDD

Fel bodau dynol, mae'n normal i ni deimlo'r holl emosiynau hyn ar ryw adeg, ac rydyn ni'n aml yn symud drwy'r emosiynau gwahanol hyn yn ystod diwrnod neu wythnos. Mae gwybod hyn yn bwysig er mwyn deall nad yw presenoldeb emosiynau trymach – tristwch, galar, dicter – yn golygu na allwn ni hefyd ddod o hyd i eiliadau o hapusrwydd, hwyl, llawenydd, cyffro.

Mae'r arloeswr ACT Dr Russ Harris wedi siarad am y cysyniad o'r "fagl hapusrwydd", sef y syniad nad oes modd cyrraedd y nod o feddwl y dylen ni fod yn hapus drwy'r amser. Dydy'r drefn ddynol ddim wedi ei theilwra i gynnig dim byd ond hapusrwydd. Ond fe allwn ni ymdrechu i brofi *cyfnodau* hapus, i adnabod a derbyn hapusrwydd pan fydd yn ymddangos, i ddod o hyd iddo yn ein bywydau drwy gymryd camau gweithredol i wneud pethau sy'n gwneud i ni chwerthin ac sy'n dod â llawenydd i ni. Fe allwn ni wneud hynny, mae modd i ni gyflawni hynny – waeth pa emosiynau eraill neu sefyllfaoedd heriol sy'n bresennol.

Ar y daith i fod yn fam sengl, mae'n bosib i ni brofi'r *holl* sefyllfaoedd ac emosiynau anodd: galar, dicter, cynddaredd, cywilydd, gorbryder, iselder a mwy. Mae'n rhaid i ni wneud lle i'r emosiynau hyn, a chaniatáu i ni ein hunain eu cydnabod a'u prosesu. Ond pan fyddwn ni yn eu canol nhw, fe allwn ni hefyd adael i'n hunain ddod o hyd i'r emosiynau ysgafnach, a gwybod, wrth i amser fynd yn ei flaen ac wrth i ni gymryd camau cadarnhaol ymlaen, y gallwn ni ddod o hyd i'r goleuni fwy a mwy. A thrwy hynny, fe allwn ni ddod o hyd i'n hwyl, i'n hapusrwydd, i'n chwerthin, i'n llawenydd, i'n heulwen. Mae angen i ti wybod hynny, caniatáu i ti dy hun wneud hynny, teimlo hynny, credu hynny.

SUT MAE DOD O HYD I LAWENYDD?

Dydy hi ddim bob amser yn hawdd i ni ddod o hyd i'n heulwen, i'n llawenydd. Weithiau, mae'n rhaid i ni weithio'n galed iawn i ddod o hyd iddo; dro arall, mae'n dod o hyd i ni yn hawdd iawn.

YMDOPI FEL MAM SENGL

Mae caniatáu i dy hun dderbyn llawenydd, hapusrwydd a chwerthin os ydyn nhw'n codi, yn lle da i ddechrau. Mae gwybod nad oes dim byd yn bod ar chwerthin hyd yn oed yn dy alar, gwybod ei bod yn iawn i ti ymddwyn yn wirion a chwareus hyd yn oed yng nghanol iselder, gwybod ei bod yn iawn teimlo'n gyffrous ac yn hwyliog, hyd yn oed pan fyddwn ni'n teimlo'n ddig, yn gam cyntaf. Dros amser, fe fyddi di'n dod o hyd i fwy a mwy o hynny yn eich bywyd, ac fe fydd yn dod yn gynyddol haws i ti ddod o hyd iddo a'i brofi.

Mae hefyd yn bwysig sylwi ar sut rwyt ti'n siarad â ti dy hun, a thynnu'r naratif yn dyner tuag at hapusrwydd a llawenydd. Nid mater o chwarae triciau meddyliol gyda ti dy hun yw hyn, drwy orfodi naratif cadarnhaol ac anwybyddu sut rwyt ti'n meddwl ac yn teimlo go iawn – dydy hynny ddim yn fuddiol; mae'n ymwneud â rhoi cynnig ar unrhyw gyfuniad o'r canlynol:

- Siarad â ti dy hun yn onest ac yn dosturiol – mae'n bosib bod bywyd yn anodd ar hyn o bryd, ond fe elli di fod yn barod i ddod o hyd i lawenydd er gwaetha'r tywyllwch.
- Atgoffa dy hun dy fod yn haeddu llawenydd a hapusrwydd, waeth beth oedd y llwybr a ddaeth â ti'n fam sengl.
- Cadw llygad ar y llais hunanfeirniadol mewnol sy'n dy farnu'n gyson, yn barnu dy ddewisiadau, dy ymddygiadau – dydy llif o hunanfeirniadaeth ddim o fudd i neb.
- Atgoffa dy hun nad oes unrhyw wobrau am weithio hyd at yr asgwrn drwy ganolbwyntio ar ddim byd ond gwaith, gwaith tŷ, magu plant ac yn y blaen. Fe fydd rhoi amser ar gyfer hwyl a mwynhau dy hun, i chwilio am lawenydd, yn dy helpu di a dy blant, drwy dy alluogi i fod yn rhiant hapusach, mwy hamddenol. Fe fyddi hefyd yn rhoi esiampl i dy blentyn ynglŷn â phwysigrwydd hwyl, mwynhad a chymryd seibiant.
- Gadael i dy feddwl ganolbwyntio ar ddiolchgarwch. Mae arferion felly yn dy alluogi i ddod o hyd i adegau o

DOD O HYD I LAWENYDD

ddiolchgarwch yn ystod y cyfnodau anodd hyd yn oed. Unwaith eto, dydy hyn ddim yn ymwneud ag anwybyddu heriau sefyllfa, ond am ddod o hyd i ysbeidiau o ddiolchgarwch ynddyn nhw. Mae hynny'n help i ddatblygu naratifau newydd yn ein meddwl sy'n sylwi ar bethau da, pethau cadarnhaol, y goleuni, sy'n help i ni fod yn fwy parod i dderbyn llawenydd a hapusrwydd pan maen nhw'n dod i'n rhan ni.

"Mwya'n byd rwyt ti'n clodfori ac yn dathlu dy fywyd, mwya'n byd sydd yna mewn bywyd i'w ddathlu."

Oprah Winfrey, cyflwynydd teledu, actores, awdur a dyngarwraig

Arferion Diolchgarwch

1. Meddylia am dri pheth rwyt ti'n ddiolchgar amdanyn nhw yn dy fywyd ar hyn o bryd, er enghraifft:
   - Ti dy hun – dy gryfder, dy wytnwch, dy gariad a ofal
   - Dy blant
   - Rhywun arall sy'n gwneud cyfraniad cadarnhaol i dy fywyd
   - Dy iechyd neu iechyd anwyliaid
   - Dy allu i symud, dawnsio, chwarae
   - Y tywydd – yr haul, hyd yn oed y glaw
   - Dy anifeiliaid anwes
   - Dy gartref – bod â tho uwch dy ben, gwres, bwyd, pethau neis
   - Dy ryddid
2. Wrth gydnabod pob peth sydd gen ti i fod yn ddiolchgar amdanyn nhw, treulia ennyd yn cau dy lygaid, yn hoelio dy sylw ac yn teimlo diolchgarwch

> am yr hyn rwyt ti wedi'i nodi. Teimla hynny yn dy gorff. Meddylia am sut mae hyn yn gwneud gwahaniaeth mewn ffordd ystyrlon yn dy fywyd.
> 3. Siarada â dy blant, neu gad i dy hun feddwl, am ba mor falch, mor ddiolchgar, mor lwcus wyt ti i gael yr agweddau cadarnhaol hyn yn dy fywyd.
> 4. Cadwa ddyddiadur diolchgarwch, a gwna gofnod o bum peth rwyt ti'n ddiolchgar amdanyn nhw bob dydd.

"Diolchgarwch yw gwin yr enaid. Amdani. Meddwa'n dwll."
Rumi, bardd

Treulia ychydig o amser yn ystyried beth sy'n dod â llawenydd i ti – beth wyt ti'n ei garu, beth sy'n gwneud i ti chwerthin, beth sy'n dy ysbrydoli di, yn dy gyffroi, yn dy ddifyrru, yn dod â hapusrwydd i ti? Fe allai hyn olygu dod o hyd i bethau newydd, pethau i ti yn unig neu i ti a dy blentyn gyda'ch gilydd. Fe allai gymryd amser i roi cynnig ar bethau newydd a gweld beth sy'n gweithio i ti.

UGAIN EGWYDDOR AR GYFER DOD O HYD I LAWENYDD

Fe allwn ni gymryd camau penodol i ddod o hyd i ysbeidiau o lawenydd a hapusrwydd. Mae'n bwysig iawn sylweddoli beth sy'n dod â llawenydd i ti yn dy fywyd bob dydd, ond mae cydnabod a gwerthfawrogi hynny yn bwysicach fyth. Mae pobl sy'n gallu gwireddu eu llawenydd (waeth pa mor fawr neu fach) yn tueddu i fyw bywyd hapusach, a dioddef llai o straen. Sef dymuniad pob un ohonom, ynte? Chwilia amdano yn dy fywyd di, oherwydd rwyt ti'n ei haeddu.

DOD O HYD I LAWENYDD

1. Anadla a bydd yn y presennol. Dysga am ymwybyddiaeth ofalgar – gall cael ein caethiwo yn y gorffennol neu'r dyfodol gan ein meddyliau ei gwneud hi'n anodd i ni fwynhau lle rydyn ni.
2. Chwaraea gyda dy blant – gan ymddwyn fel plentyn, hyd yn oed! Mae'r llawenydd ar eu hwynebau yn heintus.
3. Bydd yn ti dy hun – gwisga dy hoff ddillad, lliwia dy wallt fel mynni di.
4. Dos â ti dy hun ar ddêt – gwna bethau neis i ti dy hun – sbwylio dy hun, mynd allan am bryd o fwyd, prynu anrhegion neu flodau i ti dy hun.
5. Llunia gysylltiadau ystyrlon â ffrindiau, cymdogion, teulu, cydweithwyr.
6. Amgylchyna dy hun â phobl sy'n dy helpu i deimlo'n dda – mae ansawdd yn bwysicach na niferoedd o ran ffrindiau.
7. Dathla ti dy hun – buddugoliaethau bach a mawr fel ei gilydd.
8. Dos allan – i edrych ar yr haul yn machlud, i weld coedwigoedd, y môr, gerddi hardd, blodau gwyllt, tirweddau'r ddinas. Cofia oedi a sylwi arnyn nhw. Tyrd o hyd i'r harddwch sydd o dy gwmpas.
9. Gollwng dy afael ar bethau – pryder, dicter, euogrwydd, drwgdeimlad, cenfigen, cywilydd. Gad i ti dy hun wybod fod gen ti'r grym i ollwng dy afael arnyn nhw, i drin dy hun gyda thosturi, i faddau i ti dy hun.
10. Tyrd o hyd i lawenydd a diolchgarwch yn y pethau bychain, yn yr eiliadau bychain.
11. Tyrd o hyd i dy ffitrwydd drwy weithgaredd sy'n agos at dy galon.
12. Gwranda ar gerddoriaeth sy'n codi'r galon, yn rhoi hwb i dy egni, yn dy ysbrydoli, yn dy rymuso di.
13. Arfer garedigrwydd a thosturi tuag atat ti dy hun ac eraill – dywed wrth rywun dieithr dy fod yn hoffi ei dillad/gwallt/

ewinedd; gwisga dy ddillad gorau, tynn hunlun anhygoel ac edmyga dy hun.
14. Gwna rywbeth rwyt ti'n falch ohono – gwirfoddoli, herio dy hun, dysgu sgil newydd, gweithred o garedigrwydd ar hap.
15. Gwylia, gwranda neu darllena bethau sy'n gwneud i ti chwerthin.
16. Bydd yn greadigol a dysga wneud rhywbeth sy'n agos at dy galon – coginio, ysgrifennu, padlfyrddio, ioga, paentio.
17. Dos allan i'r byd mawr a dod o hyd i dy hapusrwydd a dy lawenydd, paid ag aros iddyn nhw ddod atat ti – gweithia a chynllunia er mwyn i hynny ddigwydd.
18. Gwna nodyn o'r pethau sy'n dy wneud yn hapus, y pethau da yn dy fywyd, beth rwyt ti'n ei fwynhau, beth sy'n gwneud i ti chwerthin.
19. Llunia restr o dy gynlluniau ar gyfer y dyfodol, y pethau rwyt ti eisiau eu cyflawni, eisiau rhoi cynnig arnyn nhw, y pethau fyddet ti wrth dy fodd yn eu gwneud yn y dyfodol – dy focs breuddwydion personol.
20. Bydd yn agored i gariad – caru eraill a chael dy garu – a chwerthin a gwenu bob dydd.

STRAEON AM LAWENYDD WRTH FYW FEL MAM SENGL

Mae'n bosib dod o hyd i lawenydd mewn rhywbeth mor syml ag anfon negeseuon yn ôl ac ymlaen rhwng ffrindiau.

> Mae **Elliw** wrth ei bodd yn rhyngweithio ar-lein.
> "Pan fydd ffrindiau yn cysylltu neu'n anfon 'memes' doniol ata i, dwi'n gwerthfawrogi hynny yn fwy nawr nag erioed."

DOD O HYD I LAWENYDD

Mae'n werth sylweddoli bod gen ti'r grym i newid pethau yn dy fywyd newydd fel rhiant sengl, ac y gall hynny helpu i ddod â llawenydd i ti.

Dechreuodd **Fflur** swydd newydd pan oedd hi'n fam sengl.
"Mi wnes i ddechrau gweithio mewn cartref gofal y llynedd, sy'n rhywbeth na fyddai'r hen fi erioed wedi bod yn ddigon dewr i'w wneud, a dwi wrth fy modd. Dwi'n gallu teimlo fy hun yn cael fy nghyfoethogi, a fersiwn newydd ohona i'n cael ei chreu, a dwi wedi mopio'n lân ar y fi newydd."

Dyma oedd gan **Emilia** i'w ddweud:
"I fi, mae'r llawenydd wedi dod o beidio â gorfod bod yn atebol i neb o ran y dewisiadau bywyd dwi wedi'u gwneud. O addurno'r cartref neu ddewis gadael y llestri yn y sinc tan y bore, mae gen i'r rhyddid a'r gallu i deimlo nad ydw i'n cael fy meirniadu."

Meddylia am dy drefn ddyddiol, a sut i ysgogi eiliadau llawen drwy'r drefn honno neu sut i droi sefyllfaoedd a fu'n achos rhwystredigaeth i ti yn sefyllfaoedd dymunol. Beth am osod y larwm ychydig yn gynharach a rhoi ychydig o amser ychwanegol i ti fwynhau dy baned gyntaf o goffi cyn i brysurdeb y dydd godi stêm? Fe allai trefnu ymweliad hwyliog â'r parc ar ôl ysgol dy helpu i dreulio ychydig o amser gyda phobl eraill a llosgi mymryn o egni dy blentyn. Neu beth am greu traddodiad newydd o ddisgo cegin wrth i ti wneud swper – mynna fod y plant yn ymuno a phryna oleuadau disgo – rho'r pwyslais ar gael hwyl, bydd yn wirion, tyrd o hyd i lawenydd!

Newidiodd **Elliw** y drefn amser gwely fel bod pethau'n gweithio'n well iddi hi.

YMDOPI FEL MAM SENGL

"Fel arfer, mae'n cymryd sbel i fy merch fynd i gysgu, felly dwi wedi dechrau gwneud paned o de i fi'n hun a mynd lan lofft, eistedd wrth ei hymyl a mwynhau'r amser hwnnw. Yn hytrach na gadael iddo greu straen, dwi'n ceisio edrych arno fe fel amser i ymlacio a chael cwtsh gyda hi; yn aml iawn, dyma fy hoff adeg o'r dydd."

Er bod pob eiliad fach lawen yn gwbl angenrheidiol, yn tydi cael buddugoliaeth fawr yn deimlad anhygoel? Mae mor hawdd i fywyd ein llygad-dynnu ac i ninnau anwybyddu'r holl bethau gwych rydyn ni'n eu gwneud. O gael swydd newydd i gwblhau prosiect neu redeg marathon, rwyt ti'n haeddu agor y siampên a dathlu'r holl bethau anhygoel rwyt ti'n eu cyflawni.

*Pan oedd **Elliw** yn briod, gwerthodd ei char oherwydd nad oedd angen dau gar arnyn nhw. Yn fuan wedyn, fe wnaeth tad ei merch adael.*

"Am flwyddyn a hanner dda, doedd gen i ddim car, ond yn ddiweddar dwi wedi gallu trefnu cael fy nghar fy hun. Mae wedi gwneud i fi deimlo mor hapus, fel tasen i wedi cael bach o ryddid yn ôl."

*Llwyddodd **Glesni** i brynu ei chyn-bartner allan a sicrhau eu fflat iddi hi a'i mab.*

"Mi oedd yn beth mor anodd i'w wneud – yn ariannol, yn emosiynol, yn gyfreithiol – ac mi oeddwn i mor falch ohona i fy hun."

O glywed dy blentyn yn dweud ei fod yn dy garu di, neu sgyrsiau cyn amser gwely, mae ein plant ni'n sicr yn gwybod sut i roi hwb i'n hwyliau ni (a'n digalonni ni – mae'r busnes magu plant yma'n llawn dyddiau da a dyddiau na!).

DOD O HYD I LAWENYDD

> Fe wnes i nôl fy mab o'r ysgol y diwrnod o'r blaen ac roedd wedi gwneud cerdyn i fi – am ddim rheswm. Roedd yna lun o ni'n dau yn dal dwylo ymhlith blodau ac roedd yn dweud, "I mam, caru ti, cariad mawr gan milo xxx". Fe wnes i lefain, a'i fframio. Nawr, unrhyw bryd dwi'n teimlo'n wael, mae edrych ar y cerdyn yn fy atgoffa i fod popeth yn iawn. Os ydy fy mhlentyn yn penderfynu gwneud cerdyn dim ond i ddweud ei fod yn fy ngharu i, yn hytrach na thynnu llun Minecraft arall, yna dydw i ddim yn gwneud gwaith rhy wael o fod yn fam sengl. **Amy**

Mae **Annest** yn cofio un achlysur pan oedd hi'n edrych ar waith ysgol ei mab.

"Mi ofynnodd ei hathrawes am air, a phasio'i lyfr addysg grefyddol i fi. Mi oedd o wedi ysgrifennu cerdd amdana i ac mi gafodd wobr y pennaeth am ei lawysgrifen daclus. Mi oeddwn i yn fy nagrau! Dyna pryd y sylweddolais i 'mod i'n gallu gwneud hyn – dwi'n fam sengl, ac mae fy mhlentyn i'n hapus."

Os wyt ti'n teimlo nad wyt ti'n cael digon o amser gyda dy blentyn (neu os yw'r amser rwyt ti'n ei gael yn anodd, yn brysur ac ymhell o fod yn amser o ansawdd), mae'n werth ystyried a fyddai modd i ti newid rhywbeth yn eich trefn wythnosol i drefnu gweithgaredd hwyliog fel y gelli di ddod o hyd i lawenydd gyda'ch gilydd.

> Dwi'n mynd â fy mab i nofio bob dydd Mercher, waeth pa mor brysur ydw i o ran gwaith. Dyna yw'n amser ni i fod gyda'n gilydd, heb sgriniau a phethau i dynnu'n sylw ni – dim ond hwyl yn y pwll! **Amy**

Daeth **Cerys** o hyd i lawenydd yn y pethau bychan.

"Mi wnes i flaenoriaethu nosweithiau ffilm wythnosol arbennig efo'r plant, lle roedden ni'n gwneud popcorn ac yn bwyta pethau da fel y bydden ni yn y sinema, ond roedden ni hefyd yn gwneud pethau oedd wrth fodd y plant ond a oedd yn herio'u cysur ar yr un pryd – unwaith mi aethon ni i barc dŵr gyda chyfarpar gwynt. Mi oedd o'n gymaint o hwyl. Er gwaethaf y llyn oer a'r siwtiau gwlyb, mi wnaethon ni chwerthin cymaint ac roedd o'n teimlo fel llawenydd go iawn."

SUT MAE RHAI MAMAU SENGL ANHYGOEL YN DOD O HYD I LAWENYDD

- "Mae chwarae cerddoriaeth yn uchel yn yr ystafell ymolchi yn codi fy nghalon bob bore yn ystod fy mhum munud o heddwch i gael fy hun yn barod."
- "Dysgu ioga padlfyrddio!"
- "Gwrando ar bodlediad sy'n gwneud i fi chwerthin nes dwi bron â gwlychu fy hun." (*Parenting Hell* Rob Beckett a Josh Widdicombe)
- "Dysgu pobi."
- "Prynu hufen lleithio neis iawn."
- "Prynu blodau i fi fy hun unwaith yr wythnos."
- "Cael cath fach."
- "Mynd ar gwrs dŵr gyda chyfarpar gwynt."
- "Dysgu chwarae Mario Kart gyda fy mab."
- "Mynd am dro wrth yr afon pan mae'r plant efo fy nghyn-bartner."
- "Dysgu hobi newydd – adfer hen ddodrefn."
- "Unwaith ddaeth y plant yn ddigon hen, fe wnes i ddatblygu trefn o gael paned o de yn y gwely bob

> bore Sadwrn, tra'u bod nhw o flaen sgrin am ychydig. Fe brynais i hambwrdd brecwast hyfryd, a byddwn yn agor y llenni, yn pori drwy lyfr ac yn mwynhau'r teimlad hyfryd o heddwch am ychydig."
> - "Diffodd fy ffôn a chwarae Lego gyda fy mab."

DAL GAFAEL AR HAPUSRWYDD A DOD O HYD I LAWENYDD YN YSTOD Y DYDDIAU DU

Rydyn ni i gyd yn gwybod y gall magu plant ar ein pennau ein hunain fod yn waith caled a heriol ar adegau, ac fe fydd yna beth wmbreth o adegau pan fydd hi'n anodd dod o hyd i lawenydd. Felly sut gallwn ni ddal gafael ar hapusrwydd a llawenydd yn ystod y dyddiau du?

- Dos ati'n fwriadol i chwilio am ddaioni, hapusrwydd, llawenydd. Os yw wedi bod yn ddiwrnod gwael, meddyliwch beth gelli di ei wneud i ysgogi rhywbeth da.
- Mae angen i ti atgoffa dy hun bod modd dod o hyd i lawenydd yn ystod yr adegau tywyllaf hyd yn oed.
- Rho gynnig ar ymarfer hunansiarad tosturiol llawen (gweler isod).
- Dos ati i greu jar Dod o hyd i Lawenydd – noda dy holl syniadau am yr hyn sy'n dod â llawenydd a phleser i ti neu beth hoffet ti ei wneud. Fe all dy blant wneud hynny hefyd. Dewis rai i roi cynnig arnyn nhw a gwna gynlluniau i'w gwneud nhw.
- Llunia ddyddiadur o dy lwyddiannau llawen. Bob tro rwyt ti'n teimlo'n hapus, noda beth ddaeth â llawenydd i ti. Pan fyddi'n cael trafferth gweld y llawenydd mewn bywyd, darllena'r holl atgofion hapus hynny.

- "Pan fydd y bychan yn mynd i'r gwely a finnau a'r ferch hynaf yn cael cyfle i wylio ffilm efo'n gilydd."
- "Gwylio cyfres gyfan o deledu rwtsh."
- "Cael bath yn llawn swigod sebon, gyda hambwrdd bath, gwydraid o win, cerddoriaeth, canhwyllau – nefoedd!"
- "Triniaeth wyneb – dydy fy nghroen i erioed wedi teimlo cystal!"
- "Mynd i'r dafarn am beint ar nosweithiau heb blant!"
- "Dysgu fy merch i reidio ei beic."
- Dos allan. Gall treulio amser y tu allan, hyd yn oed am gyfnod byr, wneud y byd o les i ti. Efallai na fyddi'n teimlo fel gwneud hynny, ond gwna hynny beth bynnag.
- Dos ati i greu rhestr chwarae lawen (neu restr chwarae bwrw dicter, mae hynny'n iawn hefyd!) – gall cerddoriaeth fod yn ysbrydoliaeth.

Ymarfer Hunansiarad Llawen

1. Cau dy lygaid, estyn i fyny fry, ac ymestyn dy freichiau allan yn llydan (fel pe baet ti newydd ennill ras).
2. Gwena a dweud wrth ti dy hun:
   - "Dwi'n haeddu llawenydd."
   - "Fe alla i ddod o hyd i hapusrwydd."
   - "Dwi'n gallu cyflwyno hwyl i 'mywyd."
3. Gad i ti dy hun wybod hyn, teimlo hyn.
4. Os hoffet ti, gwna hynny eto. Sut deimlad yw hynny?

Cyfuna hyn â'r ymarfer Dwylo Caredig ar dudalen 87.
1. Rhowch law ar dy galon, teimla'r cynhesrwydd yn pelydru i dy fynwes, a chau dy lygaid.
2. Gwena i ti dy hun ac ailadrodd yr ymadroddion uchod.

EIN RHESTR CHWARAE LAWEN

Mae astudiaethau wedi dangos sut y gall cerddoriaeth newid ein hwyliau, yn enwedig gwella ein hwyliau. Gall cerddoriaeth wneud i ti deimlo'n rymus, yn gryf, yn obeithiol, yn hapus. Gall dy helpu i brofi, teimlo a phrosesu dy emosiynau – bydd y gân iawn yn gymorth i ti fynegi dy ddicter, teimlo dy dristwch, cydnabod dy unigrwydd; a gall y gân iawn wneud i ti fod eisiau canu, dawnsio, gwenu neu chwerthin hefyd.

A fyddai unrhyw un o'r caneuon isod yn cyrraedd dy restr di? Mae croeso i ti ddewis o'u plith neu greu rhestr dy hun – ond mae'n rhaid i ti addo dawnsio o gwmpas y gegin a dod o hyd i dy lawenydd!

- "Eto" – Adwaith
- "Blerr" – Tara Bandito
- "Paid â Bod Ofn" – Eden
- "Sebona Fi" – Yws Gwynedd
- "Bydd Wych" – Rhys Gwynfor
- "Drama Queen" – Tara Bandito
- "Pen y Byd" – Bwncath
- "Rho i mi Wên" – Eden
- "Doed a Ddêl" – Al Lewis
- "Dyma Ni" – Fleur de Lys
- "Neidia" – Gwilym
- "Lliwiau Llon" – Al Lewis
- "Llyn Llawenydd" – Papur Wal
- "Trw Nos" – Band Pres Llareggub
- "Dod o'r Galon" – Aleighcia Scott
- "Dawnsio Ben Fy Hun" – Diffiniad ac Ani Glass
- "Duwies y Dre" – Carwyn Ellis & Rio 18
- "Pelydr-X" – Adwaith

YMDOPI FEL MAM SENGL

- "Rebel" – Mari Mathias
- "Aros Amdanat Ti" – Ynys
- "Space Invaders" – Caryl Parry Jones
- "Dal Dig" – Buddug
- "Rhedeg i Baris" – Anhrefn
- "Cymru Lloegr a Llanrwst" – Y Cyrff
- "Coffi Du" – Gwibdaith Hen Frân
- "Fel hyn da ni fod" – Bwncath
- "Dawnsia" – Fleur De Lys

Dy dasg: creu amser i lunio dy restr chwarae lawen dy hun – caneuon sy'n dy ysbrydoli, yn dy ddyrchafu, yn gwneud i ti wenu, dawnsio, symud, canu.

Ac un pwynt arall am lawenydd cyn cloi: waeth pa mor anodd mae pethau'n teimlo ar hyn o bryd, mae angen i ti gredu y byddi'n dod o hyd i lawenydd, credu dy fod yn haeddu llawenydd. Yn dyner, yn araf, tyrd o hyd i ffyrdd o adael y golau i mewn.

9

CARIAD, CHWANT A'R CYFAN YN Y CANOL

Fe ddaw amser pan fyddi'n teimlo'n barod i ddechrau dêtio eto, boed mewn ychydig fisoedd neu flynyddoedd. Mae hynny'n swnio naill ai'n hynod o gyffrous neu'n anhygoel o frawychus, dau deimlad cwbl ddilys wrth feddwl am agor dy galon (neu dy goesau) i ddarpar bartner posib!

Waeth a wyt ti'n chwilio am ychydig o hwyl achlysurol neu'n barod i ddod o hyd i dy Ryan Reynolds dy hun, fe fyddai'n help i ti wybod beth i'w ddisgwyl cyn plymio i fyd mawr dêtio – wyt ti eisiau mynd ar sawl dêt gyda'r un person, neu wyt ti'n syml yn chwilio am gyfle i roi rhicyn arall ar bostyn y gwely? Hefyd, faint o amser rhydd sydd gen ti? Wyt ti wir eisiau treulio'r un noson sydd gen ti mewn wythnos ar ddêt da i ddim? Mae yna gymaint o bethau i'w hystyried!

HUNANGARIAD CYN DIM BYD ARALL

Wrth i ti godi ar dy draed eto ar ôl i dy berthynas chwalu, gall bod yng nghwmni cyplau hapus ysgogi pob math o emosiynau. Gall fod yn daith o uchelfannau ac iselfannau emosiynol; fe allai'r profiad wneud i ti deimlo'n genfigennus, yn drist, yn obeithiol, yn ddig, neu hyd yn oed yn orbryderus.

Mae'n ofnadwy. Mae'n hollol ofnadwy. Fe elli di gael dy lyncu gan feddyliau fel "Pam na alla i fod yn hapus?", "Pam maen nhw'n cael bod yn hapus a dwi ddim?", "Fydd yna rywun byth yn fy ngharu i eto?", "Beth sy'n bod arna i?" a "Sut galla i ymdopi heb bartner?". Dwyt ti ddim eisiau meddyliau negyddol o'r fath pan fyddi yng nghwmni pobl mewn perthnasoedd sefydlog a hapus, ond elli di mo'u helpu.

Ddylet ti ddim teimlo'n ddrwg am brofi'r teimladau hyn; mae'r cyfan yn rhan o'r broses adfer, ac fe fyddi'n gwella. Ond cymera dy amser. Yng ngeiriau doeth Ru Paul, "Os nad wyt ti'n caru ti dy hun, sut ddiawl wyt ti'n mynd i garu rhywun arall?"

DYSGU SUT I GARU DY HUN

- Paid â chymharu dy hun ag eraill, ti yw ti, ac rwyt ti'n unigryw – ac yn hynny o beth, y tu hwnt i'th gymharu â neb arall.
- Gwerthfawroga dy gryfderau a'th rinweddau. Dysga i garu'r darnau gorau ohonot ti – tyrd i adnabod dy hun, pwy wyt ti a beth sy'n bwysig i ti.
- Tyrd i arfer â derbyn dy hunan. Yn hytrach nag ymdrechu am berffeithrwydd, mae angen i ti ymarfer dweud wrth ti dy hun dy fod yn iawn fel rwyt ti, a meddwl hynny, o ran dy holl gryfderau a diffygion (fel rwyt ti'n eu gweld nhw). Dydy hynny ddim yn golygu na elli di ddewis gwella dy hun, ond fe elli di wneud hynny gyda thosturi tuag atat ti dy hun a derbyn dy hun fel rwyt ti'r funud hon.
- Mae angen i ti gael gwared ar unrhyw bwysau. Does dim lle i ymadroddion fel "Fe ddylwn i ..." – does dim byd yn bod ar lle rwyt ti ar hyn o bryd. Dydy hyn ddim yn golygu na elli di ddechrau gweithio ar nodau ac amcanion ar gyfer

y dyfodol, ond cyfnewidia ymadroddion "Fe ddylwn i ..."
am rai "Fe hoffwn i ...".

- Cynllunia ar gyfer y dyfodol. Llunia lond bocs breuddwydion ar gyfer dy fywyd newydd, dy ddyfodol newydd, boed hynny'n ddysgu pobi, marchogaeth, teithio, cael tatŵ – neu'r pethau hynny i gyd a mwy.
- Rho drît i ti dy hun. Rwyt ti'n haeddu mwy o'r pethau sy'n dy wneud yn hapus, boed yn ddarn o gacen gyda te neu'r esgidiau newydd yna sydd wedi tynnu dy lygaid di.
- Maddeua i ti dy hun. Rydyn ni i gyd yn gwneud camgymeriadau, ond os ydyn ni'n dal ati i gystwyo'n hunain am byth, dydyn ni byth yn mynd i gael perthynas dda gyda ni ein hunain.
- Derbynia bobl gas. Fydd yna rai pobl ddim yn dy hoffi di, waeth i ti dderbyn hynny. Ond wyt ti angen i bawb dy hoffi di? Mae hynny'n andros o lot o bwysau.
- Mwynha. Ceisia drefnu o leiaf un peth hwyliog i'w wneud bob wythnos – rhywbeth rwyt ti wrth dy fodd yn ei wneud, rhywbeth sy'n dod â llawenydd i ti.
- Dathla unrhyw lwyddiant. Gwna gofnod o'r pethau rwyt ti wedi eu cyflawni – hyd yn oed os oedd yn rhywbeth mor syml â gorffen darllen llyfr neu lanhau'r ystafell ymolchi!
- Rho gynnig ar hobi. Pryd oedd y tro diwethaf i ti wneud rhywbeth er dy fwyn di? Meddylia am yr holl bethau rwyt ti wedi meddwl rhoi cynnig arnyn nhw. Gwna un ohonyn nhw nawr!
- Cadwa'n heini. Mae ymarfer corff yn rhyddhau endorffinau, ac mae endorffinau yn ein gwneud ni'n hapus! Ceisia wneud ychydig o ymarfer corff bob dydd – hyd yn oed rhywbeth mor fach â cherdded i'r siop yn hytrach na gyrru.
- Gofyn am help! Pan fyddi angen rhywfaint o gefnogaeth ychwanegol, dos amdani – does dim angen i ti gario baich y byd ar dy ysgwyddau.

- Gosod ffiniau. Os wyt ti eisiau dweud na pan fydd rhyw ddigwyddiad yn codi, fe elli di. Mae angen i ti wneud beth sy'n dda i ti, felly paid â gadael i unrhyw un roi pwysau arnat ti i wneud pethau nad wyt ti eisiau eu gwneud.

Gwerthfawrogi Ti

1. Dos i nôl papur neu ddyddiadur, neu hyd yn oed dy ffôn neu liniadur.
2. Gwna nodyn ysgrifenedig o'r holl gryfderau, rhinweddau, sgiliau, gwerthoedd rwyt ti'n eu cyfrannu i gyfeillgarwch, gwaith, magu plant, perthnasoedd. Wrth i ti wneud hyn, gwna'n siŵr dy fod yn sylwi ar y llais beirniadol hwnnw – does dim angen i ni roi sylw i hwnnw ar hyn o bryd. Mae'r ymarfer hwn yn ymwneud ag ymgysylltu â dy lais tosturiol caredig, y llais rwyt ti'n ei ddefnyddio gyda ffrindiau ac anwyliaid.
3. Defnyddia ddatganiadau person cyntaf: "Dwi'n garedig", "Dwi'n ystyriol", "Dwi'n gweithio'n galed", "Dwi'n ddoniol", "Dwi'n gwneud fy ngorau", "Dwi'n un dda am wrando", "Dwi'n anturus" ...
4. Ar ôl i ti orffen ysgrifennu, ceisia addurno tudalen gyfan gyda dy eiriau – rho gynnig ar ddefnyddio gwahanol arddulliau ac ysgrifen o wahanol faint (neu newid ffont a maint wrth deipio), celf, dwdls, sticeri, emojis, delweddau wedi'u torri allan o gylchgronau.
5. Ac am eiliad, dathla TI DY HUN a neb arall. Rwyt ti'n haeddu hynny.

STRAEON AM GARIAD A CHWANT WRTH FYW FEL MAM SENGL

DYSGU NAD OES ANGEN PERTHYNAS ARNAT TI, OND MAE'N IAWN BOD ARNAT TI EISIAU UN

Efallai dy fod ti wedi mynd drwy fywyd yn amlach mewn perthynas nag allan o un, neu efallai dy fod ti'n rhywun sy'n dygymod yn naturiol â bywyd heb fod mewn perthynas. Beth bynnag yw'r sefyllfa, mae'n help i ti ddeall dy batrymau a beth mae bod mewn perthynas yn ei olygu i ti. Sut wyt ti'n teimlo pan fyddi mewn perthynas a phan na fyddi di?

Os wyt ti bob amser wedi teimlo dy fod ti'n cael dy ddiffinio gan berthynas, ac yn teimlo'n gwbl ar goll y tu allan i un, gall fod yn demtasiwn i ti fod eisiau rhuthro yn syth i mewn i un arall. Mae'n bosib mai dyma sydd wedi digwydd bob tro yn y gorffennol – cyn i ti gael plant. Fodd bynnag, unwaith mae plant yn rhan o'r cawl, mae'n gallu gwneud strategaeth ddêtio o'r fath gryn dipyn yn anoddach; mae dod o hyd i gydymaith newydd yn fwy cymhleth i riant sengl, ac mae'n bwysig iawn dy fod ti'n trin dy hun yn garedig wrth fynd ati. Mae'n werth chweil cymryd dy amser, ac ychydig o therapi os wyt ti'n teimlo'r angen, i ddeall pwy wyt ti *y tu allan* i berthynas a pham mae perthnasoedd mor bwysig i ti. Fe fyddai hynny hefyd yn help i ti fod yn iawn fel yr wyt ti, ar dy ben dy hun, yn hytrach na phwyso ar berthynas i dy ddiffinio di neu i deimlo'n gyflawn.

Mae'n beth iach i ti dreulio ychydig o amser yn gofalu amdanat ti dy hun a dysgu caru dy hun. Rho wybod i ti dy hun ei bod hi'n berffaith iawn i berthynas ddod ymhen amser, unwaith y byddi wedi cael y cyfle i ganolbwyntio arnat ti dy hun.

Dyma oedd gan **Dwynwen** *i'w ddweud ar y mater:*

"Fe chwalodd y briodas ar ôl iddo fe fod yn anffyddlon, ac roeddwn i'n teimlo wedi fy llethu'n llwyr; ond fe wnes i daflu fy hun i'r ysfa i gael fy ngharu eto yn llawer rhy glou. Roeddwn i wir eisiau teimlo'n annwyl ac yn arbennig ac yn

unigryw i rywun. Ond wrth edrych yn ôl, sai'n difaru dêtio mor glou chwaith. 'Sdim pwynt i hynny, ac fe oedd y cyfan yn rhan o broses fy adferiad. Roeddwn i'n gweld dêtio yn beth brawychus a diddorol ar yr un pryd. Fe ges i gymaint o anturiaethau ac mae'n rhaid i fi ddweud 'mod i wedi mwynhau'r daith, ond doeddwn i ddim wir yn barod i ddod o hyd i'r person arbennig yna – a gall gymryd sbel i ddod o hyd iddo fe hefyd! Doedd dêtio ddim yn llenwi'r gwagle yna oedd y tu mewn i fi; fe wnes i sylweddoli mai gweithio arna i fy hun oedd yr unig ffordd i wneud hynny."

I eraill, gall fod yn ddewis bwriadol i beidio â bod mewn perthynas, a chanolbwyntio ar fod yn fam sengl yn lle hynny.

*Fe wnaeth **Ishana** ddewis penodol i aros yn sengl yn ystod y blynyddoedd cynnar.*

"Roedd yna drafferthion ar y dechrau gyda thad fy merch i mewn ac allan o'i bywyd. Unwaith roeddwn i'n gwybod i sicrwydd nad oedd e'n mynd i aros, roeddwn i'n mynd drwy gymaint a'r cyfan roeddwn i eisiau ei wneud oedd canolbwyntio arna i a fy merch. Roeddwn i'n hapus i wneud y dewis hynny. Roeddwn i eisiau mwynhau'r amser oedd 'da ni gyda'n gilydd, ac roedd creu bywyd newydd gyda ffrindiau a pherthnasau yn gymaint o hwyl. Doeddwn i ddim angen neb arall yn rhan o hynny. Roeddwn i wastad yn gwybod y byddwn i'n meddwl am ddêtio eto ar ryw bwynt, ond doedd dim angen i fi wneud ar y pryd, a dydw i ddim wedi gwneud hynny ers 10 mlynedd. Dwi'n hapus iawn gyda fy newis."

GWYBOD PAN FYDDI'N BAROD

Gall mentro a chwilio am ramant fod yn hwb gwych i'r hyder (os yw pethau'n mynd yn dda!). Fodd bynnag, mae perygl o gael dy frifo fwy fyth os wyt ti'n neidio i'r pair cyn i ti fod yn barod. Amseru yw'r cyfan.

Er enghraifft, os oes gen ti deimladau tuag at dy gyn-bartner o hyd, mae'n debyg nad yw mentro i fyd dêtio yn ddewis addas i ti. Ond er dy fod yn teimlo'r awydd am gwmni partner eto, does dim brys i ti ddechrau dêtio. Hyd yn oed os yw dy gyn-bartner wedi symud ymlaen eisoes, does dim angen i ti wneud yr un peth i ddangos i'r byd a'r betws dy fod yn iawn.

Ceisia beidio â rhuthro i ddêtio oherwydd dy fod yn ofni bod ar dy ben dy hun neu'n ofni bod yn sengl am weddill dy fywyd. Mae rhai menywod yn poeni bod y cloc yn tician, a bod yn rhaid iddyn nhw gyfarfod â rhywun cyn ei bod hi'n rhy hwyr; mae hyn yn arbennig o wir os wyt ti eisiau priodi neu eisiau mwy o blant ac yn teimlo bod amser yn prinhau er mwyn i ti allu gwneud hynny. Fodd bynnag, dydy rhuthro i berthynas a thithau ddim yn barod byth yn mynd i weithio'n dda.

> *Rhyw bythefnos ar ôl i dad fy mab adael, fe ges i fy nhemtio gan fyd dêtio ar-lein – roedd fy ffrindiau yn defnyddio Tinder ond doedd gen i ddim profiad ohono. Felly dyma fi'n lanlwytho'r lluniau gorau allwn i ddod o hyd iddyn nhw a dechrau sweipio. Yn fuan iawn, dechreuodd yr ymatebion lifo i mewn, a finnau ar ben fy nigon wrth ddeall bod yna ddynion allan yna a oedd yn fy ystyried i'n ddeniadol. Popeth yn iawn felly. Wel, na. Dim ond pythefnos oedd wedi pasio ers i fi brofi'r loes calon gwaethaf i fi ei brofi erioed, felly roedd hynny'n siŵr o gael effaith ar fy iechyd meddwl. Fe wnes i ddechrau dod i adnabod dyn. Roedden ni'n anfon negeseuon at ein gilydd yn gyson am ychydig ddyddiau, ac yna fe ges i bwl o orbryder. Fe wnes i argyhoeddi fy hun ei fod e, mewn gwirionedd, yn llofrudd ac na ddylwn i fod wedi bod mor ffôl â dechrau siarad â dieithryn ar-lein – mae'n mynd yn groes i bopeth wnaethon ni ei ddysgu wrth dyfu i fyny! Wrth edrych yn ôl, dwi'n sylweddoli nad oeddwn i'n barod i gael y profiadau hyn eto.* **Amy**

Dangosodd profiad cychwynnol **Menna** o ddêtio nad oedd hi'n barod eto.

"Doedd gen i ddim diddordeb a wnes i ddim meddwl am ddêtio am ddwy flynedd ar ôl i'r briodas chwalu. Mi fyddai ffrindiau yn awgrymu hyn i fi, ond ar y pryd roedd hi mor syml dweud na. Doedd gen i ddim iot o ddiddordeb, er bod fy nghyn-bartner wedi symud ymlaen o fewn blwyddyn i ni wahanu. Ar yr un adeg, mi wnaeth yna ffrind i fi wahanu oddi wrth ei gŵr, ac mi ddechreuodd hi ddêtio o fewn mis iddo symud allan. Mi weithiodd pethau'n dda iawn iddi hi, felly mi wnaeth hi fy annog i roi cynnig arni, ond roeddwn i'n gwybod nad oeddwn i'n barod eto. Ar ôl tua dwy flynedd a hanner, mi wnes i ddechrau ystyried dêtio, a'r unig opsiwn call oedd mynd ati i wneud hynny ar-lein. Doeddwn i ddim yn adnabod unrhyw bobl sengl, a doeddwn i ddim yn cyfarfod efo pobl drwy fy ngwaith. Mi wnes i roi cynnig ar rai o'r apiau ar-lein, ac er ei fod yn hwyl, a 'mod i'n cael hwb o gael sylw a sgwrsio efo pobl, mi oedd y poen o gael fy ngwrthod, pobl ddim yn sweipio neu ymateb (er 'mod i'n gwybod 'mod i'n gwneud yr un peth yn union i bobl eraill) yn ormod, yn creu gormod o loes. Doeddwn i'n dal ddim yn barod."

Roedd meddwl am ddêtio yn dychryn **Cerys** yn llwyr pan ddechreuodd feddwl am wneud hynny dair blynedd ar ôl ei hysgariad.

"Mi fyddai pobl yn dweud cymaint o hwyl oedd mynd allan a dêtio gwahanol bobl, ond doeddwn i ddim yn deall y peth. Am amser hir, doeddwn i ddim hyd yn oed yn gallu dychmygu gwneud y fath beth. Yn araf bach, mi newidiodd hynny. Dwi'n berson eithaf swil, ac mi oedd y syniad o gyfarfod pobl newydd a nhw ddim yn fy licio i yn erchyll. Ond mi wnes i gynefino efo sgwrsio ar-lein a dechrau cael ymdeimlad o bobl roeddwn i'n eu licio ac yn gallu sgwrsio â nhw yn hawdd, a phobl nad oeddwn i'n cyd-dynnu â nhw. Yn y pen draw, mi wnes i ddechrau cyfarfod pobl yn y cnawd. Mi allwn i rannu cymaint o straeon! Mi oedd yna un oedd yn sgwrsio'n wych ond mi ddiflannodd o'r byd ar-lein yn llwyr un diwrnod. Dwi dal ddim yn gwybod pam, ac mae'n rhaid i fi gyfaddef bod hynny wedi fy mrifo i. Ond mi wnaeth hynny fy nysgu i i fod ychydig yn wyliadwrus ac i gymryd gofal i wybod efo pwy rwyt ti'n sgwrsio ar-lein, ac roedd honno'n wers werthfawr. Wedyn dyna i chi'r dyn a oedd wedi dweud celwydd am ei daldra a chuddio y tu ôl i golofn i chwistrellu sbrê gwallt ar ei wallt cyn cyfarfod efo fi; ac mi wnaeth o drio anfon lluniau lled-noeth ata i ar ôl i fi ddweud wrtho nad oedd gen i ddiddordeb. Mi oeddwn i'n gallu chwerthin am hyn, ond doedd beth wnaeth o DDIM YN IAWN. Wedyn roedd y rhai hyfryd – y rhai dwi wedi aros yn ffrindiau efo nhw, rhai a oedd yn garedig, rhai a oedd yn ddoniol iawn. Dwi'n llawer mwy hyderus wrth ddêtio erbyn hyn, a dwi'n gwybod hefyd ei fod yn hwyl, pan fyddwch chi'n barod."

CYMRYD EICH AMSER

Gall deimlo'n arbennig o anodd fel menyw os wyt ti'n teimlo bod dy gloc biolegol yn gweithio yn dy erbyn di. Ond mae rhuthro i mewn i rywbeth nad wyt ti'n barod amdano yn annhebygol o lwyddo. Os nad wyt ti mewn lle digon da yn emosiynol i garu dy hun neu i brosesu'r golled a'r boen rwyt ti newydd eu profi, neu i allu dod o hyd i le diogel fel mam sengl, yna dwyt ti ddim yn mynd i fod mewn lle iach i ddatblygu perthynas iach.

Treulia amser yn prosesu popeth rwyt ti wedi ei brofi, ac i ddod o hyd i sefydlogrwydd yn dy fywyd newydd.

Fe fydd hyn yn dy roi di mewn lle llawer gwell i ddod o hyd i ddêt ac, yn y pen draw, i sicrhau perthynas sy'n mynd i weithio i ti. Mae cymryd amser i wneud hynny yn mynd i fod yn werth chweil, a dy achub rhag perthnasoedd afiach, gobeithio. Yn aml, mae gen ti fwy o amser nag wyt ti'n ei feddwl.

CWIS: WYT TI'N BAROD I DDÊTIO ETO?

Rho gynnig ar y cwis hwyliog hwn i asesu a wyt ti'n barod i ddêtio ai peidio. Ateb drwy roi cylch o gwmpas "a", "b" ac "c" ar gyfer pob cwestiwn.

1. **Faint wyt ti'n caru dy hun?**
   a) Dwi'n teimlo'n ddiwerth
   b) Dwi'n eitha' hoffi fy hun
   c) Dwi'n dduwies

2. **Pryd wnest ti edrych ar gyfryngau cymdeithasol dy gyn-bartner ddiwethaf?**
   a) Ychydig oriau yn ôl
   b) O fewn yr wythnos ddiwethaf
   c) Dydw i ddim yn gallu cofio, mêt!

3. **Pe bai dy gyn-bartner yn gofyn i ti ddod yn ôl, beth fyddet ti'n ei ddweud?**
   a) Cymera fi, cymera fi nawr!
   b) Hmm, dydw i ddim yn siŵr...
   c) DIM PERYG, DOS I GANU!

4. **Sut mae meddwl am fynd ar ddêt yn gwneud i ti deimlo?**
   a) Trist
   b) Chwilfrydig
   c) Cyffrous

5. **Pam wyt ti eisiau dechrau dêtio?**
   a) I lenwi bwlch yn fy mywyd
   b) Oherwydd 'mod i wedi diflasu
   c) I gyfarfod â phobl newydd a chael profiadau newydd hwyliog

6. **Am beth wyt ti'n chwilio ar ddêt?**
   a) Cyfarfod â fy enaid hoff cytûn
   b) Hwb i fy hyder
   c) Orgasm

7. **Sut wyt ti'n teimlo am fod yn sengl?**
   a) Dwi'n ei gasáu, dwi angen "hanner arall"
   b) Mae fymryn yn unig ar adegau
   c) Dwi'n ddigon hapus

8. **Oes gen ti'r egni i ddêtio?**
   a) Nac oes, dwi'n blino wrth feddwl am y peth
   b) Fe allwn i fagu digon o egni, mae'n siŵr
   c) Oes. Amdani!

9. **Wyt ti'n teimlo'n obeithiol am y dyfodol, o ran dod o hyd i bartner newydd?**
   a) Wnaiff hynny byth ddigwydd
   b) Dwi'n trio fy ngorau.
   c) Ydw, yn sicr!

10. **Yw dy ffrindiau/perthnasau yn dy annog i ddêtio?**
    a) Na, dydyn nhw ddim yn meddwl 'mod i'n barod
    b) Dydyn ni ddim yn siarad am y peth
    c) Ydyn, maen nhw'n gefnogol iawn

Rho dri phwynt i ti dy hun am bob "a", dau bwynt ar gyfer pob "b" ac un pwynt am bob ateb "c", a chyfrifo'r cyfanswm.

22 i 30 pwynt

Hei! Mae angen i ti ganolbwyntio arnat ti dy hun, a dod o hyd i ffordd i garu ti dy hun cyn rhoi sylw i neb arall.

17 i 21 pwynt

Rho gynnig ar ddêtio a gweld sut rwyt ti'n teimlo. Fe allai noson o hwyl wneud byd o les i ti. Ond paid â gadael i neb symud i fyw gyda ti wythnos nesaf, iawn?

10 i 16 pwynt

Allan â ti a dos amdani! Rwyt ti'n barod am hwyl, ond bydd yn ddiogel!

GWYBOD AM BETH RWYT TI'N CHWILIO

Os wyt ti'n newydd i ddêtio, a dim ond wedi bod gydag un person o'r blaen, neu os oes gen ti lawer o brofiad yn y maes, mae'n bwysig treulio ychydig o amser yn meddwl am yr hyn rwyt ti'n chwilio amdano, fel rhiant sengl. Wyt ti eisiau gweld rhywun yn achlysurol neu wyt ti'n chwilio am botensial hirdymor? Wyt ti eisiau profi'r agwedd rywiol ar ddêtio, neu gwmni i gerdded a sgwrsio/tecstio, neu i fynd allan am bryd o fwyd bob yn hyn a hyn? Efallai y byddi'n barod i gyfarfod â llawer o wahanol bobl a chroesawu unrhyw baru sy'n codi, neu efallai y bydd gen ti syniad penodol iawn o'r hyn rwyt ti ei eisiau. Mae beth bynnag ddewisi di yn iawn, ond mae'n bwysig treulio ychydig o amser yn dod o hyd i beth yn union rwyt ti ei eisiau, a pheidio ag ofni dal dy dir er mwyn cael hynny.

DÊTIO AR-LEIN

Mae'r dyddiau o daro ar rywun mewn clwb, cyfnewid rhifau a syrthio mewn cariad pur wedi hen fynd. Er mor wych fyddai cyfarfod â rhywun yn naturiol drwy waith neu ffrindiau, neu mewn bar, dêtio ar-lein yw'r ffordd bellach.

Mae yna lawer o apiau dêtio ar gael, beth bynnag fo dy ddewis rhywiol. Mae'r rhan fwyaf ohonyn nhw'n rhannu nodweddion tebyg: rwyt ti'n creu proffil gyda llun ac ychydig o wybodaeth bersonol, yn gosod hidlwyr i gyfyngu'r opsiynau, ac i ffwrdd â ti. Mae'r system o sweipio i'r chwith a'r dde, i ddangos diddordeb ai peidio, yn gyffredin i sawl un, ac fe fydd y rhan fwyaf yn dangos pobl yn dy ardal leol chi. Mae rhai o'r apiau mwyaf poblogaidd yn cynnwys:

- Tinder – er mai perthynas achlysurol neu unnos sy'n denu llawer o'r defnyddwyr, mae yna bobl sy'n chwilio am berthnasoedd tymor hwy hefyd; ond paid â synnu os wyt ti'n denu ymatebion digon rhywiol eu natur!
- Bumble – mae'r ap hwn yn rhoi mwy o rym yn nwylo menywod. Dim ond ar ôl i ti ymateb y gall dyn sgwrsio â ti. Mae yna gymysgedd o bobl yn chwilio am berthnasoedd hirdymor neu gyfarfod am noson yn unig. Mae'n bosib defnyddio'r ap i ddod o hyd i ddim byd mwy na ffrindiau.
- Hinge – mae'r ap hwn yn cymysgu elfennau o Tinder a Bumble, ond, yn wahanol i Bumble, gall unrhyw un gymryd y cam cyntaf.
- Match – mae'r ap hwn yn tueddu i ddenu pobl sy'n chwilio am berthynas mwy hirdymor, ac mae'r cyfathrebu'n llai rhywiol ei natur nag ar apiau eraill.
- Eharmony – mae'r ap hwn yn debyg iawn i Match, gyda chyfranogwyr yn aml yn chwilio am berthynas.

- Her – mae'r ap hwn yn ddewis gwych ar gyfer pobl gwiar, anneuaidd, traws neu'r rheini nad ydyn nhw'n cydymffurfio o ran rhywedd. Yn ogystal â'r agwedd ddêtio, mae hefyd yn cynnwys calendr o ddigwyddiadau a fforwm.

CREU PROFFIL

Mae'r byd dêtio ar-lein yn ffynhonnell llwyth o gwestiynau a phryderon newydd, megis: faint o wybodaeth dylet ti ei rhannu gyda dieithriaid llwyr?

Fe fydd angen i ti feddwl am ddewis llond llaw o dy hoff luniau – fe fydd rhai diweddar yn dy helpu yn yr hirdymor, os nad wyt ti eisiau i dy ddêt gael sioc pan nad wyt ti'n edrych yn debyg i lun ohonot ti ddeng mlynedd yn iau!

Ystyria faint rwyt ti eisiau i rywun arall wybod amdanat ti. Er enghraifft, mae nodi statws dy berthynas (er enghraifft, wedi ysgaru) a faint o blant sydd gen ti yn helpu i gael gwared ar bobl fydd â dim diddordeb mewn mam sydd wedi cael ysgariad. Ond dy ddewis personol di yw rhannu manylion o'r fath gydag unrhyw ddarpar ddêt.

Bydd yn ofalus faint rwyt ti'n ei rannu ar dy broffil cyhoeddus. Dydyn ni ddim yn argymell rhannu lluniau o'r plant – cofia, fe allai miloedd o bobl weld dy broffil di, a byddi di ddim yn gallu rheoli unrhyw wybodaeth ar ôl ei rhannu yn y lle cyntaf. Dydyn ni chwaith ddim yn argymell rhannu gormod o wybodaeth bersonol ar dy broffil a fyddai'n help i bobl wybod pwy wyt ti; mae'n werth bod ychydig yn wyliadwrus nes dy fod yn gwybod â phwy rwyt ti'n siarad, a dy fod yn barod i ymddiried ynddyn nhw.

Y BROSES

Ar ôl creu proffil, sweipia i ddewis pobl rwyt ti'n eu hoffi, sgwrsia gyda nhw ac yna – os yw hynny i gyd yn gweithio – efallai y byddi'n cyfnewid rhifau. Mae galwad fideo yn syniad da i ddechrau, er mwyn gweld sut maen nhw'n edrych, swnio ac ymddwyn – ac os wyt ti'n hoffi beth weli di, trefna ddêt.

Gofala ddilyn holl ganllawiau'r ap dêtio ar gyfarfod â phobl yn ddiogel. Os wyt ti'n mynd ar ddêt, gwna'n siŵr dy fod yn dweud wrth ffrind ble rwyt ti a phwy rwyt ti'n ei gyfarfod. Gwna hynny mewn lle cyhoeddus a (gobeithio) mwynha! Mae hefyd yn syniad i ti drefnu sut byddi'n gadael os nad wyt ti'n mwynhau'r dêt neu os wyt ti'n gwybod nad yw'r darpar gymar yn addas i ti. Paid â theimlo'r angen i aros nes y sws nos da os nad ydyn nhw'n gweddu i ti! Gall dweud na fod yn erchyll, wrth gwrs, ond mae'n rhaid i ti ymarfer hynny – er dy les di ac er lles dy ddêt.

PERYGLON

Mae angen i ti fod yn ymwybodol o'r canlynol:

- Swyno drwy dwyll (*Catfishing*), sef pan fydd pobl yn honni eu bod yn rhywun penodol yn eu proffil ar-lein, ond nid dyna pwy ydyn nhw go iawn; efallai y byddan nhw wedi dwyn lluniau neu hunaniaeth rhywun arall. Dilyna gyngor diogelwch ar-lein y wefan bob amser, ac os yw person yn osgoi dangos ei hun i ti, yna fe fyddai'n iawn i ti fod yn amheus. Yn anffodus, mae yna bobl ar-lein sy'n barod i achub ar unrhyw gyfle i gymryd mantais ar bobl eraill.
- Deunydd rhywiol gignoeth. Fe allet ti dderbyn negeseuon neu luniau digroeso a gall hynny deimlo'n frawychus ac yn ymosodol. Dydy hyn ddim yn iawn. Paid â goddef unrhyw beth sy'n gwneud i ti deimlo'n anghyfforddus ac wrth gwrs, gofal piau hi rhag rhannu unrhyw beth rhywiol gignoeth dy hun. Does dim byd yn bod ar gyfathrebu o'r fath rhwng dau oedolyn sy'n cydsynio, ond mae'n ddoeth bod yn ofalus o'r hyn rwyt ti'n ei rannu. Unwaith y mae lluniau neu negeseuon ar-lein, does gen ti ddim rheolaeth dros beth sy'n digwydd iddyn nhw. Mae apiau dêtio yn gadael i ti "ddadbaru" heb unrhyw esboniad, a gall hynny helpu i

leihau negeseuon diangen; fe elli di hefyd roi gwybod i'r safleoedd dêtio am unrhyw broffiliau amhriodol.

DÊTIO A PHLANT

Mae'n bosib dy fod yn barod i ddechrau dêtio, ond ddim yn siŵr sut bydd hynny'n gweithio a thithau'n fam sengl. Yn y bennod nesaf, fe fyddwn ni'n sôn mwy am sut i gyflwyno dy blant i dy berthynas newydd, ond dyma ambell beth i ti ei ystyried yn ystod dyddiau cynnar dêtio.

- Does gen ti ddim cymaint o amser rhydd ag oedd gen ti cyn geni dy blant, felly fe fydd angen mwy o waith cynllunio a threfnu i wneud amser ar gyfer dêtio.
- Os nad yw dy ddêt yn barod i fod yn hyblyg o ran pryd sy'n gyfleus i ti, yna nid dyna'r person i ti. Dyma yw realiti bywyd i ti, ac fe fydd yna ddigon o bobl ar gael fydd yn barod i fod yn hyblyg er dy fwyn di.
- Mae'n iawn blaenoriaethu dy blant.
- Mae'n iawn hefyd i ti beidio â chynnwys dy blant, neu hyd yn oed sôn amdanyn nhw os nad wyt ti eisiau, yn ystod cyfnod cynnar dêtio. Bryd hynny, fe elli di ganolbwyntio arnat ti dy hun a'ch dêt, ac mae'n bosib y byddi'n teimlo'n fwy parod i rannu mwy wrth i'r berthynas ddatblygu.

Yn dibynnu ar oedran dy blant, fe allai dy fywyd dêtio fod yn gyfan gwbl ar wahân i dy fywyd magu plant, ac mae hynny'n iawn; i blant ifanc yn enwedig, fe fyddai'n llawer iddyn nhw ddygymod ag ef nes dy fod yn siŵr ei bod yn berthynas gadarn. Fe fydd rhai plant yn eu harddegau yn awyddus i wybod, ond fydd eraill ddim – mae angen i ti barchu ble maen nhw ar eu taith emosiynol. Dydy hyn ddim yn golygu cadw cyfrinachau o gwbl – bod yn onest ac yn agored yw'r dewis gorau bob amser

– ond mae angen i ti ddeall y gallai dy blant brosesu'r gwahanu/ newidiadau teuluol yn arafach na ti. Felly hyd yn oed os wyt ti'n barod i ddêtio, efallai na fyddan nhw o reidrwydd yn barod ar gyfer hynny.

"FYDDET TI'N DÊTIO MAM SENGL?"

Aeth Amy ati'n fwriadol ar-lein i sweipio i'r dde gyda nifer fawr o ddarpar gariadon a holi'r cwestiwn: "Beth yw eich barn onest am ddêtio mam sengl?" Er iddi gael ymatebion cymysg, prif bryderon y rhai a holwyd oedd sut byddai modd gwneud i berthynas weithio o gwmpas y plentyn, a faint o ran fyddai'r fam yn disgwyl iddyn nhw ei chwarae.

Dydy dêtio rhywun gyda phlentyn ddim i bawb. Os gelli di esbonio dy sefyllfa deuluol yn gynt yn hytrach nag yn hwyrach, rwyt ti'n llai tebygol o wastraffu dy amser a dy deimladau ar rywun sydd ddim yn addas i ti a dy deulu bach.

SUT I DDÊTIO A'I FWYNHAU!

Gall y profiad o ddêtio fod yn frawychus, ond gall fod yn gymaint o hwyl hefyd. Gall roi'r cyfle i ti fod yn ti dy hun – ti fel menyw sengl, nid ti y fam sengl, nid un o famau'r ysgol, nid ti y cydweithiwr. Mae'n rhaid i ti gael ychydig o amser i ti dy hun.

Gallai fod o fudd i ti ystyried dêtio fel cyfle i gyfarfod â phobl newydd, i siarad ag oedolyn arall amdanat ti dy hun a dim byd arall, i rannu straeon, i roi cynnig ar rywbeth newydd. Fe elli di fod yn bwy bynnag rwyt ti eisiau bod, ac mae yna ryddid ynghlwm wrth hynny. Ac os nad yw'n gweithio i ti, rwyt ti'n cerdded i ffwrdd. Mae'n gyfle i ti wisgo dy ddillad gorau a sbwylio dy hun. I fwynhau'r cyffro o deimlo'n ddeniadol, a gwybod bod rhywun arall yn meddwl hynny hefyd.

Wrth gwrs, mae'n bosib y byddi'n poeni, neu hyd yn oed yn arswydo, wrth feddwl am gyfarfod â rhywun newydd. Beth fyddi'n ei ddweud, sut byddi'n ymddwyn? Fyddan nhw'n dy hoffi di? Mae'n hollol naturiol i ti feddwl a theimlo fel hyn. Ond ceisia beidio â gadael i'r teimladau hyn dy lethu di. Meddylia am fantra i'w ailadrodd yn dy ben: "Mi wyt ti'n haeddu mwynhau dêt a dod o hyd i rywun newydd a chlên – mae'n siŵr eu bod nhw yr un mor nerfus â ti". P'un a yw'n ddêt llwyddiannus neu'n un y byddi'n chwerthin yn ei gylch maes o law a'i ystyried yn un o brofiadau bywyd, bydd bob amser yn antur ac yn addysg am ba bynnag reswm.

> Gwelodd **Menna** fod dêtio yn ddihangfa.
>
> "Mi oedd bywyd mor feichus, yn llawn gwaith a magu plant a gwaith tŷ. Mi oeddwn i wrth fy modd yn cyfarfod efo pobl sy'n byw yn rhywle arall, efo bywydau a swyddi gwahanol ac ati. Mi allwn i fynd i'w gweld nhw neu fynd allan am fwyd, a chael cyfnod i ffwrdd o fywyd bob dydd. Am gyfnod, mi oedd yn ddigon i fwynhau dêtio, heb unrhyw fath o gynllun am ymrwymiad hirdymor. Doeddwn i ddim eisiau trafod y plant neu pa mor feichus oedd rhai agweddau ar fy mywyd. Dim ond eisiau cael hwyl, siarad am y byd a'i bethau, gwrando ar gerddoriaeth, gwylio ffilm, cael pryd blasus o fwyd. Mi oedd hynny'n ddigon! Fy nihangfa fach i, ac mi oedd o'n gwneud cymaint o les i fi."

DÊTIO A GOSOD FFINIAU

Dim ond ti fydd yn gwybod pa ffiniau sydd eu hangen arnat ti, felly canolbwyntia ar yr hyn sy'n gweithio i ti a gwna'n siŵr dy fod yn gosod y ffiniau hynny'n glir. Mae'n bosib bod gen ti ffiniau ynglŷn â faint rwyt ti'n ei rannu ar-lein, am luniau rwyt ti'n eu rhannu neu'n eu derbyn, am ba mor bell i fynd ar ddêt cyntaf, ail ddêt, trydydd dêt. Neu ffiniau ynglŷn â sut rwyt ti'n disgwyl cael dy drin, ffiniau o ran cyfathrebu ac ymddygiad. Beth bynnag yw dy ffiniau, mae'n iawn i ti eu cael nhw, a does dim rhaid i ti ymddiheuro amdanyn nhw.

Dyma awgrym am rai ffiniau sylfaenol:

- Os wyt ti'n gweld unrhyw faneri coch – rhed nerth dy draed! Mae angen i ti ddilyn dy reddf yn hyn o beth.
- Mae'n well dêtio pobl sy'n dy barchu di a dy ymrwymiadau fel mam sengl, a neb arall. Os nad ydyn nhw'n gallu dangos dyledus barch i ti (neu i dy ymrwymiadau di i'r plant), mae angen iddyn nhw fynd.
- Cadwa'n glir o bobl sydd ddim ar gael yn emosiynol – maen nhw'n mynd i wneud mwy o ddrwg nag o les i ti.
- Meddylia pryd fyddet ti'n hapus i glosio'n gorfforol at rywun – os ydyn nhw'n ceisio rhoi pwysau arnat ti neu'n croesi llinell yn amhriodol neu'n rhy fuan, mae'n rhaid iddyn nhw fynd. Dysga ddweud na.

MEITHRIN GWYTNWCH A DAL GAFAEL AR DY HYDER

Er y gall ymuno â'r byd dêtio roi hwb i dy hyder i ddechrau, beth sy'n digwydd pan fyddi'n siarad â pherson anhygoel ar ap ... rwyt ti'n cyd-dynnu yn dda iawn ac yna ... mae'n torri pob cysylltiad â ti. Rwyt ti wedi agor allan i rywun ac yna'n gorfod delio gyda'r gwir plaen, nad ydyn nhw wedi dy ddewis di. Mae'n ergyd, yn enwedig i dy hyder.

Dyna pam mae datblygu hunangariad, derbyn dy hun a hunanhyder mor bwysig cyn i ti fentro'n ôl i fyd dêtio. Mae ymarfer pethau yn rheolaidd i dy helpu i garu dy hun yn help i ti ddelio â'r ergydion hyn i dy hyder. Yn y pen draw, mae angen i ti fod yn hapus yn dy groen a dêtio oherwydd dy fod eisiau gwneud hynny, yn hytrach na'i drin fel ffordd o gael dy ddilysu gan rywun arall.

GWRTHODIAD A GWYTNWCH

Gall y profiad o ddêtio fod yn greulon o ran gorfod wynebu ac ymdopi â chael dy "wrthod" yn weddol reolaidd (os wyt ti'n sweipio ar apiau dêtio). Am bob person sy'n paru gyda ti, fydd yna un arall sydd ddim yn paru, yn dadbaru neu sydd ddim yn ymateb i dy negeseuon di. Dyma realiti'r byd dêtio heddiw ac mae'n rhaid i ti feithrin tipyn go lew o wytnwch i ymdopi â hyn.

Rydyn ni'n rhoi dyfynodau am y gair "gwrthod", oherwydd mae'n bwysig i ni bwysleisio nad wyt ti'n cael dy wrthod go iawn, nad yw pwy wyt ti a phopeth amdanat ti yn cael eu gwrthod. Mae'r rhain yn aml yn benderfyniadau byrhoedlog, arwynebol a sydyn, lle bydd pobl yn penderfynu sweipio i wrthod/dadbaru/rhoi'r gorau i ateb ar sail nifer o ffactorau pitw sydd a wnelo dim oll â phwy wyt ti go iawn. Boed oherwydd lliw dy wallt, daearyddiaeth, dy fod yn hoffi coffi, neu ddim yn hoffi cŵn ... y gwir yw, mae'n bosib na chawn ni fyth wybod pam, ond rydyn ni yn gwybod i sicrwydd nad yw'r penderfyniad ar sail, ac na all fod ar sail, adnabyddiaeth go iawn ohonot ti. Dim ond penderfyniadau sydyn a mympwyol sydd yma – ac fe fyddi di'n gwneud yr un peth i lu o bobl eraill.

Mae'n werth i ti gofio hyn wrth ystyried gwrthodiad. Ond mae'n werth i ti atgyfnerthu dy wytnwch hefyd. Mae gwytnwch yn ymwneud â'r gallu i godi ar dy draed wrth i heriau godi. Yn achos dêtio, mae'n ymwneud â gallu dod at dy hun ar ôl i rywun ddadbaru, torri pob cysylltiad neu fethu sweipio. Mae'n ymwneud â gallu chwerthin am natur wirion y broses. Mae'n fater o allu dweud wrth ti dy hun, "*Os nad oeddwn i'n ddigon addas i'r person yna fy newis i, yna doedd y person yna ddim yn addas i fi.*"

> Mae'n ymwneud ag atgoffa dy hun bod miloedd o bobl yn y byd dêtio ar-lein, a does dim angen i bob un ohonyn nhw dy hoffi di, dy ffansïo di, fod eisiau sgwrsio â ti. Y cyfan sydd angen i ti ei wneud yw dod o hyd i un rwyt ti'n ei hoffi ac sy'n dy hoffi dithau. Iawn, mae'n mynd i deimlo fel chwilio am nodwydd mewn tas wair weithiau. Weithiau, fe fyddi di angen seibiant o'r broses. Weithiau, fe fydd yn brifo. Mae hynny'n ddealladwy, a does dim byd yn bod ar hynny. Rho amser i ti dy hun oedi os oes angen, cyn rhoi'r cyfan y tu cefn i ti, taro'n ôl a rhoi cynnig arall arni.
>
> Mae angen i ti wybod y gelli di wneud hyn, ac y gelli di ddod o hyd i rywun, pan fyddi di'n barod.

SYLW DIANGEN

Efallai nad wyt ti'n barod i ddechrau meddwl am ddêtio eto, ond beth bynnag yw'r sefyllfa, mae'n bosib dy fod wedi profi rhywfaint o sylw diangen gan bobl sy'n cymryd yn ganiataol, am dy fod yn sengl, dy fod yn chwilio am gariad neu ryw. Mae'n bosib dy fod wedi bod yn destun jôcs rhywiaethol gan bartner i ffrind neu fod rhywun priod wedi bod yn fflyrtio'n eofn gyda ti.

Diwedd y gân yw bod gen ti berffaith hawl i godi dy lais a dweud wrthyn nhw nad yw'r hyn maen nhw'n ei wneud neu'n ei ddweud yn dderbyniol.

> *Pan ddes i'n fam sengl, fe gysylltodd tad i ffrind fy mab o'r feithrinfa, i drefnu dêt chwarae i'r plant, neu dyna'r esgus beth bynnag. Roeddwn i'n meddwl bod hyn yn syniad hyfryd nes iddo awgrymu cyfarfod heb y plant na'i wraig. Yn ddigon cwrtais, fe wnes i wrthod; fodd bynnag, roedd yn daer iawn*

> ac yn anfon negeseuon ata i. Fe wnes i ddweud wrtho 'mod i'n teimlo'n anghyfforddus gan ei flocio ar WhatsApp a Facebook. Rai misoedd yn ddiweddarach, fe wnes i ddod o hyd i neges newydd ganddo ar fy hen gyfrif Instagram. Allwn i ddim credu ei fod mor ddyfal! Unwaith eto, dyma fi'n ei flocio a symud ymlaen gyda 'mywyd. Roeddwn i rhwng dau feddwl dweud wrth ei wraig ai peidio, ond gan 'mod i'n ceisio ymdopi â fy argyfwng fy hun ar y pryd, fe wnes i benderfynu gadael i bethau fod; does gen i ddim syniad ai dyna oedd y penderfyniad moesol gywir. Ond dwi yn gwybod un peth; os yw dyn yn gwrthod derbyn 'na' fel ateb, mae angen iddo fynd yn syth i'r bin. **Amy**

Daeth y fam sengl **Annest** yn ffrindiau da gyda thad priod un o gyd-ddisgyblion ei mab.

"Mi wnaeth yna gyfeillgarwch flodeuo, a wnes i ddim meddwl ddwywaith cyn gofyn iddo fo helpu i drwsio gwely fy mab. Ond mi drodd sgwrs gyfeillgar wrth basio tŵls yn rhywbeth hollol wahanol pan afaelodd yn fy wyneb a gwthio'i dafod lawr fy nghorn gwddw. Dyna'r pwynt pan ddylwn i fod wedi dod â'r cyfeillgarwch i ben. Ond wnes i ddim. Yn ddiweddarach, fe gawson ni noson feddw, a arweiniodd at ddryllio cyfeillgarwch, chwalu priodas a phum mlynedd ofnadwy o letchwith wrth ddanfon a chasglu plant o'r ysgol."

SUT I DDELIO Â SYLW AMHRIODOL

Yn gyntaf, mae angen i ti ddeall nad dy fai chi yw hyn, felly paid byth â gadael i'r batriarchaeth ddweud yn wahanol. Mae menywod yn derbyn mwy na llond trol o sylw diangen, ond nid ein bai ni yw hynny – a fydd hynny byth yn fai i ni chwaith.

1. Heriwch nhw. Dwi'n gwybod y gall sefyll i fyny dros dy hun fel hyn fod yn frawychus, ond os yw rhywun yn gwneud i ti deimlo'n anghyfforddus, mae'n rhaid i ti ddweud wrthyn nhw. Does dim ots ai dy fòs, dy ŵr, dy ffrind neu dy gymydog sydd wrthi. Heria nhw.
2. Coda dy lais. Os wyt ti wedi eu herio nhw ond eu bod nhw'n dal ati, dwed wrth rywun. Does dim rhaid i ti ddelio â hyn ar dy ben dy hun. Mae gen ti bob hawl i droi at rywun mewn awdurdod.
3. Gofala amdanat ti dy hun, siarad â rhywun, mynna gefnogaeth, bydd yn garedig â ti dy hun, paid â derbyn bai os nad wyt ti ar fai, na chyfrifoldeb os nad ti sy'n gyfrifol.

DÊTIO AR ÔL TRAWMA

Mae dêtio ar ôl torcalon yn ddychrynllyd, ond mae dêtio ar ôl trawma perthynas gamdriniol yn rhywbeth cwbl wahanol eto. Y peth cyntaf sydd angen i ti ei wneud yw canolbwyntio arnat ti dy hun; mae angen i ti wella o'r hyn sydd wedi digwydd i ti cyn i ti fod yn barod i symud ymlaen. Gall cymorth therapi dy helpu i brosesu'r trawma, ac i symud ymlaen gyda pherthnasoedd iach, ond mae angen i ti wynebu bod dod dros unrhyw drawma yn mynd i gymryd amser. Mae Dadsensiteiddio ac Ailbrosesu drwy Symudiadau Llygaid (EMDR) yn therapi gwych ar gyfer trawma, ond gall therapïau cwnsela a siarad, yn benodol CBT ar gyfer trawma neu therapïau sy'n seiliedig ar berthynas, helpu hefyd. Fe fydd angen i ti ddysgu a deall sut beth yw perthynas iach a beth yw'r baneri coch o fewn perthynas.

Mae'n bwysig ymddiried yn dy reddf; os nad wyt ti'n teimlo'n barod neu os wyt ti mewn sefyllfa sydd ddim yn teimlo'n iawn, yna dilyn dy reddf. Yn olaf, ond yn hollbwysig, cadwa'n ddiogel: cofia gyfarfod â dy ddêt mewn lle cyhoeddus nes dy fod yn teimlo'n gyfforddus. Mae'n bwysig i ti beidio â theimlo dy fod yn cael dy ruthro, a dy fod yn gallu symud ar dy cyflymder dy hun.

EFFEITHIAU TRAWMA

Gan Dr Emma: Gall trawma effeithio ar bobl mewn ffyrdd sylweddol. Ar ei eithaf, gall arwain at symptomau anhwylder straen ôl-drawmatig (PTSD), gan gynnwys ôl-fflachiau/ail-brofi, hunllefau, osgoi sefyllfaoedd brawychus ac ati. Fodd bynnag, fe elli di hefyd brofi symptomau trawma heb gyrraedd y trothwy ar gyfer diagnosis PTSD.

Gall bod mewn perthynas gamdriniol fod yn drawmatig, gan effeithio ar yr hyn rwyt ti'n ei gredu amdanat ti dy hun ac eraill, ac am y ffordd y gall perthnasoedd fod. Gall hefyd effeithio ar dy ymdeimlad o ddiogelwch a pheri i ti ddisgwyl i bethau drwg ddigwydd. Fe elli di golli ffydd ac ymddiriedaeth mewn perthnasoedd, neu ddisgwyl cael dy drin yn wael. Mae hynny yn ei dro yn creu risg y byddi'n barod i dderbyn ymddygiad llai na derbyniol gan bartner yn ystod y broses ddêtio, neu'n cael trafferth ymddiried mewn unrhyw un newydd.

Os wyt ti'n teimlo dy fod wedi cael dy effeithio'n negyddol gan berthynas yn y gorffennol, treulia ychydig o amser yn prosesu hynny cyn ailafael mewn dêtio, naill ai drwy therapi, deunyddiau hunangymorth, neu siarad â ffrindiau agos. Drwy fod yn ymwybodol o'r ffordd y mae hen berthnasoedd wedi effeithio ar dy feddyliau neu ymddygiad, gobeithio y sylwi di pan fydd y rhain yn cael eu sbarduno. Fe elli di wedyn ddysgu dy hun i ddechrau ymateb mewn ffyrdd iachach i ti a, dros amser, i dy berthnasoedd dêtio newydd.

GOBAITH

Gall dêtio fod yn anodd – yn ddigon i dorri dy galon, yn ddigon i dorri dy ysbryd, ac i deimlo fel gwastraff amser llwyr. Ond gall hefyd fod yn hyfryd, yn hudolus ac yn brofiad sy'n rhoi hwb anferthol i rywun. Rydyn ni eisiau cloi'r bennod gyda stori llawn gobaith gan Glesni.

Daeth **Glesni** yn fam sengl ar ôl iddi ddianc rhag perthynas gamdriniol.

"Mi wnes i wahanu oddi wrth tad fy mab yn ystod hydref 2016. Mi ges i lawer o gefnogaeth gan grŵp rhieni roeddwn i'n rhan ohono pan oedd fy mab yn fach. Mi oedd y wraig yn un o'r cyplau – ffrind i fi – wedi marw chwe mis ynghynt. Mi ddechreuodd y tad gweddw a finnau fynd ar ddêts chwarae gan mai ni oedd yr unig rieni sengl yn ein cylchoedd ffrindiau unigol. Mi oedd y cyfan yn hollol ddiniwed i ddechrau – ni'n dau ar gyfnodau gwahanol o ran adferiad ac argyfwng. Os wyt ti wedi bod drwy brofiad trawmatig, dwi'n meddwl dy fod yn gallu gweld hynny mewn pobl eraill ac mae yna ysbryd o undod a dealltwriaeth. Ond roedden ni'n cael cymaint o hwyl hefyd. Fel digwyddodd hi, mi oedd ganddon ni lawer yn gyffredin. Ar y pwynt hwnnw, doedd gen i ddim diddordeb mewn perthynas. Doeddwn i ddim hyd yn oed yn meddwl am y peth. Ond mi oedd hi'n hyfryd cael ffrind newydd, yn enwedig efo rhiant sengl arall a oedd yn fy neall i i'r dim. Ac mi oedd treulio amser efo dyn caredig a pharchus yn help i fi gofio bod yna ddaioni mewn dynion.

"Yna, yn yr haf, mi ddechreuodd rhywbeth newid. Yn gwbl ddidaro, dyma fo'n fy ngalw i'n 'cariad' drwy gamgymeriad. Wnaeth o ddim sylwi hyd yn oed, ond mi wnes i, a dyma fi'n saethu allan drwy'r drws cyn gynted ag y gallwn i, wedi ei cholli hi rhyw fymryn. Yn nes ymlaen y noson honno, dyma fi'n meddwl 'Ffyc it, dwi'n mynd *i ddweud rhywbeth'*, ac mi wnes i anfon neges ato fo i grybwyll y peth. Dwi'n cofio aros iddo ateb y neges, mi oeddwn i'n nerfus iawn. Ond mi drodd yn gyfres o negeseuon hyfryd lle roedden ni'n dau'n dweud ein bod ni'n licio'n gilydd ac efallai y dylen ni fynd ar ddêt. Dwi'n cofio'r cyfan mor glir; mi oeddwn i'n rhoi bath i'r mab, ac mi oedd hi mor anodd canolbwyntio ar y ddau beth. Dŵr ym mhobman, WhatsApp yn tincian.

"Mi oedd ein dêt cyntaf ni mewn tafarn leol. Dydw i ddim yn cofio profi dim byd mor wefreiddiol o rywiol yn fy mywyd. Roedden ni'n dau yn canolbwyntio cymaint ar ein gilydd, yn ein byd ein hunain, mor ymwybodol o gyrff ein gilydd. Ar ddiwedd y dêt, dyma ni'n cerdded allan a dwi'n cofio meddwl, 'Dydw i ddim yn mynd i allu gwneud y 'move' cyntaf' – roedd fy hunan-werth ar ei isaf ar ôl profiadau fy mherthynas flaenorol. Wrth i ni sefyll o flaen y dafarn, edrychodd i lawr arna i cyn fy nghusanu i. Yr unig ffordd alla i ddisgrifio'r teimlad yw ei fod e fel 'mod i adre – ac mae wedi teimlo felly byth ers hynny.

"Dydy hi ddim yn un o'r straeon caru traddodiadol y byddech chi'n breuddwydio amdani – mae hi fymryn yn flêr, dydy hi ddim yn dilyn trefn, mi ydyn ni'n dau wedi blino'n lân o hyd – ond mae o'n gariad go iawn, mae'n garedig, mae'n onest, mae'n gyffrous, ac mae'n lot o hwyl."

Dêtio a Ti

A thithau nawr wedi darllen y bennod hon, estyn am ddarn o bapur a mynd drwy'r cwestiynau hyn, i roi gwell dealltwriaeth i ti dy hun o ble rwyt ti arni o ran dy agwedd

CARIAD, CHWANT A'R CYFAN YN Y CANOL

at ddêtio ar hyn o bryd.
1. Ble wyt ti arni o ran dy barodrwydd i ddêtio? Os nad wyt ti'n barod, mae hynny'n hollol iawn! Tyrd yn ôl at hyn pan fyddi di.
2. Am beth wyt ti'n chwilio wrth ddêtio (pan fyddi di'n barod) – perthynas achlysurol neu hirdymor, neu rywbeth yn y canol?
3. Am bwy wyt ti'n chwilio, neu ddim yn chwilio amdanyn nhw, wrth ddêtio? Paid â bod ofn gwybod beth rwyt ti ei eisiau, ond mae angen i ti ddeall mai dyma dy gyfle i ddêtio pobl na fyddet ti o reidrwydd wedi ystyried eu dêtio o'r blaen.
4. Beth fydd dêtio yn ei gyfrannu i dy fywyd/sut bydd dêtio yn cyfoethogi dy fywyd (os o gwbll)?
5. Sut hoffet ti i ddêtio ddod yn rhan o dy fywyd?
6. Oes angen i ti gael unrhyw sgyrsiau gyda dy blant am ddêtio?
7. Pa agwedd ar ddêtio allai fod yn hwyl i ti?
8. Wyt ti wedi paratoi dy linellau "sut i osgoi dêt/sut i ddweud na yn gwrtais"? Fe allai fod yn hwyl sgwrsio â ffrindiau am hyn a gweld beth sy'n cael ei awgrymu!
9. Beth yw'r pethau arbennig amdanat ti fydd rhywun yn ddigon ffodus i'w darganfod wrth dy ddêtio di? Myga'r llais bach beirniadol

Nawr, os wyt ti'n teimlo'n barod – dos amdani a mwynha!

10

SUT I LYWIO PERTHYNAS NEWYDD

Da iawn ti, rwyt ti wedi dod o hyd i rywun rwyt ti'n ei hoffi go iawn! Ond mae yna ambell glwyd i lamu drosti o hyd ... dydy'r busnes magu plant yma ddim yn hawdd.

Mae dechrau perthynas newydd yn amser mor gyffrous. Mae'n wych cael mwynhau rhamant a phrofiadau cariad newydd. Ar yr un pryd, fel mam, mae angen i ti feddwl gyda dy ben a dy galon a gwneud dewisiadau doeth i gefnogi dy blentyn a diogelu dy gwlwm wrth i ti lywio'r broses hon.

Os wyt ti'n cyflwyno partner newydd i fabi wyth mis oed, plentyn mewn oed neu unrhyw oedran yn y canol, dydy hi ddim o reidrwydd yn mynd i fod yn hawdd. Fel gyda phob newid bywyd mawr, bydd angen rhai sgyrsiau difrifol, llawer o ddealltwriaeth a môr o gariad! Efallai y bydd popeth rwyt ti a dy blant wedi arfer ag e ar fin newid, ac mae angen i ti fod yn barod.

PENDERFYNU PRYD MAE RHYWUN YN IAWN I TI

Sut wyt ti'n penderfynu ai dyma'r person iawn i ti, ac a wyt ti'n barod i gymryd y cam nesaf a'i gyflwyno i dy blant? Wrth gwrs, fe fydd gan bawb ei syniad ei hun o beth yw "iawn", ond i atgoffa dy hun dy fod ti'n haeddu'r gorau, dyma ambell beth y gallet ti ofyn i ti dy hun:

- Ydyn nhw'n gwneud i ti chwerthin, gwenu, piffian?
- Ydyn nhw'n dy gefnogi ac yn dy rymuso di, yn dy annog ac yn gefn i ti?
- Oes ganddyn nhw ddiddordeb ynot ti a dy fywyd ac, wrth gwrs, i wybod am dy blentyn/plant?
- Ydyn nhw'n dy barchu di, a dy anwyliaid?
- Ydyn nhw'n garedig ac yn gariadus?
- Ydyn nhw'n hyblyg, yn gymwynasgar, yn gallu cyfaddawdu?
- Ydych chi'n cyfathrebu'n dda â'ch gilydd?
- Wyt ti'n teimlo y gelli di fod ti dy hun, bod dy ddiddordebau yn cael eu gwerthfawrogi, a dy fod di a'r plant yn bwysig iddyn nhw?
- Oes gen ti werthoedd tebyg, nodau ar gyfer bywyd, dymuniadau ar gyfer y dyfodol?

A chofia hefyd gadw llygad am faneri coch, fel:

- Oes gen ti unrhyw amheuon rwyt ti'n ceisio peidio â sylwi arnyn nhw?
- Ydyn nhw'n rheoli beth rwyt ti'n ei wneud, yn ei ddweud, yn ei wisgo?
- Ydyn nhw'n dy annog di i beidio â gweld ffrindiau neu berthnasau?
- Ydyn nhw'n mynd yn flin neu'n biwis os wyt ti'n rhoi dy blant yn gyntaf?
- Ydyn nhw'n dy feirniadu di, dy ddewisiadau, dy ddiddordebau, dy nodau?
- Ydyn nhw'n ymosodol, yn dy gam-drin yn emosiynol neu'n dy fanipwleiddio?

CYFLWYNO DY BLENTYN I DY BARTNER NEWYDD

Mae pryd a sut i gyflwyno dy bartner newydd i'r plant yn anodd oherwydd fe fydd yn brofiad gwahanol i bawb. Hefyd, pan fyddi di yng nghanol cyffro byrlymus perthynas newydd, mae'n bosib na fyddi di bob amser yn meddwl yn hollol ddoeth neu resymegol. Rho amser i ti dy hun symud heibio i ddyddiau cynnar cyffrous rhamant, chwant a straeon tylwyth teg cyn dechrau gwneud cynlluniau sy'n cynnwys dy blentyn.

Yr hyn sy'n bwysig yw dy fod yn teimlo dy fod di a dy blentyn/plant yn barod i gael partner newydd o gwmpas (ond mae'n werth cofio y gall pryd fyddi di'n barod a phryd fydd dy plentyn yn barod fod yn ddau beth gwahanol).

> Cyn i fi gyflwyno fy mab i fy mhartner, roedd yn teimlo fel pe bawn i'n byw dau fywyd ar wahân, fel Amy y fam a'r Amy sy'n dêtio. Fe wnes i benderfynu eu cyflwyno i'w gilydd ar ôl rhyw ddeufis. Fe ddigwyddodd hynny mewn parc, ac fe wnes i ei gyflwyno fel ffrind i fi. Dim ond ar ôl deufis arall wnes i ddweud wrth fy mab ei fod yn gariad i fi. Fe wnaeth hynny weithio'n dda i ni – roedd yn ffordd wych o weld sut byddai fy mhartner newydd o gwmpas fy mab – ac yn ffodus roedd e'n gwbl anhygoel. **Amy**

Fe wnaeth **Gwawr** gyflwyno ei merch i'w chariad newydd ar ôl dim ond ychydig wythnosau, ond fe wnaeth hi ei ddisgrifio fel ffrind.

"Fe wnes i ei gyflwyno pan wnes i am sawl rheswm. Un: roedden ni'n hŷn ac wedi bod yn agored iawn am y ffaith ein bod ni'n chwilio am berthynas hirdymor, a doeddwn i ddim yn teimlo bod e'n mynd i whare ymbytu. Hefyd, *roedd Luna ar fin troi'n dair oed, felly doedd ei dirnadaeth hi ddim fel fydde fe tase hi'n hŷn."*

Er bod Gwawr ac Amy ill dwy wedi cyflwyno eu plant ar adeg pan oedd eu perthnasoedd yn weddol newydd, mae'n bosib y byddai'n well gen ti aros ychydig cyn cymryd y cam hwnnw. Mae yna nifer o bethau i'w hystyried a allai effeithio ar dy benderfyniad.

- Pa mor o ddifri wyt ti am y berthynas hon?
- Wyt ti wedi rhoi amser i wneud yn siŵr dy fod yn adnabod dy bartner newydd a sut bydd y berthynas yn gweithio? Rho amser i'r berthynas setlo, ac i'r ddau ohonoch chi beidio ag ymddwyn ar eich gorau (fel mae pawb ar ddechrau perthynas), i weld sut ydych chi gyda'ch gilydd.
- Pa mor hir oedd dy berthynas â rhiant arall dy plentyn? Ystyria faint hoffai dy blentyn y syniad dy fod ti gyda dy gyn-bartner yn hytrach na rhywun newydd.
- Faint o amser sydd wedi mynd heibio rhwng gwahanu oddi wrth riant arall dy blentyn a'r berthynas newydd? Oes angen mwy o amser arnat ti neu dy blentyn i brosesu'r golled hon yn gyntaf?
- Faint yw oedran dy blant? Efallai na fydd plant ifanc yn sylwi neu'n deall dy angen am fywyd dêtio, tra bydd pobl ifanc hŷn neu blant sy'n oedolion yn ymwybodol iawn. Yn yr achos hwnnw, bod yn agored ac yn onest yw'r ffordd orau ymlaen, ond gan gofio ystyried eu hiechyd meddwl a sut maen nhw'n gorfod addasu.
- Beth yw lefel ddatblygiadol a dealltwriaeth dy blentyn o berthnasoedd, neu o dy angen neu dy barodrwydd i ddêtio?
- Sut mae iechyd meddwl dy blentyn, a sut mae'n addasu o ran y newidiadau teuluol?

- Sut mae dy blant yn ymdopi â chyfarfod â phobl newydd? Ydyn nhw eisoes wedi cyfarfod partner newydd eu rhiant arall? Ydyn nhw'n adnabod teuluoedd eraill sydd â llysrieni?
- Faint o amser heb blant sydd gen ti? Os gelli di, mae'n bosib y byddai'n well mwynhau amser dêtio heb blant cyhyd â phosib i roi amser i ti ddod i adnabod y berthynas hon go iawn.
- Oes angen i ti frysio'r cyflwyno? Os yw hon yn berthynas hirdymor, a elli gymryd dy amser?

Mae'n werth cofio bod dy blant/plentyn yn mynd i brofi amrywiaeth o feddyliau a theimladau amdanat ti'n dêtio a dod o hyd i bartner newydd. Ar y gorau, bydd cyflwyno rhywun newydd yn debygol o darfu arnyn nhw. Lle bynnag y bo modd, mae angen i ti fod yn sensitif i hynny, gan roi amser a lle i dy blant/plentyn fynegi a phrosesu sut maen nhw'n meddwl ac yn teimlo. Mae'n gwbl ddealladwy iddyn nhw brofi pob math o emosiynau neu ymatebion. Gall gweld eu rhiant gyda rhywun newydd fod yn sefyllfa sy'n hollol dderbyniol i blentyn, ond yn yr un modd, gall beri gofid mawr. Ceisia fod yn ymwybodol o hynny a'u cefnogi gyda sut maen nhw'n teimlo. Weithiau, mae'n helpu i leisio hyn ar eu rhan; er enghraifft, "Dwi'n gallu dychmygu bod fy nghlywed i'n siarad am gariad newydd yn gallu teimlo braidd yn od/anodd/trist. Ai dyna sut mae'n teimlo i ti/chi?"

Yn gyffredinol, does yna ddim ateb delfrydol o ran pryd y dylet ti gyflwyno perthynas newydd i dy blentyn. Mae'n fater o beth sy'n gweithio orau i ti a dy deulu ar y pryd.

*Fe wnaeth cyn-bartner **Cerys** gyfarfod â rhywun newydd flwyddyn ar ôl iddyn nhw wahanu. Gofynnodd iddo aros am flwyddyn cyn cyflwyno ei bartner newydd i'r plant.*

"Mi oeddwn i'n gwybod bod y plant (y ddau o oed ysgol gynradd) yn dal i fod yn drist fod ein perthynas wedi

dod i ben, a doeddwn i ddim yn teimlo bod angen iddyn nhw fynd drwy'r cyfarfod newydd hwn eto. Mi oeddwn i hefyd yn gwybod nad oeddwn i'n barod ar gyfer y cam nesaf hwn, ac mi oeddwn i eisiau gallu ei gefnogi. Felly mi wnaethon ni aros nes eu bod nhw wedi bod gyda'i gilydd am flwyddyn cyn bwrw 'mlaen."

Mae'n bosib y bydd yna hefyd resymau a fydd yn dy wneud di'n ochelgar neu'n anghyfforddus am gyflwyno'r teulu i berson newydd; er enghraifft, gall trawma a cham-drin yn y gorffennol ei gwneud hi'n anhygoel o anodd i ti gyflwyno rhywun newydd i dy deulu un rhiant. Os mai dyma dy brofiad di, rho amser i ti dy hun, ond mae hefyd yn werth pwyso ar gefnogaeth therapi os oes angen hynny.

Roedd **Llinos** yn cael trafferth ymddiried yn ei phartner newydd ar ôl iddi ddioddef perthynas gamdriniol a cham-drin rhywiol.

"Mi gymerodd hi rai blynyddoedd hyd nes i mi adael fy merch ar ei phen ei hun gyda fy mhartner newydd. Drwy therapi a sgyrsiau agored, fe wnes i ddechrau teimlo'n fwy cyfforddus, ac mae e nawr yn ei gweld hi fel ei ferch e ac mae'n ei thrin hi felly."

AWGRYMIADAU AR GYFER CYFLWYNO DY BLENTYN I RYWUN NEWYDD

Yn y pen draw, mae angen symud gam wrth gam – gwna'n siŵr dy fod ti a dy bartner newydd yn teimlo'n barod. Ac, os oes gen ti berthynas gyfeillgar, mae'n dda gwirio gyda dy gyn-bartner i weld sut mae'n teimlo am y peth hefyd (yn enwedig, pe baet ti'n gwerthfawrogi'r un cwrteisi dy hun).

Cyngor i bobl sydd â phlant iau:

- Sonia wrth dy blant/blentyn cyn iddyn nhw gyfarfod – fe elli di ddweud dy fod eisiau iddyn nhw gyfarfod â ffrind neu ffrind arbennig i ti.
- Cymer dy amser (wythnosau neu fisoedd) cyn esbonio bod y person dan sylw yn gariad i ti.
- Trefna gyfarfod mewn lleoliad niwtral i ddechrau, fel parc.
- Rho sicrwydd i dy blant – gwna'n siŵr eu bod nhw'n gwybod mai nhw yw dy brif flaenoriaeth o hyd.
- Bydd yn amyneddgar – fe allai gymryd ychydig o amser cyn iddyn nhw deimlo'n gyfforddus gyda pherson newydd.
- Ceisia beidio â dechrau cynnwys dy bartner newydd ym mhob achlysur gyda'r plant. Pwyll piau hi wrth drefnu cyfarfodydd yn y dyfodol – cymer dy amser, er dy fwyn di a'r plant.

Cyngor i bobl sydd â phlant yn eu harddegau/plant sy'n oedolion (mae rhai o'r pwyntiau hyn yn berthnasol i blant ar drothwy'r arddegau neu yn blant yn eu harddegau cynnar hefyd; ti sy'n gwybod beth sydd orau i dy blant).

- Cymer dy amser, fel y nodwyd uchod.
- Siarad â dy blant/blentyn – er mwyn i ti ddeall sut maen nhw'n ymdopi gyda'r newidiadau teuluol. Gad iddyn nhw fod yn agored ac yn onest. Gwranda arnyn nhw, gan ystyried eu profiadau ag empathi.
- Bydd yn dyner ac yn onest gyda nhw am fod yn barod i ddêtio eto a chyfarfod â rhywun rwyt ti'n ei hoffi. Rho wybod iddyn nhw nad yw hyn yn pylu rôl eu rhiant arall, ac nad yw'n fater o gymryd lle neb – dim ond rhywbeth i ti yw hyn.
- Rho wybod iddyn nhw yr hoffet ti iddyn nhw gyfarfod pan fyddan nhw'n barod. Gad iddyn nhw ddewis yr amser a'r lle – ydyn nhw eisiau cyfarfod wrth fynd am dro, neu wrth fynd allan am bryd o fwyd neu dros ddiod mewn tafarn?
- Rho derfyn amser i'r cyfarfodydd cyntaf. Pwyll piau hi.

- Bydd yn amyneddgar, fel y nodwyd uchod.

Cymer dy amser gyda phob cam o'r broses. Dos ati gan bwyll er mwyn helpu pawb i addasu. Os yw'r berthynas hon yn un hirdymor, mae digon o amser gen ti. Fe allai'r gwahanol gamau gynnwys: cyflwyno dy bartner, bod yn bresennol am ddyddiau allan, eu gwahodd i dreulio amser yn y tŷ, eu gwahodd i dreulio'r nos, treulio gwyliau gyda'ch gilydd, ac wrth gwrs, symud i mewn.

SYMUD YN ÔL I BARTNERIAETH

Rwyt ti wedi mynd drwy'r holl heriau o ddod yn fam sengl – wedi gweithio drwy'r her emosiynol, wedi dod o hyd i dy le ac wedi setlo ar y daith; rwyt ti wedi datblygu dy annibyniaeth, dy sgiliau, dy arferion ac o bosib hyder y tu hwnt i dy ddisgwyliadau ... wedyn wedi cyfarfod â rhywun sy'n gwneud i ti deimlo'n barod am berthynas eto.

Gall hynny deimlo'n wych, yn rhyfeddol, yn gyffrous, yn anhygoel, ond mae'n golygu bod yn rhaid i ti agor dy hun i fod yn rhan o bartneriaeth eto. Mae'n rhaid i ti a'r plant fod yn barod i dderbyn trefn ac arferion rhywun arall (ac i rywun arall dderbyn dy drefn a dy arferion di). Gall y newidiadau hyn darfu arnat ti a'r plant, ac fe allai gymryd amser i ti ddeall popeth. Mae'n iawn.

Mae'n bwysig i ti ddiogelu dy amser gyda dy berthynas newydd a gyda dy blentyn. Mae'n bosib gwneud hynny drwy drefnu nosweithiau dêt ar dy ddyddiau di-blant a threfnu amser un-i-un arbennig gyda dy blentyn. Canolbwyntia ar wneud yn siŵr nad wyt ti'n newid y drefn ar gyfer dy blentyn/blant neu dy rôl yn rhy gyflym, na'u newid ormod. Os rhywbeth, rho sylw arbennig ychwanegol i dy blant/blentyn fel eu bod nhw'n gwybod mai nhw yw dy flaenoriaeth.

Os yw dy blant yn ymateb yn negyddol i'r partner newydd, gofala rhag eu tynnu yn dy ben, na'u gwrthod/cosbi nhw. Gwna amser i eistedd a thrafod sut maen nhw'n ymdopi gyda phopeth. Rho wybod iddyn nhw dy fod yn gallu synhwyro eu bod nhw'n anhapus, neu'n teimlo'n ddig. Gwranda ar yr hyn sydd ganddyn nhw i'w ddweud. Rho wybod iddyn nhw dy fod o hyd ar gael am sgwrs, ac i ddatrys pethau gyda'ch gilydd. Er ei bod hi'n anodd i ti, mae angen i ti ddeall ei bod hi'n iawn iddyn nhw deimlo'n ddig, neu gael ymateb negyddol, ac mae dilysu eu teimladau yn hanfodol. Dydy hynny ddim yn golygu rhoi'r gorau i weld dy bartner, (oni bai ei fod wedi ymddwyn mewn ffordd sy'n faner goch glir, gan gyfiawnhau ymateb dy blentyn yn llwyr), ond fe elli di arafu'r cyswllt rhyngddyn nhw a'r plentyn nes bod dy blentyn yn fwy parod.

Ceisia ddal ati i gyfathrebu, gan adael i dy blentyn siarad a rhoi sicrwydd iddo neu iddi mai dy blentyn fydd dy flaenoriaeth bob amser. Gad iddo glywed, gweld a theimlo hynny drwy'r pethau rwyt ti'n eu gwneud hefyd. Mae'n bwysig deall sut mae'n meddwl ac yn teimlo drwy bob cam o'r broses.

Cynnal dy Berthynas Arbennig â dy Blentyn

Pan fydd partner newydd yn tarfu ar dy drefn fel rhiant sengl, gall fod yn annifyr i ti a dy blentyn/blant. Mae cymryd peth amser i gefnogi a blaenoriaethu dy berthynas â dy blentyn yn fuddiol i bawb.

1. Mae angen cydnabod bod newid yn annifyr ac y bydd yn cymryd amser i bawb ddygymod.
2. Siaradwch am yr hyn sy'n wirioneddol bwysig i chi'ch dau ei amddiffyn yn eich bywyd – arferion rwyt ti neu'r plant wir eisiau dal gafael arnyn nhw, er mwyn pawb.

3. Sgwrsiwch am rywbeth i'w wneud gyda'ch gilydd bob wythnos ar gyfer chi yn unig – amser chwarae, cinio allan, nofio, noson ffilm, noson o sbwylio'ch hunain, neu ddim byd mwy na chwarae pêl-droed yn y parc ar ôl ysgol.
4. Lluniwch restr o'r cynlluniau arbennig i'w cadw neu i'w rhoi ar waith.
5. Gwna'n siŵr bod dy blant/blentyn yn cyfrannu syniadau am beth maen nhw eisiau ei wneud.

ADDASU DY ANNIBYNIAETH

Mae bod mewn partneriaeth hefyd yn mynd i olygu gollwng gafael, neu lacio dy afael o leiaf, ar dy annibyniaeth newydd – ac fe allai hyn deimlo'n anodd, hyd yn oed ychydig yn frawychus. Ceisia ddatrys hyn gyda dy bartner.

Bydd yn onest ynglŷn â'r agweddau sy'n anodd i ti. Fe fydd cyfathrebu, bod yn agored a hyblygrwydd yn allweddol yn hyn o beth. Fel person annibynnol iawn, gall gwneud lle i berson arall yn dy fywyd teuluol fod yn eithaf brawychus. Ond gall fod yn beth eithaf gwych hefyd – gall cefnogaeth oedolyn arall newid y nosweithiau anodd, unig hynny yn llwyr.

LLYWIO'R DREFN NEWYDD

Ar ôl i ti benderfynu bod dy berthynas newydd yn un o ddifri a dy fod wedi cyflwyno'r partner newydd i'r plant, y cam nesaf yw cael trefn ar sut gelli di, dy bartner a dy gyn-bartner i gyd weithio gyda'ch gilydd er budd pawb, yn enwedig y plant. Mae'n bosib y bydd angen ymdopi gyda rhwystrau neu newidiadau gwahanol yn hyn o beth.

PERTHYNAS DY BARTNER NEWYDD A DY GYN-BARTNER

Yn dibynnu ar y sefyllfa a'r berthynas sydd gen ti gyda dy gyn-bartner, mae'n bosib y bydd angen i ti ddysgu dygymod â sut mae dy bartner newydd a dy gyn-bartner yn cyd-dynnu. Mae'n bosib na fydd unrhyw gysylltiad o gwbl rhyngddyn nhw; fe allai rhai ddatblygu perthynas sy'n gwrtais neu hyd yn oed yn gyfeillgar!

Fe allai hon fod yn broses ryfedd i ti, dy bartner newydd a dy gyn-bartner, ac mae'n bwysig rhoi amser i ti dy hun brosesu pa emosiynau bynnag sy'n cael eu sbarduno, ond gan gofio y gallai fod yn beth gwych i dy blentyn os gall yr oedolion i gyd gyd-dynnu.

Wrth gwrs, fe allai fod yn heriol os nad yw dy bartner newydd a dy gyn-bartner yn cyd-dynnu, neu os oes cenfigen, gwrthdaro neu elyniaeth. Mewn achos o'r fath, a lle y bo hynny'n bosib, ceisia apelio at y ddau ohonyn nhw i fod yn ddigynnwrf ac yn gwrtais er mwyn y plentyn. Os nad yw dy bartner newydd yn gallu gwneud hyn, mae'n faner goch, gan na fydd y math yma o wrthdaro yn helpu neb. Os mai dy gyn-bartner sy'n sbarduno'r gwrthdaro, a'i fod yn anfodlon gweithio gyda ti i dawelu'r sefyllfa, mae'n bosib y bydd angen i ti osod ffiniau i leihau neu gael gwared ar unrhyw gyswllt rhwng y ddau.

YR EFFAITH AR Y BERTHYNAS RHWNG DY GYN-BARTNER A DY BLENTYN

Os oes gan dy gyn-bartner a dy blentyn/blant berthynas gref iawn, yna mae'n debygol mai ychydig iawn o effaith fydd cyflwyno partner newydd i'r sefyllfa yn ei chael. Fodd bynnag, lle nad yw'r berthynas mor gryf, gall arwain at newidiadau yn eu perthynas weithiau. O bosib, bydd dod â phartner newydd i fywyd y plentyn yn cyd-daro gyda'r rhiant biolegol yn chwarae mwy o ran ym mywyd y plentyn, a chyfathrebu mwy. Er y gall gwelliannau o'r fath gael eu sbarduno am resymau amheus, gall fod yn newyddion gwych i'r plentyn serch hynny.

> Llwyddodd perthynas newydd **Seren** i wella perthynas ei mab â'i dad.
>
> "Mae fy mhartner yn trin fy mab fel ei fab o, ac mae'r ddau'n gyrru 'mlaen yn anhygoel o dda. Mae wedi bod yn llesol iawn i fy mab gael ffigwr gwrywaidd sefydlog a chadarnhaol iawn yn ei fywyd. Mae hefyd wedi gwneud i'w dad wella ei ymddygiad a bod yn fwy presennol efo'i fab, achos doedd o ddim yn arfer bod mor ddibynadwy â hynny. Dwi'n teimlo mor lwcus fod pethau wedi gweithio allan cystal i ni i gyd; mi oedd o'n teimlo ar un adeg fod pethau am fynd fel arall, ond mi ydyn ni i gyd wedi gweithio'n galed i gyrraedd lle rydyn ni rŵan, ac mae hynny wedi talu ar ei ganfed."

Mae'n hyfryd gwylio dy blentyn yn ffurfio cwlwm gyda phartner newydd, ac mae hyd yn oed yn fwy hyfryd os yw'n gallu cynnal y cwlwm gyda'i riant arall hefyd.

CYTUNO AR FAGU PLANT A MAGU PLANT AR Y CYD

Dydy magu plant ar y cyd ddim yn beth hawdd, a gall cynnwys partneriaid newydd yn y gwaith hwnnw fod yn ddigon anodd. Pan ddechreuodd cyn-bartner Amy berthynas newydd, roedd hi'n poeni am y partner newydd yn cymryd rôl y fam.

> Fe wnes i gymryd yr amser i siarad â hi, a chael sicrwydd nad oedd hi eisiau sathru ar draed unrhyw un, ac y byddai hi'n gadael pethau fel disgyblu yn nwylo fy nghyn-ŵr. Roeddwn i'n teimlo'n eithaf lwcus, gan eu bod nhw wedi ystyried fy nheimladau i, a bod fy nghyn-ŵr a'i bartner yn gwneud yr hyn oedd orau i Milo. **Amy**

Serch hynny, fe fydd gan rai partneriaid newydd syniadau am sut y dylai llysriant neu gyd-riant ymddwyn. Neu mae'n bosib y byddi di neu dy gyn-bartner yn anhapus gyda'r ffordd y mae dy bartner newydd yn ymddwyn gyda dy blentyn di. Gall fod yn ddigon anodd pan fydd hyn yn digwydd, oherwydd dy fod yn gorfod cydbwyso'r hyn sydd orau i dy blentyn gydag emosiynau a theimladau oedolion eraill.

Er y bydd angen i ti ystyried teimladau dy bartner newydd, mae angen i ti hefyd wneud yn siŵr nad yw beth bynnag rwyt ti'n ei wneud yn peryglu dy berthynas fel cyd-rieni yn ddiangen, er mwyn dy blentyn.

Mae'n bosib y byddi'n dewis dweud wrth dy bartner newydd ymlaen llaw sut a pham rwyt ti'n gwneud pethau gyda dy gyn-bartner, ac i ofyn am gefnogaeth gyda phenderfyniadau i'r perwyl hwnnw. Os yw dy bartner newydd yn mynegi pryder am y ffordd rwyt ti a dy gyn-bartner yn magu'ch plant ar y cyd, rhowch amser i wrando ar y pryderon hyn, eu trafod (allan o glyw dy blentyn), ac i fyfyrio ar yr hyn sydd orau i'ch plentyn yn dy tyb chi.

Fe fydd yna adegau pan mae'n hollol iawn i ddal ati i wneud pethau fel oeddet ti'n arfer eu gwneud nhw, ond mae'n bosib hefyd y bydd dy bartner newydd yn tynnu sylw at rai syniadau newydd buddiol i ti eu trafod gyda dy gyn-bartner cyn eu rhoi ar waith. Ceisia wneud y broses hon mor agored a chydweithredol â phosib. Mae'n bosib y byddi di a dy gyn-bartner yn cael trafferth gyda rhywun newydd yn awgrymu ffyrdd newydd o wneud pethau, ac mae'n berffaith dderbyniol rhoi amser i bawb feddwl am hyn a pheidio â rhuthro i fabwysiadu dulliau newydd. Mae gwahaniaeth hefyd rhwng dy bartner newydd yn cynnig syniadau newydd gwerth chweil, a bod yn feirniadol o'r ffordd rwyt ti a dy gyn-bartner yn gwneud pethau ac yn disgwyl i ti newid heb gwestiynu hynny. Mae'r cyntaf i'w groesawu, ond mae'r ail yn fwy problemus ac yn faner goch bosib.

Efallai y byddi hefyd am siarad â dy bartner newydd am sut rwyt ti eisiau iddo fod yn rhan o fagu dy blant ai peidio. Bydd yn barod i edrych yn fanylach ar dy syniadau a'r hyn sy'n gwneud i dy bartner newydd deimlo'n gyfforddus. Gall hynny fod yn wahanol i bawb a dibynnu ar amryw o ffactorau, gan gynnwys dy blant/blentyn, pa mor hen ydyn nhw a'r gefnogaeth sydd ei hangen arnyn nhw. Mae rhai rhieni sengl yn hapus i bartner newydd fod yn rhan o waith cartref, disgyblu, amser gwely, ac ati, gydag eraill yn teimlo'n gryf iawn nad ydyn nhw eisiau i'r partner newydd fod yn rhan o bethau felly. Mae'n bosib y bydd dy ddulliau magu plant yn wahanol hefyd, ac fe fydd angen i ti feddwl am hynny a'u trafod ymlaen llaw. Yn ddelfrydol, fe fydd dy bartner newydd yn parchu'r dulliau rwyt ti'n eu dewis gyda dy blentyn.

I ddarllen mwy am fagu plant ar y cyd, gan gynnwys ystyried partner newydd yn hyn o beth, rydyn ni'n argymell *The Co-Parenting Handbook* gan Karen Bonnell.

STRAEON AM BERTHNASOEDD NEWYDD WRTH FYW FEL MAM SENGL

Ar ôl i ti ddod o hyd i dy bartner newydd, bydd angen i ti ddeall y gelli di wneud i hyn weithio i ti sut bynnag mynni di. Mae rhai pobl eisiau symud i mewn gyda'i gilydd unwaith y bydd hynny'n teimlo'n iawn, tra bydd yn well gan eraill gynnal cartrefi a bywydau teuluol ar wahân, a threulio amser gyda'i gilydd pan fydd y ddau yn rhydd o'u cyfrifoldebau bod yn rhiant. Does dim ffordd gywir neu anghywir, dim ond mater o ddod o hyd i'r hyn sy'n gweithio i'r ddau ohonoch chi.

*Mae gan **Elin** a'i phartner blant yn eu harddegau.*

"Mae fy nghariad a finnau wedi bod gyda'n gilydd ers tair blynedd ac mae plant yn eu harddegau gennym ni'n dau, a gwahanol drefn/ymrwymiadau o ran gofal plant. Mae'r plant i gyd mewn oedran braidd yn lletchwith; dydyn

nhw ddim wir yn adnabod ei gilydd a does dim llawer yn gyffredin rhyngddyn nhw, felly gall trial gwneud iddyn nhw i gyd wneud pethau gyda'i gilydd fod yn straen. Felly rydyn ni wedi setlo ar drefn sy'n golygu ein bod ni'n treulio amser gyda'n plant ar wahân, a gyda'n gilydd pan fydd 'da ni amser i ni ein hunain. Mae gennym ni dai ar wahân ac mae hynny'n gweithio i ni."

Daeth **Gwyneth** o hyd i bartner newydd pan oedd yn ei 50au.

"Fe wnes i a fy mhartner newydd brynu lle gyda'n gilydd ac roedd e'n byw gyda fi a'r plant. Ond doedd ei fab hyna', a oedd yn ei arddegau ar y pryd, ddim yn awyddus i fod yn rhan o hynny, felly roedd e'n byw ar wahân gyda'i fam; fe ddewisodd e beidio â bod yn rhan o'n teulu cyfun. Roedd hynny'n achosi straen weithiau, ond roedden ni'n parchu ei ddewisiadau ac yn ei gefnogi i gael perthynas dda gyda'i dad yn eu hamser eu hunain."

Mae **Fflur** wedi cyflwyno ei chariad newydd i'w mab, ond dydyn nhw ddim yn gweld ei gilydd yn gyson oherwydd oriau gwaith ac oriau ysgol.

"Dwi'n licio cael amser un-i-un efo fy mab ac yna byw'n ddiofal ac yn fy ugeiniau eto efo fy nghariad (dim ond 27 ydw i, ond mae magu plant yn heneiddio rhywun yn gynt!). Pan mae'r ddau fywyd yn cyfuno, dwi'n teimlo fel dau hanner braidd. Dros y blynyddoedd diwethaf, dwi wedi dod i arfer efo bod yn annibynnol i'r fath raddau nes 'mod i'n cael trafferth deall sut ydw i fod i fyw mewn rhyw fath o gytgord efo mwy na dim ond fy mab."

Roedd profiad **Non** yn wahanol eto.

"Mi oedd gen i a fy nyweddi (erbyn hyn) blant o berthnasoedd blaenorol. Mi wnaethon ni eu cyflwyno nhw i'w gilydd yn raddol iawn. Mi oedden nhw i gyd o dan 12 oed, ond yn cyd-dynnu'n rhyfeddol o dda, o ystyried. Ar ôl dwy flynedd, mi wnaethon ni symud i fyw efo'n gilydd, a dyna ydy'r drefn ers hynny. Mae'n eitha' prysur, efo cryn dipyn o fynd a dod. Maen nhw i gyd yn mynd at eu mam neu dad ar wahanol adegau neu ddyddiau, felly weithiau maen nhw i gyd yma, ac weithiau does yna neb yma, neu unrhyw gyfuniad yn y canol!"

TEULUOEDD CYFUN

Os byddi di a dy bartner newydd yn symud i mewn gyda'ch gilydd maes o law, fe fydd angen i ti ystyried sut i lywio creu teulu cyfun. Fe allai hynny fod yn deulu newydd gyda dy bartner a dy blant di, neu gyflwyno plant dy bartner i'r cartref, neu gael plentyn eich hun gyda'ch gilydd.

Gall cyflwyno plant eraill i mewn i dy drefn deuluol di fod yn heriol, ac mae'n mynd i fod yn dipyn o her i bawb – gan gynnwys y plant. Mae'n bosib y bydd angen i ti a dy bartner newydd greu cynllun (gwaith ar y gweill) o'r cychwyn cyntaf. Mae pob sefyllfa mor bersonol, felly mae'n bwysig bod pawb sy'n rhan o'r teulu newydd yn hapus gyda'r ffiniau sydd ar waith.

AWGRYMIADAU AR GYFER CYFUNO TEULUOEDD

- Dilyn ein cyngor am gyflwyno partner newydd yn raddol bach.
- Cymer dy amser cyn symud i mewn a chyfuno'r teuluoedd. Mae angen cynllunio hyn, ac os yw hon yn berthynas am byth, does dim brys. Gwneud hyn yn sensitif ac yn bwyllog yw'r peth pwysicaf, er lles iechyd meddwl pawb ac er mwyn sicrhau perthynas lwyddiannus.

YMDOPI FEL MAM SENGL

- Hysbysa dy gyn-bartner am y sefyllfa ddiweddaraf lle y bo hynny'n bosib.
- Pwyll piau hi wrth gynllunio sut i gyflwyno plant dy bartner newydd i dy blant/plentyn di.
- Siarad â'r plant/plentyn am y broses hon cyn iddi ddigwydd – a chael gwybod beth sydd ar eu meddyliau a sut maen nhw'n teimlo.
- Cyflwyna blant newydd yn raddol bach, fel gyda phartner newydd. Unwaith eto, dechreua mewn lle niwtral, er enghraifft, yn y parc neu dros bryd o fwyd.
- Meddylia am bethau o safbwynt y plant a chofia fod yn amyneddgar. Mae'n mynd i gymryd amser iddyn nhw addasu, felly paid â disgwyl iddyn nhw fod yn ffrindiau gorau gyda phlant dy bartner yn syth. A dweud y gwir, mae'n bosib na fyddan nhw'n cyd-dynnu. Dydy'r ffaith dy fod di a'u rhiant mewn perthynas ddim yn golygu eu bod nhw'n mynd i fod yn agos. Mae angen i ti fod yn barod ar gyfer hynny.
- Cofia y byddan nhw o bosib yn teimlo'n drist, yn ofnus, yn genfigennus, yn bryderus. Ond efallai y byddan nhw wedi cyffroi'n arw hefyd, felly paid â chymryd dim byd yn ganiataol. Ond bydd yn barod i'r profiad gymryd amser ac i sbarduno llu o feddyliau a theimladau i dy blant di a phlant dy bartner.
- Treulia amser gyda dy bartner yn ystyried sut mae byw gyda'ch gilydd yn mynd i weithio. Beth sydd ei angen ar dy blant di, a beth sydd ei angen ar blant dy bartner? Pa drefn a chysuron sy'n bwysig? Sut gallwch chi gadw pawb yn hapus?
- Gwna'n siŵr dy fod di a dy bartner yn cael amser un-i-un gyda'r plant.
- Trefna weithgareddau i'r teulu cyfan eu mwynhau – taith i'r sinema, i lan y môr neu hyd yn oed chwarae gêm fideo gyda'ch gilydd.

SUT I LYWIO PERTHYNAS NEWYDD

- Gweithia ar dy berthynas magu plant ar y cyd gyda dy gyn-bartner a dos ati i annog dy bartner newydd i wneud yr un peth.
- Cytuna ar gynllun ar gyfer disgyblu.

Fe allai wneud synnwyr i dy bartner newydd adael i ti gymryd yr awenau o ran disgyblu, yn enwedig ar y dechrau, gan ei bod yn anodd i blant dderbyn hyn gan bartner newydd. Fodd bynnag, os wyt ti'n cytuno i rannu'r cyfrifoldeb am ddisgyblu (dros amser, efallai), yna mae'n bwysig bod barn dy bartner newydd ynglŷn â disgyblaeth yn cyd-fynd â dy farn di.

Gwahoddodd **Mabli** *ei phartner newydd, a'i blant, i'w bywyd a gwelodd ei fod yn trin ei phlant hi'n fwy llym na'i blant ei hun.*

"Ar ôl trafod y sefyllfa, fe wnaethon ni sylweddoli ei fod e'n becso am ypsetio ei blant e achos dim ond bob pythefnos roedd e'n cael eu gweld nhw. Rydyn ni wedi gweithio gyda'n gilydd i greu rheolau sy'n siwtio pawb, ac mae e wedi dod yn fwy ymwybodol o berygl trin y plant yn wahanol. Mae e hefyd wedi gofyn i fi ddisgyblu ei blant e yn gwmws fel y bydden i'n disgyblu fy mhlant fy hun."

Doedd dim plant gan bartner newydd **Anwen**, *ac roedd ei hagwedd hi tuag at fagu plant yn wahanol iawn i un Anwen.*

"Pan symudon ni i gyd i fyw gyda'n gilydd, fi oedd yn gorfod cadw'r heddwch rhwng fy nghariad a fy mab chwech oed. Yn anochel, wnaeth y berthynas honno ddim goroesi. Allwn i ddim dal ati i fod yn y canol rhwng fy mab a fy nghariad. Roedd yn gwneud i fi deimlo fel bod yn rhaid i fi ddewis ochr, ac yn amlwg roeddwn i bob amser yn mynd i ochri gyda fy mab."

O ran **Gwawr**, roedd ei phartner yn gadael y gwaith disgyblu iddi hi ar y dechrau. Fodd bynnag, pan gawson nhw fabi gyda'i gilydd, roedd yn teimlo'n rhyfedd i fod yn rhannu'r disgyblu.

"Erbyn hyn, fe fydd e'n disgyblu os oes angen, ond mae e wastad yn dilyn fy ffordd i o wneud hynny. Os ydw i o gwmpas, mae e'n aml yn fy ngalw i i drafod y mater yn hytrach na disgyblu ei hun. Cyn belled â'i fod e'n dilyn fy ffordd i o fagu plant, dwi'n hapus iddo fe chwarae ei ran yn llawn. Mae e wedi bod gyda hi ers pan oedd hi'n fach, a nawr bod 'da ni blentyn gyda'n gilydd, mae'n gwneud synnwyr llwyr."

> Doedd fy mhartner ddim yn disgyblu fy mab; ond roedd yn fyr ei dymer pan oedd fy mab yn anodd. Droeon, fe fu'n rhaid i fi ei atgoffa mai plentyn yn ymddwyn fel plentyn oedd Milo. Dwi'n ei fagu mewn ffordd addfwyn iawn – dwi'n hoffi trafod pam mae'n camfihafio a cheisio datrys y problemau yn hytrach na gweiddi a disgyblu, ond fe gafodd fy mhartner ei fagu ar aelwyd eithaf llym, doedd ei agwedd e tuag at fagu plant ddim yn cyd-fynd â fy safbwyntiau i. **Amy**

BETH OS YW PETHAU'N MYND O CHWITH?

Mae cynnwys person ychwanegol yn dy deulu yn sicr o newid trefn deuluol dy gartref. Ac, fel y gwelodd Amy, os nad yw'r berthynas newydd yn para, gall fod yn fater cymhleth i ddelio ag ef gyda'r plant.

> Wrth i fy mhartner newydd dreulio mwy o amser gyda fy mab a
> fi, y teimlad oedd bod bywyd yn llifo i gyfeiriad hyfryd. Roedd
> fy mab yn ei addoli, ac fe wnaeth ei orau i chwarae rôl llystad.
> Y broblem gyda chariad yw ei fod mor oriog. Pan oeddwn i'n
> dechrau cynllunio bywyd newydd gyda'r dyn hwn, yn sydyn
> – ar ôl 18 mis – roedd yr ymrwymiad yn ormod iddo –"Wela i
> di". Wnaeth y torcalon hwn ddim fy llorio i – roeddwn i wedi
> goroesi'r torcalon diwethaf, ac fe oeddwn i'n bendant 'mod
> i am oroesi'r un yma. Beth oedd yn anodd oedd meddwl am
> orfod dweud wrth fy mab – a oedd yn edrych i fyny gymaint
> at y dyn yma – ein bod ni wedi gwahanu. Fe wnes i gymryd
> ychydig wythnosau i ddod dros y torcalon fy hun, yna dyma
> fi'n dweud wrtho un noson ein bod ni wedi gwahanu ac y
> bydden ni'n aros yn ffrindiau. Fe wnaeth fy mab ymdopi yn
> eitha da; ond fe wnaeth rhai o'r cwestiynau a ofynnodd pan
> adawodd ei dad godi eu pennau eto. Roedd hyn yn sefyllfa
> anodd, a dwi'n poeni y gallai deimlo bod rhywun wedi troi ei
> gefn arno fe. **Amy**

CYNGOR AM DRAFOD TOR PERTHYNAS Â PHLENTYN

- Bydd yn onest – dwed wrthyn nhw nad oedd pethau wedi gweithio.
- Ceisia gadw'r sgwrs yn ysgafn – canolbwyntia ar y ffaith y gallwch chi fod yn ffrindiau o hyd (hyd yn oed os nad yw hynny'n digwydd yn y pen draw).
- Mae'n bwysig i ti eu hannog os ydyn nhw eisiau trafod y mater – fe allai hynny fod yn anodd i ti, ond mae'n iawn iddyn nhw fod eisiau siarad neu ofyn pam nad yw'r person hwn yn eu bywyd mwyach.

YMDOPI FEL MAM SENGL

PAN FYDD POPETH YN GWEITHIO

Rwyt ti wedi profi bywyd fel mam sengl, wedi cymryd y camau cyntaf hynny i fyd dêtio, wedi dod o hyd i bartner newydd anhygoel, waeth a oeddet ti wir yn chwilio amdano ai peidio, ac rwyt ti wedi llwyddo i gyfuno dy deulu er mwyn ei gynnwys. Ac mae pethau'n edrych yn wironeddol hyfryd.

Felly gad i ti dy hun fwynhau'r cwmni, y rhamant, y cariad a'r gofal. Cofia adael i ti dy hun gynnig hynny hefyd. Rhad i ti ymddiried yn dy bartner newydd, gwerthfawrogi'r hyn mae'n ei gynnig i dy fywyd, a beth gelli di ei gynnig yn ôl, a chofia hefyd y gelli di fod yn ti dy hun bob amser. Fe elli di ddod â phopeth rwyt ti wedi'i ddysgu fel mam sengl i'r berthynas newydd hon.

Gofalwch am eich gilydd a'ch teulu newydd. Bydd yn garedig, bydd yn gariadus. Bydd yn barod i dderbyn a maddau. Ewch allan fel cwpl ar ddêt bob yn hyn a hyn. Mwynhewch amser gyda'r teulu. Ewch ati i sefydlu traddodiadau newydd. Cofia arfer hunanofal a hunanddatblygiad. Gad i ti dy hun fwynhau hyn.

Yn y pen draw, dydyn ni ddim yn gwybod beth ddaw yn y dyfodol, felly da ti, bacha ar bob eiliad i fwynhau'r cariad newydd hwn – rwyt ti'n ei haeddu o, myn coblyn i! Cymer yr holl amser sydd ei angen arnat ti dy hun a dy blant, ac rydyn ni'n siŵr y gwnei di joban wych ohoni i ti a dy deulu. Amdani!

11

DOD O HYD ITI DY HUN

IECHYD MEDDWL CADARNHAOL A CHOFLEIDIO BOD YN FAM SENGL

Da iawn wir – rwyt ti wedi gweithio drwy'r llyfr i'r bennod olaf, lle rydyn ni eisiau canolbwyntio'n llwyr arnat ti. Ti a dy les. Mae bod yn fam sengl yn brofiad anhygoel o galed, grymusol, brawychus, llethol a blinedig, ond hefyd yn un sy'n rhoi ymdeimlad o ryddid llwyr. Rydyn ni wedi trafod yr heriau, yr effaith ar ein hiechyd meddwl, y pantiau a'r bryniau ar y daith i ddod o hyd i'n grym, ein llawenydd, mentro i fyd dêtio a hyd yn oed i berthynas newydd pan fyddi di'n barod. Yn y bennod olaf, rydyn ni am ganolbwyntio ar dy helpu di i ddod o hyd i dy les, i iechyd meddwl cadarnhaol, ar dy daith i oroesi a ffynnu fel mam sengl.

DEG FFORDD ALLWEDDOL O OFALU AM DY IECHYD MEDDWL

Isod, rydyn ni wedi rhannu deg ffordd allweddol o ofalu am dy hun a dy iechyd meddwl. Gobeithio y byddan nhw o fudd i ti, ac yn dy rymuso. Mae'n syniad i'w trin nhw fel gair bach tawel i dy atgoffa i gymryd camau i ofalu amdanat ti dy hun fymryn yn well – wedi'r cyfan, rwyt ti'n haeddu hynny.

1. BWYTA'N DDA

Heb fwyd da yn ein bol, ni allwn feddwl yn dda, caru'n dda, cysgu'n dda.

Virginia Woolf, awdur a bardd

Mae bwyta'n dda mor bwysig o ran ein lefelau egni, iechyd corfforol a hwyliau. Fodd bynnag, mae bod yn fam sengl yn waith di-baid, a gall dod o hyd i'r amser i oedi a bwyta'n dda deimlo'n amhosib yn aml. Mae'n hawdd colli brecwast, bwyta cinio wrth fynd a chael swper o sbarion y plant, pryd tecawê, grawnfwyd, tost neu siocled am dy fod di wedi blino gormod i wneud unrhyw beth arall. Ar ben hynny, gall coginio i un (os nad wyt ti a'r plant yn bwyta'r un prydau bwyd) fod yn brofiad digalon iawn ar y dechrau.

Mae'n bosib hefyd dy fod yn ymwybodol o dy bwysau, fel sy'n wir i lawer o fenywod. Efallai dy fod yn ceisio colli pwysau, neu'n ceisio magu pwysau os yw'r straen wedi creu trafferthion bwyta. Ar ben hynny, gall siopa gyda plant fod yn brofiad llawn straen i fam sengl. Mae'n bosib dy fod wedi gallu sleifio i'r siop heb blant cyn i ti ddod yn fam sengl, ond dy fod bellach yn gorfod wynebu'r archfarchnad yng nghwmni'r plant wrth i ti siopa bwyd am yr wythnos. Dydy hynny ddim yn hwyl i neb!

Beth bynnag yw dy sefyllfa, gall dod o hyd i ffyrdd o fwyta'n dda ddisgyn i waelod rhestr blaenoriaethau mamau sengl. Os wyt ti eisoes wedi sefydlu trefn o fwyta'n dda fel mam sengl, yna gwych. Dal ati a symud ymlaen i'r awgrym nesaf. Os na, gobeithio y bydd y syniadau canlynol o fudd i ti.

- Atgoffa dy hun dy fod yn haeddu bwyta'n dda.
- Bydd yn garedig â ti dy hun, mae addasu i goginio i un yn anodd. Does dim o'i le ar fwyta ffa pob ar dost weithiau,

ond ceisia beidio â gadael iddo ddigwydd yn rheolaidd. Gwerthfawroga dy hun ddigon i wneud prydau go iawn.

- Gwna gynllun prydau ar gyfer yr wythnos a chynllunia dy siopa ymlaen llaw. Mae gosod dyddiau rheolaidd ar gyfer siopa bwyd ar-lein a'i fod yn cael ei ddanfon yn help yn hynny o beth, ac yn hwyluso gwneud yn siŵr bod popeth sydd ei angen yn y cwpwrdd.
- Hola a oes yna rownd laeth leol. Gall cael llaeth a bara/ wyau ar garreg y drws yn rheolaidd fod yn achubiaeth.
- Rho gynnig ar goginio swp – paratoi padell fawr o fwyd ar nos Sul a rhewi dognau. Os mai dim ond y ti sy'n bwyta, mae cael dogn o fwyd cartref yn barod i'w ddadmer a'i gynhesu yn help mawr ac yn arbed gorfod coginio pryd unigol bob nos.
- Gwna restr o brydau cyflym a hawdd ar gyfer yr adegau hynny pan fyddi di'n teimlo'n flinedig neu'n brin o egni; gofyn i ffrindiau neu berthnasau am syniadau ac ysbrydoliaeth.
- Mae'n syniad cael y plant i chwarae eu rhan yn y gwaith o baratoi bwyd; mae dysgu sut i baratoi a choginio prydau bwyd yn sgiliau gwerthfawr, ac mae'n broses fwy rhyngweithiol a chyfeillgar i ti.
- Mwynha'r pleser o wybod dy fod ti'n cael dewis dy brydau bwyd dyddiol heb orfod ystyried dewisiadau unrhyw un arall (heblaw am dy blant, os ydych chi i gyd yn bwyta gyda'ch gilydd!). Fe elli di hefyd annog dy blant i roi cynnig ar fwydydd newydd gyda ti, a fydd yn brofiad llesol iddyn nhw.

2. CYSGU

Cwsg yw'r un peth mwyaf effeithiol y gallwn ei wneud i ailosod iechyd ein hymennydd a'n corff bob dydd.

Yr Athro Matthew Walker, *Why We Sleep: Unlocking the Power of Sleep and Dreams*

Mae'n amhosib gorbwysleisio faint o les y gall cwsg ei wneud i'n hiechyd corfforol a meddyliol. Os wyt ti eisiau dealltwriaeth fanwl o'r pwnc, gwranda ar yr Athro Matthew Walker ar bodlediad Dr Rangan Chatterjee (drchatterjee.com) yn trafod pam mai cwsg sydd bwysicaf ar gyfer iechyd. Yn gryno, gall noson dda o gwsg wella ein hiechyd, lleihau ein siawns o salwch, gwella ein cof, ein helpu i golli pwysau, gwella ein hwyliau a mwy.

Wrth gwrs, fel mam sengl, gall pob math o bethau darfu ar gwsg. Dy blant yn deffro; mynd i'r gwely yn hwyr a chodi'n gynnar oherwydd dyletswyddau gwaith neu waith tŷ neu gyfrifoldebau magu plant; neu am fod straen, gorbryder, pryder, trawma ac iselder yn dy gadw di ar ddihun.

Os wyt ti'n cael trafferth gyda chwsg, gobeithio y bydd y syniadau canlynol yn ddefnyddiol.

- Gwerthfawroga dy gwsg, a diogelu dy amser cysgu. Mae manteision cwsg mor niferus, felly paid â'u diystyru.
- Mae'n syniad i ti sefydlu patrwm cysgu rheolaidd: amser gwely rheolaidd ac amser deffro rheolaidd – waeth sut rwyt ti wedi cysgu.
- Sefydla drefn ymlacio cyn mynd i'r gwely; mae hyn yn arwydd i'r corff a'r meddwl ddechrau paratoi ar gyfer cysgu. Fe allai hynny gynnwys cael diod gynnes, brwsio dy ddannedd, lleithio'r croen, darllen, ac yna ceisio cysgu unwaith byddi di'n gysglyd.
- Sefydla drefn yn dy lofft sy'n ffafriol i gysgu, gyda matres dda, dillad gwely cyfforddus, amgylchedd tywyll neu led-dywyll, tymheredd cysurus. Mae'n werth cadw'r llofft yn daclus hefyd, ac osgoi gweithio yna os gelli di – mae'n syniad ei chadw'n ystafell ar gyfer cysgu, darllen/gwylio'r teledu neu ryw yn unig!
- Ceisia gyfyngu ar dy amser sgrin cyn mynd i'r gwely. Mae'r golau glas yn deffro'r corff ac yn gallu tarfu ar batrymau cwsg. Os gelli di, rho dy ffôn o'r neilltu ac allan o dy

gyrraedd. Gorau oll os wyt ti'n ei gadw allan o'r llofft yn gyfan gwbl.

- Mae yna gynnyrch hyfryd ar gael bellach sy'n gallu helpu cwsg, fel chwistrellau gobennydd (rho gynnig ar y rhai o *This Works*), masgiau cwsg i ysgogi tawelwch a lles (dwi'n argymell *Spacemasks*) a blancedi trwm (sy'n aml yn cael eu defnyddio i leddfu gorbryder). Gall cymhorthion cysgu o'r fath fod yn gostus, ond mae'n anodd rhoi pris ar werth noson dda o gwsg.
- Mae apiau myfyrio fel Calm a Headspace yn cynnig myfyrdodau cwsg i wrando arnyn nhw wrth i chi orwedd yn y gwely. Os wyt ti'n defnyddio'r rhain ar dy ffôn, tro'r ffôn wyneb i waered fel nad wyt ti'n gweld y sgrin. I blant mae yna fyfyrdod dan arweiniad hyfryd ar YouTube o'r enw "The Secret Treehouse" gan *New Horizon*.
- Defnyddia unrhyw un o'r strategaethau cysgu o Bennod 5 ar orbryder er mwyn rheoli pryderon neu feddyliau negyddol yn y nos.
- Os yw dy blant yn dy ddeffro, gwna yr hyn sydd ei angen i'w helpu i gysgu eto cyn gynted â phosib, a chofia fod y cyfnodau hyn yn mynd i basio. Gwna beth sy'n gweithio orau i ti a dy deulu; mae rhai ohonom yn croesawu ein plant i'n gwelyau, ac eraill yn gwrthod hynny'n bendant – does dim ffordd gywir nac anghywir. Fe fydd dy blant yn dysgu cysgu yn eu gwelyau eu hunain gydag amser, felly paid â mynd i boeni am hyn.

3. SYMUD DY CORFF

Symudwch eich corff oherwydd mi fedrwch chi.
Amanda Kloots, cyflwynydd teledu

Mae ymarfer corff yn bwysig i'n hiechyd corfforol ac i'n hiechyd meddwl. Y tu hwnt i wella dy ffitrwydd neu sut mae dy gorff yn edrych, mae ymchwil wedi dangos bod ymarfer corff yn gwella hwyliau, gwella cwsg, cynyddu egni a chymhelliant, gwella cof a sylw, gwella sgiliau datrys problemau, helpu gyda'r gwaith o wneud penderfyniadau, gwella hunanwerth a rhoi hwb i'r hyder. Mae ymarfer corff yn un ffordd bendant o wella pob math o bethau. Wrth gwrs, dydy ymarfer ddim yn mynd i gyflawni gwyrthiau – fydd o ddim yn cael gwared ar heriau bywyd. Mae hefyd yn gweithio ar ei orau pan fydd gen ti ffydd ei fod yn llesol, a dy fod yn gallu canfod ffordd o ymarfer sy'n rhoi gwir fwynhad i ti.

> I **Elin**, mae ymarfer corff wedi dod yn rhan bleserus o'i bywyd ers iddi ddod yn fam sengl.
>
> "Mae dod yn fam sengl yn anodd iawn ar adegau, ond mewn ffordd, mae'n gyfle i chi ddod yn ffrind gorau i chi'ch hun. I fi, mae ymarfer corff wedi fy helpu i feithrin hyder mewnol. Dwi'n gwybod mai dim ond corff yw e, ond mae teimlo'n gryf ac yn iach mor rymusol ac yn bendant wedi fy helpu i deimlo y galla i ddelio gyda beth bynnag sy'n codi."

Os wyt ti'n agored i roi cynnig ar ymarfer corff a symud mwy, dyma rai syniadau a allai fod yn ddefnyddiol.

- Gall unrhyw un wneud ymarfer corff – UNRHYW UN. Hyd yn oed os nad wyt ti wedi gwneud unrhyw ymarfer corff o'r blaen, fe elli di ddod o hyd i rywbeth sy'n gweithio i ti. Wrth gwrs, os nad wyt ti'n siŵr am dy sefyllfa gorfforol, mae'n well i ti gael cyngor meddygol neu broffesiynol cyn dechrau arni.
- Mae dod o hyd i ffyrdd o symud dy gorff a chadw'n heini yn mynd i dy helpu i gael yr egni i gadw i fyny gyda'r plant.
- Gall ymarfer corff fod yn hwyl, yn enwedig pan fyddi'n dod o hyd i rywbeth rwyt ti wir yn ei fwynhau, ac mae

cymaint o bethau gwahanol y gelli di eu gwneud: cerdded, loncian, sgipio, neidio, dawnsio, mynd i'r gampfa, codi pwysau, bocsio, beicio, troelli, ioga, Pilates, padlfyrddio, sglefrfyrddio, sgïo, syrffio, nofio, chwaraeon.

- Mae symud mwy yn ddechrau gwych, felly dechreua drwy gerdded mwy. Neu chwarae dy hoff ganeuon a dawnsio yn y gegin!
- Dechreua'n araf a gwneud mwy yn raddol.
- Mae hyfforddi gyda ffrind yn wych, neu beth am drefnu hyfforddiant personol neu roi cynnig ar raglen ffitrwydd ar-lein.
- Mae'n bosib y bydd angen trefn neu ddisgyblaeth er mwyn ymgorffori ymarfer corff yn dy fywyd. Tyrd o hyd i ffordd sy'n gweithio i ti, a paid â chystwyo dy hun am y pethau na ellli eu gwneud. Os mai dim ond unwaith yr wythnos y gelli di ei wneud o, mae hynny'n ddechrau da.
- Os wyt ti'n berson bore, rho gynnig ar ymarfer cyn i'r plant godi; os wyt ti'n berson min nos, rho gynnig ar ymarfer ar ôl iddyn nhw fynd i'r gwely, neu hola am awr o ofal plant gan ffrindiau, perthnasau neu dy gyn-bartner. Fel arall, rho hanner awr o amser sgrin i'r plant wrth i ti ymarfer, a phaid â theimlo'n euog am hynny.
- Rhowch gynnig ar ymarfer corff gyda'r plant o gartref neu yn y parc, neu eu cynnwys nhw drwy ofyn iddyn nhw dy amseru di neu gyfrif nifer yr ymarferion.
- Os yw ymarfer yn ystod yr wythnos yn teimlo'n amhosib, yna paid â chystwyo dy hun; chwilia am amser ar y penwythnos a allai weithio. Os yw'n dal i deimlo'n rhy anodd, mae mynd am dro fel teulu yn ddechrau da.
- Os yw'n anodd mynd allan o'r tŷ i ymarfer, mae yna weithgareddau rhad ac am ddim gwych ar gael ar-lein: mae "Yoga by Adrienne" ar YouTube; mae "Skipping with Sarah" ar Instagram; mae Ryan Heffington yn cyflwyno fideos dawns gwych yn null Ibiza ar Instagram; ac mae

ymarferion HIIT Joe Wicks ar gael ar YouTube; neu chwiliwch am raglenni rhedeg 'Couch to 5K'.

4. DERBYN HELP

Mae derbyn help ohono'i hun yn fath o gryfder.

Keira Cass, awdur

Mae'r cyngor yma'n gryno ac yn syml, felly paid â meddwl gormod amdano: mae bod yn fam sengl yn ddiawl o waith anodd, felly paid â bod ofn derbyn neu holi am help.

Fe allet ti ddechrau drwy greu grwpiau WhatsApp amrywiol yn cynnwys pobl y gelli di droi atyn nhw, boed gyda chasglu'r plant o'r ysgol, sesiynau chwarae, cynnig gofal plant am awr er mwyn i ti daro i'r gampfa neu fynd i siopa, neu benwythnosau gofal plant gyda nain a taid.

Dydy derbyn help ddim yn golygu dy fod yn methu fel rhiant. Yn hytrach, fe fydd yn dy alluogi i ymdopi â'r heriau sy'n dod i dy ran yn sgil bod yn rhiant sengl. Bod dynol wyt ti wedi'r cwbl, nid rhyw fath o archarwr – er dy fod yn sicr yn deilwng o'r disgrifiad hwnnw! Mae pawb yn cyrraedd pen ei dennyn ar ryw bwynt, felly cofia dderbyn help a rhoi seibiant i ti dy hun.

5. DYDY HUNANOFAL DDIM YN HUNANOL

Er cyn bwysiced yw cael cynllun ar gyfer gwaith, mae'n bwysicach o bosib cael cynllun ar gyfer gorffwys, ymlacio, hunanofal, a chwsg.

Akiroq Brost, awdur

Mae hunanofal yn un o'r geiriau ffasiynol hynny rwyt ti wedi clywed yn cael eu defnyddio'n aml iawn, mae'n siŵr, ond beth mae'n ei feddwl mewn gwirionedd? Mae hunanofal yn golygu unrhyw beth y gelli di ei wneud i ofalu amdanat ti dy hun, unrhyw beth sy'n dy helpu i orffwys, dadebru, adfer dy egni, tawelu, lleddfu. Mae ymgorffori hunanofal yn dy fywyd yn golygu rhoi cyfle i ti ofalu amdanat ti dy hun a thrwy hynny, dy alluogi i fod ar dy orau, fel mam ac fel person.

Mae'n hawdd iawn i fam sengl fod wrthi fel lladd nadroedd, ond does dim gwobr ar gael am wneud hynny. Os wyt ti'n dioddef lludded corfforol neu feddyliol, fyddi di'n gwneud dim lles i ti dy hun, dy blant, dy waith, dy ffrindiau, unrhyw bartner newydd. Felly mae'n bwysig dy fod yn trefnu amser ar gyfer hunanofal.

Dyma **Menna** *i esbonio:*
"Dwi wastad wedi bod yn berson prysur. Dwi'n treulio fy amser yn rhuthro o un dasg i'r llall, ac mae yna ran ohona i sy'n licio hynny'n arw. Ond un o'r pethau sydd wedi fy helpu i fwya' yn ystod y blynyddoedd diwetha yw dweud wrtha i fy hun nad oes yna ddim byd yn bod ar oedi, a gwneud pethau neis i fi. Weithiau, dwi'n rhoi caniatâd i fi fy hun fynd i'r gwely yn gynnar a gwylio penodau lu o ryw gyfres neu'i gilydd. Neu ymlacio mewn bath hir tra bod y plant ar eu sgriniau. Dwi hefyd wedi prynu cynnyrch cawod hyfryd a radio i'r gawod; dwi'n chwarae caneuon hwyliog yn y gawod i roi hwb i'r hwyliau yn y bore. Mae'n wych! Dyna fy mhum munud o hunanofal."

Mae hunanofal yn rhywbeth unigryw i ti – mae'n ymwneud â beth sy'n dy helpu i orffwys, i deimlo'n dawel ac wedi dy leddfu, beth sy'n adfer dy egni – ac fe allai gynnwys unrhyw un o'r canlynol.

YMDOPI FEL MAM SENGL

- Rho noson, diwrnod neu benwythnos i ffwrdd i ti dy hun – a mwynhau'r seibiant! Dydy cymryd amser i ffwrdd, ond yna cystwyo dy hun drwy'r amser y dylet ti fod yn gwneud rhywbeth arall, ddim yn hunanofal!
- Sbwylia dy hun gydag unrhyw beth o fath cynnes i dylino, triniaeth dwylo/traed neu drip i'r siop trin gwallt.
- Anadlu a myfyrio – gwna amser i ymarfer anadlu araf a dwfn neu arferion myfyrdod yn rheolaidd.
- Arfer hunanofal drwy weithgareddau dyddiol syml: bwyta'n dda, brwsio dy ddannedd, cael cawod, gwisgo dillad cyfforddus, yfed digon o ddŵr.
- Rho drît i ti dy hun – pryna flodau i ti dy hun, dy hoff goffi, cacen, hufen lleithio, llyfr newydd.
- Dos allan – treulia amser ym myd natur, dos am dro, treulia amser yn yr ardd, dos i rywle prydferth, treulia amser ger y dŵr – unrhyw le sy'n dod ag ymdeimlad o heddwch neu orffwys neu fwynhad i ti.
- Treulia amser yn gwneud ymarfer corff os wyt ti'n gwybod ei fod yn dy helpu i deimlo'n dda.
- Dweud "na" – gosod ffiniau, diffodd y cyfrifiadur, gwneud i dasgau neu weithgareddau lenwi amser penodol.
- Cymer amser i ddarllen, gwrando ar gerddoriaeth, dawnsio, gwrando ar bodlediadau, peintio, darlunio ac ati.
- Bydd yn garedig ac yn dosturiol gyda ti dy hun.

6. SIARAD

Nid oes artaith mwy na stori heb ei hadrodd o'ch mewn.

Maya Angelou, awdur

Dal ati i siarad – boed hynny gyda ffrindiau, perthnasau neu therapydd. Mae'n beth mor iach i siarad ag eraill am sut rwyt ti'n teimlo, ac amdanyn nhw hefyd, wrth gwrs. Mae cymaint i'w ennill o sgwrs ystyriol gyda rhywun rwyt ti'n ymddiried ynddo. Mae'n amhosib gorbwysleisio pa mor bwerus yw sylw buddiol gan ffrind i ti fyfyrio yn ei gylch a dysgu ohono. Mae hefyd yn amhosib gorbwysleisio pa mor bwerus yw gallu trafod a phrosesu dy feddyliau a dy deimladau. Mae hyn bob amser yn fwy buddiol na mygu pethau a'u cadw dan glo.

Wrth gwrs, er y gall siarad â ffrindiau fod yn fuddiol iawn, gwna'n siŵr nad wyt ti'n eu gorlwytho (y gwir amdani yw ei bod hi'n hawdd iawn i hynny ddigwydd). Fe elli di ddatrys hyn drwy naill ai ddatblygu cylch o gyfeillion i sgwrsio â nhw ar wahanol adegau (gweler Dod o Hyd i dy Bobl – cyngor rhif 8) neu geisio cefnogaeth drwy therapi. Dydy defnyddio therapi ddim yn arwydd o fethiant neu wendid – mae'n arwydd o gryfder a dewrder i holi am gefnogaeth pan fydd ei hangen. Mae therapi yn help i fynegi ein meddyliau a'n teimladau a deall beth rydyn ni'n ei brofi, a gall ein helpu ni i ddysgu ffyrdd newydd o ymdopi ac ymateb i sefyllfaoedd anodd. Gweler Pennod 5 am ragor o fanylion am wahanol therapïau a'u manteision, ac isod am grynodeb cyflym o'r opsiynau ar gyfer therapi.

- Chwilia am opsiynau therapi preifat (eu hariannu dy hun neu drwy yswiriant iechyd) neu opsiynau therapi dan nawdd y wladwriaeth; mae rhai elusennau hefyd yn cynnig opsiynau therapi rhad neu rad ac am ddim.
- Dewisa'r math o therapi (er enghraifft, therapi EMDR, CBT, ACT, therapi teuluol, therapi cyplau, therapi seicodynamig ac ati) a gweithiwr proffesiynol (cwnselydd, therapydd CBT, seicolegydd clinigol, seicolegydd cwnsela, seicotherapydd seicodynamig, therapydd systemig ac ati) sy'n addas i ti (mae yna sawl math o therapi a therapyddion proffesiynol).
- Penderfyna a wyt ti'n chwilio am rywbeth tymor byr neu hirdymor, gan fod therapyddion proffesiynol a modelau therapi amrywiol yn defnyddio dulliau gwahanol yn ôl dy ddewis.

7. DYSGU RHYWBETH NEWYDD

Dysgwch rywbeth newydd. Rhowch gynnig ar rywbeth gwahanol. Argyhoeddwch eich hun bob dydd nad oes gennych chi unrhyw derfynau.

Brian Tracy, awdur a siaradwr ysgogol

Gall gwneud rhywbeth sy'n rhoi ymdeimlad o gyflawniad i ni wneud rhyfeddodau i'n hiechyd meddwl. Ar ôl dod yn rhiant sengl, mae'n bosib i ni deimlo fymryn ar goll, ac mae rhai gweithgareddau ac arferion wedi gorfod newid, waeth a oeddet ti eisiau hynny ai peidio. Felly fe allai dod o hyd i hobi neu ddiddordeb newydd, neu ailafael mewn hen un, wneud lles i dy hyder a rhoi rhywbeth i ti ganolbwyntio arno a'i fwynhau. Fe allai hynny gynnwys:

- Dysgu coginio neu bobi.
- Ymuno â chlwb neu dîm chwaraeon – tennis, pêl-droed, hoci, rygbi.
- Dysgu gweithgaredd newydd – padlfyrddio, gwyddbwyll.
- Dysgu chwarae offeryn – piano, gitâr, drymiau.
- Dysgu dy hun i wneud gwaith DIY neu arddio.
- Cofleidio'r creadigol – darlunio, paentio, cerflunio, gwau, crosio, gwnïo.
- Dysgu iaith newydd.
- Dechrau rhedeg, codi pwysau, beicio, nofio.

Mae **Cerys** yn cytuno â hyn.

"Mi wnes i ddechrau padlfyrddio ar ôl dod yn rhiant sengl. Yn ffodus, mi oedd gen i ffrind a oedd yn padlfyrddio, ac mi aethon ni allan efo'n gilydd i fi roi cynnig arni. Yr unig ffordd wnes i hynny, dwi'n credu, yw achos 'mod i wedi dechrau mwynhau ymarfer corff o ddifri, a bod hynny wedi rhoi hwb i fy hyder nes 'mod i'n barod i roi cynnig ar heriau newydd. Mi oeddwn i wrth fy modd ar ôl llwyddo i feistroli'r gamp. Mae bod ar y dŵr mor heddychlon ac ymlaciol ar ôl diwrnod hir yn y gwaith. Mi fyddwn i'n ei argymell i unrhyw un!"

8. DOD O HYD I DY BOBL

Allwch chi ddim aros yn eich cornel chi o'r Goedwig yn aros i eraill ddod atoch chi. Weithiau, mae'n rhaid i chi fynd atyn nhw.

A. A. Milne, *Winnie-the-Pooh*

Mae dod yn rhiant sengl yn anodd am sawl rheswm, ac un o'r heriau fydd dod o hyd i dy ffordd yn gymdeithasol. Rydyn ni wedi trafod galaru am y golled a chwmnïaeth y berthynas â dy gyn-bartner, ac am newidiadau cymdeithasol os yw ffrindiau yn dewis "ochri" gyda dy gyn-bartner, neu os nad wyt ti'n teimlo'n gyfforddus yn mynd i ddigwyddiadau teuluol neu achlysuron ar gyfer cyplau mwyach.

Felly gall meithrin y bobl a'r cysylltiadau sydd ar gael i ti droi atyn nhw, a chreu bywyd cymdeithasol newydd i ti fel rhiant sengl, fod yn help mawr i dy les. Fe fydd hynny'n hawdd i'r rhai gyda chylch ffrindiau sydd wedi aros fwy neu lai yr un fath, ond fe fydd angen mwy o waith ar eraill. Beth bynnag yw'r sefyllfa, mae'n werth canolbwyntio ar hyn, gan ein bod ni'n ffynnu i'r fath raddau oherwydd y cysylltiadau cymdeithasol, y cyfeillion a'r gefnogaeth o'n cwmpas. Os wyt ti'n gweld hyn yn anodd, gobeithio y bydd y syniadau canlynol yn ddefnyddiol.

- Rho gynnig ar y dasg Coeden Gyfeillgarwch ar dudalen 18, i nodi'r bobl yn dy fywyd sy'n bwysig i ti. Dos drwy dy ffôn neu dy broffil Facebook i atgoffa dy hun, a chynnwys ffrindiau achlysurol sy'n derbyn negeseuon achlysurol yn unig, yn ogystal â phobl y byddet ti'n mynd ar wyliau gyda nhw neu'n treulio amser yn eu cwmni bob wythnos. Mae lle i'r holl ffrindiau hyn, a buan iawn y byddi'n sylweddoli bod mwy o bobl na'r disgwyl ar dy goeden gyfeillgarwch.
- Dysga adnabod y ffrindiau sy'n rhoi hwb i ti ac yn dy gefnogi a'r rhai sydd ddim yn gwneud i ti deimlo cystal – canolbwyntia ar y rhai sy'n gwneud i ti deimlo'n wych.
- Mae angen i ti ddeall y gall cyfeillgarwch newid wrth i ti ddod yn fam sengl; mae heriau bywyd fel gwahanu ac ysgariad bob amser yn esgor ar newidiadau. Dos gyda'r llif a gadael i ti dy hun brosesu dy dristwch neu dy rwystredigaethau o ran y ffrindiau sy'n diflannu.
- Bydd yn barod i feithrin cysylltiadau newydd drwy gyfarfod â phobl newydd, gwneud ffrindiau newydd o blith mamau ysgol, neu ymuno â chlwb neu ap newydd i ddod yn rhan o grŵp cymdeithasol newydd. Bydd yn ddewr, a mentra.
- Bydd yn barod i fod yn fwy pendant wrth ysgogi cynlluniau a gweithgareddau. Rwyt ti'n byw bywyd newydd gyda threfn newydd erbyn hyn, ac mae'n bosib bod angen amser ar bobl i ddod i arfer â hynny. Mae'n bosib bod gen ti fwy o ymrwymiadau neu drefn benodol, felly mae angen i ti gymryd yr awenau wrth wneud cynlluniau ar gyfer dyddiau heb blant neu gyda'r plant/plentyn ar ddyddiau pan maen nhw gyda ti. Paid ag ofni bod yr un i holi am gael trefnu cyfarfod dros goffi neu wydraid o win, neu i drefnu sesiwn chwarae. Y peth gwaethaf all ddigwydd yw bod pobl eraill yn brysur ac yn dweud na, ond mae'n debygol y cei di ymateb ffafriol.

- Mae'n syniad meithrin cysylltiadau ystyrlon drwy negeseua, cyfarfod, cefnogi eich gilydd – drwy dderbyn help a thrwy gynnig help.

9. ARFER HUNANDDERBYN A HUNANDOSTURI

Mae'n bosib mai hunandderbyniad yw'r rhodd orau y gallwch ei rhoi i chi eich hun. Mae hunandderbyniad yn ddiamod; mae'n golygu derbyn eich hun fel yr ydych chi, y gwych a'r gwachul.

Heather Lonczak, PhD, seicolegydd, awdur a bardd

Yn y bôn, hunandosturi yw rhoi'r un caredigrwydd i'n hunain ag y rhown i eraill ... mae hunandosturi yn lleddfu'r meddwl fel ffrind cariadus sy'n barod i wrando ar eich anawsterau heb gynnig cyngor.

Christopher Germer, seicolegydd clinigol

Gall y daith i fod yn fam sengl fod yn llawn meddyliau a theimladau beichus, tristwch, edifeirwch, cywilydd, hunanfeirniadu, hunanfarnu. Mae'n bosib y byddi'n effro'r nos yn deisyfu y byddai cant-a-mil o bethau wedi bod yn wahanol – o ran ti dy hun, dy fywyd, dy deulu. Ac un o'r ffyrdd mwyaf pwerus o fynd i'r afael â hyn oll yw drwy arfer hunandderbyn a hunandosturi.

Mae hunandderbyn yn ymwneud â derbyn dy hun am bwy wyt ti. Dwyt ti ddim yn berffaith – does yna'r un copa gwalltog. Rwyt ti'n ddiffygiol, ac mae hynny'n rhan o fod yn ddynol. Mae gen ti gryfderau, ac agweddau lle nad wyt ti cystal. Fe fyddi di'n edrych yn y drych ac yn gweld brychau o bob math ym mhob man – yn union fel PAWB arall. Mae'n siŵr fod yna bethau wedi digwydd y byddai'n well gen ti pe na baen nhw wedi digwydd, pethau y byddet ti'n mynd yn ôl a'u newid pe gallet ti. Unwaith eto, mae hyn yn hollol normal.

Hunandderbyn yw cydnabod yr *holl* bethau hyn a dweud, "Dwi'n iawn. Dwi'n ddigon. Dwi'n ddigon da. Dwi ddim yn berffaith, ond dwi'n anhygoel. Dwi'n derbyn mai fi ydw i, a ble ydw i ar hyn o bryd. Dydy hynny ddim yn golygu na alla i ddewis canolbwyntio ar newid yn y dyfodol. Fe alla i ddewis gwella fy ffitrwydd, a gweithio ar wella fy hun gyda fy sgiliau allanol neu arferion mewnol o hyd. Fe alla i drio bod yn fwy ystyriol ac arfer mwy o garedigrwydd."

Mae hunandosturi yn ymwneud â thrin dy hun gyda'r un caredigrwydd a thosturi ag y byddi'n ei ddangos tuag at dy anwyliaid. Mae'n golygu siarad â ti dy hun yn garedig, trin dy hun yn garedig. Mae'n golygu tawelu'r bwli mewnol, y beirniad mewnol, ac annog mwy o feithrin mewnol, y gofalwr mewnol, y ffrind.

Un o brif fanteision hunandosturi yw ein bod ni'n fwy tebygol o lwyddo a chyrraedd ein nodau drwy arfer hunandosturi na thrwy feirniadu a barnu ein hunain.

Felly, treulia ychydig o amser yn ceisio arfer hunandderbyn a hunandosturi heddiw, gan ddefnyddio rhai o'r enghreifftiau canlynol o hunansiarad tosturiol.

- Gan sefyll o flaen y drych, ystyria beth rwyt ti'n ei weld, a dwed yn dyner wrth dy hun, "Dyma fi, dyma fi fel ydw i heddiw, y fi sy'n ganlyniad i bopeth dwi wedi'i brofi. Dydw i ddim yn berffaith ac mae hynny'n iawn. Does yna neb yn berffaith. Fe alla i ddysgu derbyn fy hun, y darnau dwi'n eu hoffi a'r darnau dwi'n ansicr yn eu cylch. Fe alla i ddysgu derbyn mai y fi ydy'r rhain, a bod yn ddiolchgar amdana i ac am fy nghorff."
- Pan fydd rhywbeth heriol yn digwydd neu emosiynau anodd yn cael eu sbarduno, dwed wrth dy hun: "Mae hyn yn anodd ar hyn o bryd, mae hyn yn boenus. Dwi'n cael trafferth gyda hyn. Fe alla i drin fy hun garedig drwy hyn, fe alla i wrando ar yr hyn dwi ei angen."

- Pan fyddi di'n gwneud camsyniad, mae angen cydnabod a derbyn hynny drwy ddweud wrth dy hun, "Dwi'n teimlo'n ofnadwy am wneud y camsyniad yma. Dwi'n teimlo tristwch/poen dros y bobl sydd wedi cael eu brifo. Dwi'n gwybod bod hyn yn gamsyniad anfwriadol, a dwi'n gwneud fy ngorau i ddatrys pethau."
- Pan fyddi di'n cael trafferth gydag iselder, gorbryder, euogrwydd, cywilydd fel rhiant sengl, dwed wrth dy hun: "Dwi'n teimlo tristwch/euogrwydd/iselder/gorbryder/ cywilydd ar hyn o bryd. Mae'n anodd iawn bod yn rhiant sengl a cheisio ymdopi â'r holl emosiynau sy'n dod yn ei sgil. Mae'r emosiynau hyn yn ddealladwy yn y sefyllfa dwi ynddi. Dwi'n gwneud beth galla i ei wneud er mwyn dod o hyd i ffordd drwy hyn. Fe alla i anfon cariad a charedigrwydd ata i fy hun yr eiliad hon."
- Rho gynnig ar yr ymarfer Dwylo Caredig ar dudalen 87.
- Os byth fyddi di'n teimlo'n isel, atgoffa dy hun: "Mae'n anodd ar hyn o bryd. Fe alla i wneud rhywbeth clên a charedig i fi fy hun y funud hon. Fe allai i roi amser i fi fy hun i wneud paned o de i fi fy hun, prynu blodau i fi fy hun, rhoi cwtsh i'r ci, swatio gyda 'mhlentyn, chwarae fy hoff gerddoriaeth, coginio fy hoff bryd bwyd, rhoi seibiant i fi fy hun."

10. COFLEIDIO'R TEULU UN RHIANT NEWYDD

Byddwch yn chi, a dewch o hyd i chi eich hun fel y gallwch chi fod yn chi a mwynhau bywyd heb ddifaru dim.

Bonnie Zackson Koury, awdur

Rydyn ni am orffen gyda syniadau pwysig i dy helpu i gyrraedd pwynt lle gelli di ddod o hyd i ti dy hun eto, a chanfod ystyr a llawenydd yn dy deulu un rhiant. Fe wnei di ddod o hyd i'r lle hwnnw, wir-yr, hyd yn oed os yw'n teimlo'n amhosib dychmygu cyrraedd pwynt lle byddi'n teimlo'n iawn gyda ti a dy sefyllfa.

Dyma rai o argraffiadau buddiol **Mabli** *ar fod yn fam sengl.*

"Dwi bob amser wedi ystyried bod yn fam sengl fel rhywbeth cadarnhaol yn hytrach na bod rhywbeth ar goll. Mae'n golygu y gallwn ni fynd i unrhyw le heb orfod gwirio calendr rhywun arall. Rydyn ni'n mwynhau amser un-i-un gwerthfawr, ac yn ffrindiau go iawn yn ogystal â rhiant a phlentyn. Mae bod yn uned o ddwy wedi golygu ein bod ni wedi cwrdd â chymaint mwy o ffrindiau oes nag y bydden ni fel uned o dri neu fwy, yn enwedig ar wyliau.

"Mae'n sicr yn gwneud i chi werthfawrogi eich rhwydwaith cymorth a gwybod, os ydych chi'n fam sengl ai peidio, fod pawb yn gwneud eu gorau dros eich plentyn, a chynnal rhyw fath o bwyll ar yr un pryd. Fy mhresgripsiwn i yw gwneud yn siŵr 'mod i'n gwneud ymarfer corff a gweld fy ffrindiau anhygoel, a hyd yn hyn, mae hynny'n gweithio i ni'n dwy.

"Mae bod yn rhiant sengl yn waith blydi caled, ond mae e werth e gant y cant, a fyddwn i ddim yn newid hynny am y byd."

Un o'r pethau hyfryd am eiriau Mabli yw eu bod nhw'n atgyfnerthu'r syniad ein bod ni'n gallu dysgu caru'r profiad o fod yn deulu un rhiant – nad oes unrhyw beth o'i le gyda bod yn deulu un rhiant, a'i fod yn dal yn deulu. Mae sawl ffurf ar deulu, a'r peth pwysicaf yw'r cysylltiad rhwng y bobl sy'n caru ei gilydd ac sydd yno ar gyfer ei gilydd.

GAIR I GLOI

Wrth i ti deithio drwy fywyd mam sengl, gobeithio y gweli di'r galar yn pylu ac y byddi'n dod o hyd i ffyrdd o leddfu'r gorbryder, yr iselder, yr euogrwydd a'r pryder. Efallai y bydd llif newydd i drefn bywyd, ac y gelli estyn allan am gymorth a dod o hyd i dy bobl *di*.

Fe ddylet ti ddechrau sylwi bod yna fwy o ddyddiau da na diwrnodau gwael, a dy fod yn dechrau edrych i fyny ac ymlaen tuag at y dyfodol, beth bynnag sydd ganddo i'w gynnig. Rwyt ti'n dechrau dod o hyd i'r amser i ddod i adnabod pwy wyt ti, nid fel partner neu hyd yn oed fel mam, dim ond fel ti.

Ar y dyddiau heb blant (os ydyn nhw'n bodoli) rwyt ti'n dechrau gwneud dewisiadau ynglŷn â sut i dreulio dy amser; fe elli di ddarganfod beth sy'n bwysig i ti, beth yw dy hoff a chas bethau, pan nad oes rhaid i ti ystyried unrhyw un arall.

Fe elli di ddechrau creu traddodiadau arbennig i ti a dy blentyn, a thrysori'r amser rydych chi ei dreulio gyda'ch gilydd.

Fe elli di feddwl am hobïau newydd, diddordebau newydd, pethau newydd rwyt ti eisiau eu cyflawni. A meddwl am ofalu am dy hun go iawn.

Gobeithio y byddi'n cyrraedd y pwynt hwnnw ac yn dod o hyd i ffordd i deimlo dy fod yn byw dy fywyd er dy fwyn di. Nid mater o feddwl y bydd popeth yn fêl i gyd yw hyn – rydyn ni'n gwybod y gall bywyd mam sengl fod yn daith anodd, flinedig, emosiynol ac yn un sydd ar adegau yn rhwystredig, yn ysgogi pryder a dicter ac yn hynod drist.

Ond er gwaethaf yr holl heriau, rydyn ni'n gobeithio, drwy'r llyfr a'r tudalennau yma, y gelli di ddod o hyd i lawenydd a gobaith a hapusrwydd, oherwydd rwyt ti'n haeddu hynny.

Felly, dos allan yna a dod o hyd iddo.

DIOLCHIADAU

Dr Emma: Hoffwn ddiolch i Amy Rose am ei hysgrifennu gwych o onest ac am gydweithredu mor hael ar y llyfr hwn, ac i Beth Bishop am ei harweiniad a'i chefnogaeth barhaus drwy'r holl broses ysgrifennu.

Fel arfer, dwi'n ddiolchgar iawn am fy ffrindiau a'm perthnasau, a fy meibion gwych sydd wedi bod yn ddi-ball o gefnogol ac amyneddgar wrth i fi sleifio i ffwrdd am oriau i ysgrifennu.

Ac yn bwysicaf oll, diolch yn fawr i'r holl rieni sengl gwych sydd wedi gwneud gwahaniaeth i fy mywyd proffesiynol a phersonol, ac i bawb a gyfrannodd eu geiriau a'u profiadau ar gyfer y llyfr hwn.

Amy: I'r holl famau sengl anhygoel dwi wedi cael siarad â nhw gydol y daith hon – diolch o galon am eich ffydd i rannu eich straeon am fywyd fel mamau sengl.

Alla i ddim diolch digon i Dr Emma am ei mewnbwn anhygoel i'r llyfr hwn. Dwi wedi dysgu cymaint wrth weithio gyda hi, a fyddwn i ddim wedi gallu dewis neb gwell i gydweithio â hi. Hefyd, heb amynedd rhyfeddol Beth Bishop, fyddai'r llyfr hwn byth wedi gweld golau dydd! Felly, diolch yn fawr, Beth, am dy ffydd ac am fy nhywys i drwy'r broses.

Wedyn mae Milo, wrth reswm – does yna neb yn well na ti!

Yn olaf, diolch i fy holl ffrindiau a'm perthnasau sydd wastad yno'n gefn i fi. Dwi'n eich caru chi!

ADNODDAU DEFNYDDIOL

ADNODDAU I RIENI SENGL

Cynhaliaeth Plant: www.gov.uk/cyfrifwch-gynhaliaeth-plant
Gingerbread: www.gingerbread.org.uk
Helpwr Arian: www.moneyhelper.org.uk/cy
One Parent Families Scotland: opfs.org.uk
Single Parent Action Network: singleparents.org.uk
Single Parents Support and Advice Services: singleparentssupportandadviceservices.co.uk
Single With Kids: singlewithkids.co.uk
Turn2Us: turn2us.org.uk

APPS
Frolo
Headspace
Calm

ADNODDAU IECHYD MEDDWL

Meddwl: meddwl.org
Melo: www.melo.cymru/cy
Mind UK: www.mind.org.uk
Rethink Mental Illness: www.rethink.org
Y Samariaid: www.samaritans.org/cymru/samaritans-cymru, llinell gymorth: 116 123

Scottish Association for Mental Health (SAMH):
www.samh.org.uk
Sefydliad Iechyd Meddwl y Deyrnas Unedig: www.
mentalhealth.org.uk/cymru a www.mentalhealth.org.uk/cymru/
our-work/rhaglenni-cymru/prosiectau-rhieni-sengl
Shout: www.giveusashout.org, tecstiwch 85258
Very Well Mind: www.verywellmind.com
Young Minds: www.youngminds.org.uk

CEFNOGAETH GYDA MEDDYLIAU HUNANDDINISTRIOL

Os wyt ti'n cael trafferth ymdopi neu'n adnabod rhywun sydd, ac angen clust i wrando arnat ti heb farnu na phwysau, mae gwybodaeth a chefnogaeth ar gael gan:

Llinell destun argyfwng (Unol Daleithiau, Canada, Iwerddon, y Deyrnas Unedig): www.crisistextline.org

Campaign Against Living Miserably (CALM):
www.thecalmzone.net
PAPYRUS (sy'n ceisio atal hunanladdiad ymysg pobl ifanc yn benodol): www.papyrus-uk.org
Y Samariaid: www.samaritans.org/cymru/samaritans-cymru, llinell gymorth: 116 123

ISELDER AC AMRYWIAETH

Black African and Asian Therapy Network: www.baatn.org.uk
Embrace Multicultural Mental Health:
www.embracementalhealth.org.au
The Institute for Muslim Mental Health
www.muslimmentalhealth.com/islam-mental-health

ADNODDAU DEFNYDDIOL

Triggerhub.org yw un o'r arfau ymyrraeth iechyd meddwl mwyaf elît sy'n seiliedig ar wyddoniaeth

Trigger Publishing yw'r prif gyhoeddwr annibynnol ym maes iechyd meddwl a lles yn y Deyrnas Unedig a'r Unol Daleithiau. Mae gwaith ymchwil clinigol a gwyddonol gan yr athro cynorthwyol Dr Kristin Kosyluk a'i thîm uchel eu parch yn Adran Cyfraith a Pholisi Iechyd Meddwl ym Mhrifysgol De Florida (USF), yn ogystal â gwaith ymchwil ategol gan ei chynghreiriaid ledled yr Unol Daleithiau, wedi dilysu'n annibynnol pŵer profiad bywyd fel elfen graidd o sicrhau ffyniant iechyd meddwl. Yn benodol, mae'r profiadau bywyd sydd wedi'u cynnwys yn ein llyfrau 'therapi llyfrau' yn elfennau hanfodol o leihau stigma, helpu pobl sydd ag iechyd meddwl gwael i deimlo'n llai unig, darparu'r preifatrwydd sydd ei angen arnyn nhw i wella, sicrhau eu bod yn gwybod am y camau hanfodol i roi hwb i'w teithiau eu hunain i adferiad, a darparu gobaith ac ysbrydoliaeth pan fo'u hangen fwyaf.

Rydyn ni'n defnyddio TriggerHub, ein porth ar-lein unigryw a'r ap ffôn clyfar cysylltiedig, i gyflwyno ein llyfrgell o deitlau bibliotherapiwtig ac adnoddau hanfodol eraill i unigolion a sefydliadau yn unrhyw le, ar unrhyw adeg ac yn gwbl gyfrinachol, sy'n elfen hanfodol o adferiad. O ganlyniad, TriggerHub yw'r prif argymhelliad ledled y Deyrnas Unedig a'r Unol Daleithiau ar gyfer darparu profiadau byw.

Mae Trigger Publishing a TriggerHub yn falch o fod ar flaen y gad gan sicrhau bod yr hyn sy'n guddiedig yn troi'n weledig. Rydyn ni wedi ymrwymo i ddyneiddio iechyd meddwl, dileu stigma a herio gwerthoedd cymdeithasol hen ffasiwn er mwyn sicrhau camau gweithredu ac effaith wirioneddol. Dysgwch fwy am ein gwaith arloesol byd-eang ym maes profiad bywyd a therapi llyfrau trwy triggerhub. org neu drwy ymuno â ni ar:

- @triggerhub_
- @triggerhub.org
- @triggerhub_